哈佛中国史
HISTORY OF IMPERIAL CHINA

[加] 卜正民 - 主编

03

CHINA'S COSMOPOLITAN EMPIRE
The Tang Dynasty

世界性的帝国
唐朝

【美】陆威仪－著 ｜ 张晓东 冯世明－译 方宇－校

中信出版集团 · CHINACITICPRESS · 北京

图书在版编目（CIP）数据

世界性的帝国：唐朝 /（美）陆威仪著； 张晓东，冯世明译 . -- 北京：中信出版社，2016.10（2024.11 重印）
（哈佛中国史）
书名原文：China's Cosmopolitan Empire: The Tang Dynasty
ISBN 978-7-5086-6446-0

Ⅰ . ①世… Ⅱ . ①陆… ②张… ③冯… Ⅲ . ①中国历史－唐代 Ⅳ . ① K242

中国版本图书馆 CIP 数据核字（2016）第 153619 号

世界性的帝国：唐朝

著　　者：[美] 陆威仪
译　　者：张晓东　冯世明
校　　译：方　宇
策划推广：中信出版社（China CITIC Press）
出版发行：中信出版集团股份有限公司
（北京市朝阳区东三环北路 27 号嘉铭中心　邮编　100020）
（CITIC Publishing Group）
承 印 者：山东临沂新华印刷物流集团有限责任公司

开　　本：960mm×1300mm　1/32　　印　　张：11.5　　字　　数：329 千字
版　　次：2016 年 10 月第 1 版　　印　　次：2024 年 11 月第 25 次印刷
审 图 号：GS（2021）8073 号
书　　号：ISBN 978-7-5086-6446-0
定　　价：68.00 元

服务热线：400-600-8099
投稿邮箱：author@citicpub.com

目 录 | Contents

推荐序

葛兆光

卜正民（Timothy Brook）教授主编的"哈佛帝制中国史书系"（History of Imperial China，Harvard University Press，2009—2013）共6卷，由陆威仪（Mark Edward Lewis，负责《秦汉》《南北朝》《唐朝》三卷）、库恩（Dieter Kuhn，负责《宋朝》卷）、卜正民（Timothy Brook，负责《元明》卷）、罗威廉（William T. Rowe，负责《清朝》卷）等四位学者分别撰写，现在译成中文在国内出版，这是一个应该关注的事情。我们知道，习惯于专题研究的欧美学者，对撰写上下通贯、包罗万象的通史，向来抱持谨慎态度，特别是近半个世纪以来，欧美中国学界撰写系统的中国通史并不多，除了卷帙浩繁而且内容专深、至今也没有全部完成的多卷本"剑桥中国史"系列和伊沛霞（Patricia Buckley Ebrey）为入门者撰写的较为简单的单卷本《剑桥插图中国史》之外，在我有限的视野内，还没有一部通贯上下而又分量适中的中国通史。这套上起秦汉，下至清代的6卷本通史系列出版，或许可以呈现近年来欧美学者较为全面的中国历史认识。

承蒙卜正民教授和严搏非先生的信任，让我为这套书的中译本写一篇序。我很乐意在这里谈一下我的读后感，严格地说，这并不能叫作"序"，只是一些感想，特别是一个在中国的中国史研究者的感想。

一

我曾说过，20世纪以来现代中国历史学的变化，大致可以概括为四点：一是时间缩短（把神话传说从历史中驱逐出去）；二是空间放大（超越传统中国疆域并涉及周边）；三是史料增多（不仅仅是新发现，也包括历史观念变化后更多史料进入历史视野）；四是问题复杂（分析历史的问题意识、评价立场、观察角度的多元化）。这四点当然说的只是清末民初以来20世纪中国的历史学，现在虽然已经是21世纪，而且这套“帝制中国史”也并不是中国史学界而是欧美学术界的作品，不过，无论这四点变化是否属于“现代性的历史学”（据说“现代性历史学”在如今这个“后现代”的阶段已经过时），或者只属于“中国的历史学”（中国现代学术始终与世界现代学术有所不同），但在我看来，它表现出来的历史研究与通史叙事之变化，仍在这一现代历史学延长线上，这套著作呈现的历史新意，恰好也可以分别归入这四个方面。

先看“时间缩短”。作为“帝制中国”的历史，这套书是从秦汉开始，而不是像中国学者的中国史那样，总是从上古（甚至从石器时代，即毛泽东所说“只几个石头磨过，小儿时节”）写起。这一“截断众流”的写法，是否暗示了“秦汉奠定‘中国’”这一历史观念？我不敢断言，因为这一问题相当复杂。但是，这里可以简单一提的是，由于对“中国”/“帝制中国”的历史这样开始叙述，不仅避免了有关何为“最初的中国”这样的争论（这些争论现在还很热闹），也表达了秦汉时代奠定“中国”/“帝制中国”的观念。陆威仪在《秦汉》这一卷中说，“（前帝国时代，人们）要么以‘秦人’‘齐人’‘楚人’为人所知，要么以其他诸侯国国名命名，或者以某个特定地域命名，比如‘关内人’”，但是，秦的统一，则“把这些不同的人群在政治上联结起来”。我同意这一看法，虽然殷周时代可能已经有“中国”意识，但只有到秦汉建立统一帝国，先推行“一法度、衡石丈尺，车同轨，书同文字”，后在思想上“独尊儒术”，在制度上“霸王道杂之”，一个初步同一的“中国”才真正形成。陆威仪指出，秦汉历史的关键之一，就是“帝国内部的去军事化（demilitarization）和对国家边境的边缘族群所开展的军事活动”。如果说，由于秦汉在制度（在文字、货币、行政、法律、度量衡以及交通上整齐划一）、文化（通过政治力量，建立共同的生活习俗与文明规则，由帝国统一去除地方化，建立共同的神圣信仰，通过历史书写确立帝国边界，形成共同历史记忆）、社会（在政治上有共同国家观念，在社会上形成声气相通的群体，在思想上有共同伦理的士大夫阶层）三方面的推进，使得“中国”/“帝制中国”

成为一个具有内在同质性的国家，那么，包括秦之“销锋镝”，即《史记》所说的“收天下兵，聚之咸阳”，铸十二金人；汉之削藩平七国之乱，中央派遣官员巡行天下，使军队统一由中央管理；加上对四夷用兵以凸显“内部统一,四夷环绕”，都对形成统一帝国起了巨大作用。正如他所言，“把天下想象为由游牧民族和中国二者所构成，标志着一个巨大的进步”，换句话说，就是通过内部的同质化，通过外部的“他者”塑造“我者”意识，形成国族的自我认同，于是有了明晰的“中国”。

近二三十年来，中国学界有一种不断发掘历史、把“我们的中国”向上追溯的潮流，从官方推动的“夏商周断代工程”“文明探源工程”，到近年由于考古发掘而重新认识“最初的中国”，这里面当然有相当复杂的动机和背景，不过，越追越早的历史也碰到一个理论与方法的瓶颈，这就是原本“满天星斗”的邦国，什么时候才可以算内在同一的“中国”？在什么样的历史形态下，那片广袤区域才有了一个“中国”共识？这套“帝制中国史”用了“帝制”这个概念，把这个问题放在括号中搁置下来暂缓判断，无疑是聪明的方案。当然，帝制中国是一个“帝国”，既然作为“帝国”，秦汉疆域内仍然有着多种民族与不同文化，不过重要的是，在这个“帝国”之内，那个叫作“中国”的政治—文化共同体也在逐渐形成，并且日益成为“帝国”的核心。陆威仪在讨论秦汉时代的历史意义时，就指出在这个帝国控制下，“中国”，也就是帝国的核心区域，由于制度、文化、社会的整合，不仅在内部“去军事化”，而且在政治—文化—生活上逐渐“同质化”。这一点对我们来说相当有意义，对于此后的历史叙述也相当重要，因为这可以说明历史中的“中国”的形成、移动和变化，当然也是在扩大。因此，我们看到《南北朝》卷相当突出“中国地理的重新定义”，所谓“重新定义”，就包括长江流域以及南方山区（即属于古人所说“溪洞濮蛮”的地区）的开发，它拓展了“中国”的疆域和文化，而《唐朝》卷则再一次强调“中国地理的再定义”，指出中国政治文化中心的转移和南北经济文化重心的变化，在这一过程中，“中国”的形成与扩张才逐渐显现出来。

这一思路几乎贯穿各卷，像卜正民撰写的《元明》这一卷的第二章

《幅员》，就非常精彩地从蒙元的大一统，说到它的整合与控制；从明朝的版图缩小，说到明朝对西南的“内部殖民主义”；从交通邮递系统对国家的意义，说到元明的南北变化；从元明行政区划，说到人口与移民。就是这样，把族群、疆域、南北、经济一一呈现出来，在有关“空间”“移动”“网络”的描述中，历史上的“中国”就不至于是“扁的”或“平的”。而罗威廉撰写的《清朝》一卷，更是在第三章《盛清》中专列《帝国扩张》一节，浓墨重彩地叙述了大清帝国的疆域扩张，正如他所说，当这个帝国“在蒙古、女真、西藏、内亚穆斯林与其他非汉民族，整合成一个新形态、超越性的政治体上，取得惊人的成功。渐渐地，中国士人开始接受此重新定义的中国，并认同其为自己的祖国”。传统“中国”在帝制时代的这些变化，换句话说是“中国地理的定义与再定义”，应当就是这套历史书的一个主轴。

这当然也带来了“空间放大”。在现代有关中国的历史学变化中，“空间放大”即历史研究超越汉族中国或中央王朝的疆域，是一个很明显的特征。但是，这不仅是“中国”/“帝制中国”的空间在扩大，而是说，理解这个变化的“中国”就不得不了解“周边”，把历史中国放在亚洲背景之中，这或许是中国历史研究的一个应有的趋势。19世纪末以来，随着道光、咸丰两朝有关西北史地之学的兴起，以及欧洲和日本学者对于“四裔之学”的重视，到了20世纪，中国“周边”的历史地理逐渐被纳入中国史研究的视野，满、蒙、回、藏、朝鲜、苗以及各种边缘区域、民族与文化的文献、语言、历史、田野研究，使得有关“中国”的历史研究发生了深刻变化。当然，21世纪更引人注目的变化，则是“全球史”的流行。中国学界常常引用梁启超所谓“中国之中国”“亚洲之中国”“世界之中国”这种自我认识三阶段的说法，来证明我们也一样接受全球史，但在真正书写中国史的时候，却常常“中国”是“中国”，“世界”是“世界”，就像我们的历史系总是有“世界史”和“中国史”两个专业一样，甚至我们的各种中国史也对“边缘的”和“域外的”历史关注很少。这套书的撰写者都来自欧美，当然身在全球史潮流之中，主编卜正民教授本人就是全球史的身体力行者，他的《维梅尔的帽子》(*Vermeer's*

Hat）、《塞尔登的中国地图》（*Mr. Selden's Map of China*）等著作，在某种意义上都是全球史的杰作。因此，这一套书虽然说是"中国"的历史，却特别注意到"周边"。卜正民自己撰写的《元明》一卷，就特意设立一章讨论南海，通过《顺风相送》《塞尔登地图》《东西洋考》等新旧文献，"讲述了一个完全不同的明朝在世界中的故事"，正如《塞尔登地图》不再以大明为中心，而以南海为中心一样，一个15、16世纪海洋贸易圈，把中国、日本、菲律宾、印度，甚至欧洲联系到一起，呈现了一个全球史中的大明帝国。尽管卜正民认为明朝仍然只是一个"国家经济体"，但是，他也看到了越来越影响世界的"南海世界经济体"在那个时代的意义。

同样，把全球史视角引入晚期帝制中国研究的"新清史"，也刺激了这一清朝历史书写的转向，在《清朝》这一卷中，罗威廉列举出近年清史研究的三个转向，除了"社会史转向"之外，"内亚转向"和"欧亚转向"占了两个，而这两个转向，都使得中国/大清历史不得不突破以汉族中国为中心的写法，扩大历史书写的空间视野。正如罗威廉引用孔飞力（Philip A. Kuhn）的话所说的，"一旦我们更适切地以清朝的观点来理解清史时，历史学家或能在新清史中'重新把西方带回来'"，在这种全球史视野中，欧美学者"不再将中国描写成（帝国主义的）受害者或一个特例，而是（把清帝国看成）众多在大致上相同时期之欧亚大陆兴起的数个近代早期帝国之一"，并且特别注意的是"并非帝国间的差异，而是其帝国野心的共同特征：在广大范围内施行集权管理的能力、精心经营的多元族群共存与超越国族边界，以及同样重要的、侵略性的空间扩张"。他们不仅把清帝国放在与同时代的欧亚帝国（如英、法、俄、奥斯曼）对照之中，也把清帝国越来越扩大的"四裔"安放在历史书写的显要位置，这样才能理解他在《结语》中说的，"大清帝国在性质上与之前各代相继的汉人或异族王朝有所不同。作为标准的近代早期欧亚大陆形态之多民族帝国，其在扩展'中国'的地理范围，将如蒙古、女真、西藏、内亚穆斯林与其他非汉民族，整合成一种新形态、超越性的政治体上，取得惊人的成功。"

表面上看，"史料增多"这一点，在这一套书中似乎并不明显，但阅读中我们也常常有意外惊喜。毫无疑问，中国学者可以先接触新近的考古发掘、简帛文书、各种档案，这一点欧美学者并没有优势。但问题是，新发现需要新解释，缺乏新的观察角度、叙述方式和论述立场，新材料带来的有时候只是“增量”而不是“质变”，并不能使历史“旧貌换新颜”。西方学者虽然不一定能够看到最多或最新的资料，但他们善于解释这些新史料，并且有机地用于历史叙述。比如，陆威仪撰写《秦汉》卷，就能够使用各种简帛资料（包山楚简、睡虎地秦简、马王堆帛书、居延汉简），其中《法律》一章，基本上依赖睡虎地、张家山等出土文献，而库恩所写的《宋朝》卷讨论辽金的佛教，也能够引入诸如房山云居寺、蓟县独乐寺观音阁、应县木塔等考古与建筑资料；特别是，往往眼光不同，选择的史料就不同，卜正民撰写的《元明》一卷，不仅用了《天中记》这样过去通史一般很少用的边缘史料来作为贯穿整个明史叙述的骨架，而且用了严嵩籍没时的财产簿、《吴氏分家簿》《余廷枢等立分单阄书》《孙时立阄书》《休宁程虚宇立分书》以及耶稣会士被没收的物品记录等，讨论明代各种不同阶层、不同身份的人的家当，让读者更直观地感受到，明代各种阶层与各色人等的一般经济状况；同样，他还用《塞尔登地图》等新发现和《顺风相送》《东西洋考》等旧史料，来讨论南海以及贸易往来；更特别设立《物华》一章来实践物质文化史，讨论文物、家具、书籍、瓷器、书画，讨论当时文人的艺术品位、文化修养与艺术商品和市场问题，因此，过去一般通史写作中不太使用的《长物志》《格古要论》《味水轩日记》之类的边缘史料（当然，如果研究艺术、物质、文化的著作，会常常使用它们）就成为重要史料。这里显示出他对于史料有着别具一格的判断、理解和阐释。

当然，作为西方学者，他们常常能够以西方历史作为背景，时时引入欧洲资料与中文文献互相参照，这就更加扩大了史料边界。

二

欧美学者写中国通史，当然与中国学者不同；21 世纪写中国通史，当然也与 20 世纪不同。以往，中国的中国通史，基本上会以政治史为主要脉络，因此，政治、经济、军事等关系到古代王朝更迭的大事件，在历史叙述中总是占了很大的篇幅，其他领域大体上只是依附在这个主轴上。尽管从梁启超《新史学》和《中国史绪论》开始，中国通史写作就一直试图改变这种历史叙述的方式，但总体变化似乎并不大。

在写这篇序文的时候，我正准备和日本、韩国的几位学者讨论国别史与东亚史之间的叙事差异，因此，恰好在翻阅以前中国学者编纂的一些通史著作。从晚清、民国流行的夏曾佑、缪凤林、钱穆，到 1949 年以后成为主流的郭沫若、范文澜、翦伯赞、白寿彝，也包括各种通行的中国历史教科书。我注意到，中国学者撰写的各种通史，大体都是一根主线（政治与事件）、若干支流（社会经济、对外关系、思想文化），历史主线与各种支流在书中所占的比重大体固定。但在这套书中，我们则看到当下国际历史学界风起云涌的环境气候、性别医疗、社会生活、物质文化、宗教信仰等各种角度，越来越多进入了历史。虽然这套书还不能说已经是"复线"的中国史，但它也多少改变了以往"单线"的书写方式。例如，在几乎每一卷中，都专门设有一章讨论社会史意义上有关宗族、亲属、性别、日常礼仪的内容（如《秦汉》卷第 7 章《宗族》、《南北朝》卷第 7 章《重新定义亲属关系》、《唐朝》卷第 7 章《宗族关系》、《宋朝》卷第 7 章《人生礼仪》与第 12 章《公共领域中的私人生活》、《元明》卷的第 6 章《家族》、《清朝》卷的第 4 章《社会》），其中，像《秦汉》卷第 7 章《宗族》中借用韩献博（Bret Hinsch）、司马安（Anne Behnke Kinney）的研究，对于秦汉女性与儿童的叙述，不仅展示了秦汉女性在宗族组织和社会生活中的状况，而且讨论了女性在政治权力角逐中的作用，不仅讨论了秦汉帝国儿童的生命、寿夭、健康，还通过儿童讨论了"孝道"与"政治"，这是过去各种通史著作很少有的；《宋朝》卷第 12 章《公共领域中的私人生活》则体现了当下社会生活与物质文化研究的趋向，其中运用考古、图像与边缘文献讲述有关卫生、装扮、保健与福利的情况，比过去通史提供了更加立体和生动的宋代生活场景，使历史不再是严肃、刻板的单一向度。在这里，物质文化史的影响痕迹也相当明显，前述《元明》卷对于“物华”，即文物、书籍、家具、瓷器、书画以及欣赏品位与商品市场的描述，都是过去中国的中国通史著作中不太常见的。特别是环境史，众所周知，气候是中国历史上的一个重要因素，尽管20世纪70年代以前竺可桢就陆续写出了杰出的论文《中国历史上气候之变迁》（1925）、《中国历史时代之气候变迁》（1933）、《中国近五千年来气候变迁的初步研究》（1972），但除了寒冷气候对于北方游牧民族迁移和南侵的影响外，我们的通史著作并不那么注意环境与气候在政治史上的意义，卜正民所写的《元明》一卷，却用“小冰河时代”这一因素，贯串了整个13世纪至16世纪的中国历史。尽管这套通史中所谓“小冰河期”与竺可桢的说法有些差异，元明部分关于“小冰河时代”（13世纪到15世纪）与宋代部分对于“小冰河时代”（10世纪末到12世纪）界定也有些冲突，有的证据（如用明代绘画中的《雪景图》证明气候变化）也多少有些疑问，但是，把这一点真正有效地运用到历史研究中，并作为政治变化的重大因素，确实是令人大开眼界，也使得历史本身和观察历史都变得复杂化了。

说到“复杂”，对中国读者来说，最为重要的当然就是“问题复杂”。所谓“问题复杂”，说到底是一个观察历史的立场、角度和方法的变动与多元。20世纪以来，研究中国历史的现代史学比起传统史学来，不仅增加了“古今”“东西”“中外”等分析框架，也用进化的观念代替循环的观念，以平民的历史代替帝王的历史，打破原来的经史子集知识分类，使其转化为现代的文史哲学科，在文献之外增加了考古发掘与田野调查，对历史资料进行客观的审视和严格的批判。但到了21世纪，本质与建构、想象与叙述、后殖民与后现代，以及帝国与国家、国别与区域、物质与文化、疾病与性别等，五花八门的新观念、新角度、新方法，使得“中国”与“历史”不得不被拿出来重新认识，因此，这一套帝制中国史书系中涉及的很多新说，也呈现了晚近理论和方法的变化，这或许能给我们有益的启迪。

我一直强调学术史要“别同异”。对于海外中国学研究，我们特别要注意它自身隐含的政治、学术和思想背景，千万别把他们研究“中国史”和我们研究“中国史”都用一个尺码评判或剪裁。有人误读我的说法，以为我是把海外中国学看成“异己之学”，将海外学者“视为另类”，其实不然，恰恰是因为他们与我们所研究的“中国”不同，所以，我才认为特别要重视这个“异”。透过海外中国学家对“中国 / 历史”的叙述，我们不仅能看到“异域之眼”中的“中国史”，而且能看到塑造“中国史”背后的理论变化，也看到重写“中国史”背后的世界史 / 全球史背景。其实，当他们用流行于西方的历史观念和叙述方法来重新撰写中国史的时候，另一个“世界中的中国史”就产生了。

如果他们和我们一样，那么，我们还能从他们那里学到什么？他山之石才可以攻错，有所差异才互相砥砺。总是说“和而不同”的中国学者，往往只有“和”而缺少“不同”，或者只有“不同”却没有“和”。所谓“和”应当是“理解”，即理解这种历史观念的“不同”。中国读者可以从这些看似差异的叙述中，了解欧美中国历史研究的一般状况，也可以知道某些颇为异样的思路之来龙去脉。比如《宋朝》卷中，在提及欧美有关宋代科举与社会流动的研究时，作者列举了贾志扬（John W. Chaffee）、李弘琪、柯睿格（E. A. Kracke）、郝若贝（Robert Hartwell）的研究；在有关宋代日常生活仪礼的研究中，则介绍了华琛（James L. Watson）、伊沛霞、裴志昂（Christian DePee）、柏清韵（Bettine Birge）、埃琛巴赫（Ebner von Eschenbach）的成果。而对于明代政治，卜正民更指出，当年牟复礼（Frederick W. Mote）曾经认为，明代是宋朝皇帝与蒙古大汗两种传统的结合，蒙古野蛮化把帝制中大部分对皇权的限制都摧毁了，这就形成明代所谓的“专制统治”（despotism），而范德（Edward Farmer）则更有“独裁统治”（autocracy）的说法，把明代这一政治特点从制度设计层面提出来；接着贺凯（Charles O. Hucker）又以胡惟庸案为个案，讨论了明代初期皇权压倒相权的过程，以及“靖难之役”使得皇权进一步加强的作用。这样，我们大体上知道美国的中国学界对于“专制”这一问题的讨论经过，也知道了有关明代“专制”研究，美国与中国学者的差异在哪里。

读者不妨稍微注意他们观察中国历史时的聚焦点。前三卷中有个做法很好，撰写者常常会将他关注的议题开列出来，使我们一目了然。例如对秦汉，他关注（1）在帝国秩序之下逐渐式微但并未被完全抹除的地域文化；（2）以皇帝个人为中心的政治结构之强化；（3）建立在表意文字基础之上的文化教育，以及由国家操控的、巩固帝国存在的文学经典；（4）帝国内部的去军事化（demilitarization）和对帝国边缘族群所开展的军事活动；（5）农村地区富裕的豪强大族的兴旺。对南北朝，作者说明这一时期的历史重心应当是：中国地理的重新定义，它的内在结构及其与外部世界的关系，新的社会精英，世袭制的军事人口和新的军事组织，影响后世的宗教使中国不再严格按社会与政治来划分人群，等等。对唐代，他关注唐宋政治与文化的转型、中国地理格局的再变化、商人与外部世界、城市中的商业与贸易引起的文化与文学变化，而在卜正民所撰写的《元明》一卷中，虽然并不像前几卷那样明说要点，但他一方面说，“我们只需举出元明史上的两大主题——独裁制和商品化（commercialization），在宋代尚不见其踪影，而到了元明时期，它们在质和量上已发生了飞跃性的变化”，因此，他“没有把它（1368 年元明易代）当作中国历史上的一个转捩点，而是连接两段历史的纽带。使明王朝崛起的叛乱，确实终止了蒙古人长达一个世纪的统治，但也使蒙古人的遗产得以历数百年而传承不绝。元明两代共同塑造了中国的专制政体，将中国社会解体，重新以家族为中心聚合起来；并且，为更好地积聚商业财富而重建了中国人的价值观”；另一方面他别辟蹊径，不仅把社会结构（《家族》）、自然环境（《经济与生态》）、宗教信仰（《信仰》）、物质文化（《物华》）以及外部世界（《南海》）各列一章，而且特别指出“这两个朝代所在的时期恰好是研究世界其他地方的气象史专家所说的小冰河期（the Little Ice Age）”，因此他特别详细地叙述了自然灾害——饥荒、洪水、干旱、飓风、蝗虫、流行病。从这里，读者或许可以看到他对于元明两代历史的新认识。同样，对于清代历史来说，我们也可以注意，为什么罗威廉在《治理》这一章中那么重视“理藩院”“内务府”和“军机处”这三个他所谓的“创新”？因为这三个“创新”，其实就是“管理”“保护”和“控制”，它指向清王朝政治统治最重要的三个方面：一是对汉族中国本部十八省之外的管理（大清帝国的多民族与大疆域）；二是对皇帝个人及其有关家族的保护（异族统治者的利益和权力保证）；三是满洲统治者对核心权力包括军事权力和行政权力的高度控制。

这或许是理解清朝作为一个“帝国”的关键。

三

这套“帝制中国史书系”，值得击节赞赏的地方很多。比如，我们常常以为欧美学者总是习惯追随新理论，但在书中我们可以看到，他们对新理论在历史研究中的限度，也有相当清楚的认识。举一个例子，我很赞成《清朝》卷中罗威廉的一个批评，他说，一种所谓“后殖民主义”观点指责20世纪初中国的政治精英，说他们总是认为中国应当走欧洲式的民族国家道路，因而这一思想便成为中国民族主义力量的部分原因。罗威廉冷静地指出，这一说法“貌似合理且引人入胜，但必须记得，晚清的中国精英们没有这样奢侈的后见之明。对于越来越多的人来说，为了能在即将到来的战争中存活，把他们的政体重建成强大的西式民族国家，确为当务之急”，这才是同情理解历史的态度。再举一个例子，在讨论中国史的时候，这些来自西方的学者总能不时引入世界或亚洲背景，使中国史超越现代中国的“国境”，与世界史的大事彼此融合、相互对照，因此对一些历史事件与历史人物，不免多了一些深切理解和判断，与那些盲目相信“中国崛起”可以“统治世界”，因而对中国历史做出迎合时势的新解释的学者不同。如卜正民关于哥伦布与郑和航海的比较，就批评一些趋新学者把郑和当作探险家，并且比作哥伦布的说法。他指出，哥伦布的目的不是外交或探险而是经济利益，而郑和的目的是外交，即“不是一个为了在海上发现新世界的职业探险家，而是一个皇室仆人为了达成一个僭位称帝者的迫切心愿——获得外交承认”，因而这两个同样是航海的世界性事件，引出的历史结果大不相同。当然，我们也可以从中学到欧美学者在历史中说故事的本事，自从劳伦斯·斯通（Lawrence Stone）的《叙事的复兴》（*The Revival of Narrative: Reflections on a*

New Old History）以来，西方学者对历史如何叙事，重新有了更大的兴趣，而卜正民正是这一方面的高手，在《元明》卷中，他仿佛讲故事一样的方式对元明两代历史的叙述，会让我们想一想，中国通史著作非得写得一本正经地教条而枯燥吗？

毫无疑问，这套书也有一些我不能完全赞同的地方。作为一个中国历史研究者，阅读之后也有我的疑惑。首先，从文献资料上说，我要指出的是这套书有的部分虽然开掘了若干边缘文献，但有时不免过于轻忽主流历史文献（比如二十四史、通鉴、十通等等）的引证，甚至有一些常见的正史文献要从今人（如唐长孺）的著作中转引，这是中国学者难以理解的，而从学术论著之参考上说，对于近年中国学界的论述仍然较为忽略，以中古史为例，虽然陈寅恪、郭沫若、唐长孺、王仲荦、韩国磐等人的著作时有引述，但是，显然对近年以来中国学者的新研究了解相当不足，即以北朝之“子贵母死”一事为例，作者没有提及田余庆精彩的研究就是一例。其次，我也要说，如果以较严格的水准来衡量，书中有些论述也有不完整、不深入或者还有疑问的地方，比如，《南北朝》卷对中古时期的佛教与道教论述，似乎略有问题，至于《唐朝》卷说“在隋唐时代，佛教最终分成了四个宗派”（天台、华严、禅和净土），这更是不太可靠；《宋朝》卷虽然注意到宋真宗时代是一个重要的“历史转折点”，但遗憾的是，这里并没有深入分析为什么这是一个“历史转折点”，其实，可能更应当指出从“安史之乱”到“澶渊之盟”两个半世纪之间出现的胡汉、南北、儒佛、君臣四大关系的新变化；再比如，对于宋代儒学从反官僚体制到融入意识形态主流的曲折变化及其政治背景，似乎简略或者简单了一些，让人感到对于理学的叙述深度不足，而在《元明》卷对蒙元叙述过少，与当下蒙元史作为世界史的热潮相左，这一做法令人疑惑，而在有关王阳明与“大礼议”关系的论述中，作者似乎认为，由于王阳明支持嘉靖尊生父而使得王阳明之学得以兴盛，这一论述根据也许并不充分，结论也稍显简单，因为事实上，嘉靖皇帝并未因为王阳明和他的弟子们在“大礼议”中的立场，而改变禁止“王学”的政策；至于《清朝》这一卷中，罗威廉对于费正清朝贡体系的批评似乎也不能说服我，尤其是他用来批评费正清之说而举出的例子，即大清帝国和朝鲜、越南在“引渡与边界”方面“基于对等主权国家的模式”，这一说法恐怕缺乏历史证据。当然，这些并不重要，任何一套通史著作，都会留下这样那样的问题，这也是通史著作被不断重写的意义所在，历史不可能终结于某一次写作。正如前面我所说的，这 6 卷帝制中国史新书，即使仅仅在思路的启迪上，就已经很有价值了。

四

“帝制时代”在 1911 年结束，这套 6 卷本从秦汉开始的“帝制中国史”也在清朝结束之后画上句号，但掩卷而思，似乎这又不是一个句号，而是省略号。为什么？请看罗威廉在最后一卷《结语》中提出了“帝制中国”留下的三个问题：

第一个问题是国家。他说，“大清帝国在性质上与之前各代相继的汉人或异族王朝有所不同。作为标准的近代早期欧亚大陆形态之多民族帝国，其在扩展‘中国’的地理范围，将如蒙古、女真、西藏、内亚穆斯林与其他非汉民族，整合成一种新形态、超越性的政治体上，取得惊人的成功。”但是，此后从“帝制中国”转型来的“现代中国”，也面临清朝遗留的种种问题，他追问道，现代中国将如何维持这个多民族国家，如何解决蒙古人、满人、藏人、穆斯林的分离主义趋向？

第二个问题是政府。他说，清王朝是一个省钱的小政府，很多政府工作“转包”给了当地精英（士绅、乡村领袖、地方武力领导以及商业上的中介者）、团体（宗族、村庄、行会）。但是，当清政府 19 世纪面临国际侵略和内部问题时，“在这种竞争环境下借政治以求生存，一个更大、更强、介入更深的国家机器似乎就成为必要”。这也许是一个历史学家的“后见之明”，抑或是为庞大的现代中国政府上溯源头，那么，这个更大、更强、介入更深的“政府”将给现代中国带来什么后果？

第三个问题是“公”领域。罗威廉说，19 世纪中叶以来，以公众利益为名开办并给予正当性的各种事务（如慈善、防卫、基建、商业行会）

突然发展，开始在地方蔓延，虽然这可以视为“国家扩张的伪装方式”，但这种情况的出现，一方面使得国、共两党得以利用，另一方面使中央政府需要对这些领域重申控制的必要。那么，这是真正意义上（如哈贝马斯所说）的“公共领域”吗？它在清朝之后的中国发展状况如何？它在当代中国又将是个怎样的命运？

走出帝制之后的中国，似乎仍然残留着帝制时代的问题，而这些问题都值得继续深思。若干年前，孔飞力（Philip A. Kuhn）曾经在《现代中国的起源》（*Origins of the Modern Chinese State*）一书中试图解答这些问题，但是，我以为这个问题的最终解答，还需要很长的时间和更多的努力。

近些年来，东洋学者撰写的中国史，较新的如讲谈社之“中国史”系列，较旧的如宫崎市定之《中国史》等，都已经翻译出版，并且引起中国读书界的热烈反应。我听说，引起热议的原因，主要是它们不同于中国久已习惯的历史观念、叙述方式和评价立场，这让看惯或读厌了中国历史教科书的读者感到了惊奇和兴味。那么，现在西洋学者撰写的这一套哈佛版“帝制中国史”书系呢？人们常引苏东坡诗“横看成岭侧成峰，远近高低各不同”来比喻在不同角度，往往观察各有所得，如果说，日本学者对中国史是“横看成岭”，那么，西洋学者编纂的这套哈佛版“帝制中国历史”书系，是否也会“侧看成峰”，并且引发中国读者新的思考和议论呢？

2016年7月18日初稿于上海

2016年8月14日修订于芝加哥

中文版总序

卜正民

20 世纪 90 年代初我到北京参加一次会议时，幸运地发现清史研究专家朱维铮教授也出席了同一会议。在朱老师这一代人中，他可谓极富才学，或许性情也最火暴。对我而言，他还是一位慷慨的良师益友，在我需要之时往往不吝提出明智的建议。我想通过回忆自己与朱老师在北京月坛公园的一次谈话来为中国读者介绍这一套书。当时我俩正散着步，我突然向他袒露心声，说自己曾数度迷茫—— 90 年代初的我正处于迷茫之中——既然我不是中国人，那当一名中国历史学家到底有什么意义。我虽然能够像朱老师那样阅读第一手文献，但还是极度渴求拥有他那般理解中文文献的本能。到底怎样我才能像理解自己的母文化那般，更真切地理解中国呢?

朱老师做了这样一个比喻来回答我的问题：“你想象中国是一个仅有一扇窗户的房间。我坐在房间里面，屋里的一切都在我的目光之中，而你在房间外头，只能透过窗户看见屋里的景象。我可以告诉你屋内的每一个细节，但无法告诉你房间所处的位置。这一点只有你才能告诉我。这就是为什么中国历史研究需要外国学者。”

朱老师或许对中国同事们的研究局限多有责备，但对那些愿意付出真正的努力来了解中国的外国人，则往往慷慨相助。他相信，我们的确能够带来些什么，而且我们拥有一种中国人无法依靠自身开辟出的观察视角，因为我们对中国的观察受世界其他地方的政治、社会、文化生活经验影响，而这些经验是中国人所没有的。听他说着，我不禁想起了明朝时的一句俗语：中国人用两只眼睛观察世界，欧洲人只用一只眼，其他地方的人则都是瞎子。我相信，朱老师是觉得他这一代的中国学者只睁开了一只眼，而外国历史学者正好为他们提供了第二只眼睛。

作为一个二十来岁才开始研究中国的学者，我自然是站在房间外面来观察中国的。然而重要的是，我二十来岁的光阴正好是在 20 世纪 70 年代——这意味着我大致上与中国所谓的“文革一代”同辈。彼时正是西方史学经历大转折的时期，历史不再是伟人和强权间相互影响所取得的成就，而转变为普通人在其所处社会的约束与机遇中经历的生活。对于一个在此时拥抱中国明代社会和经济史的外国人来说，这无疑是一个讽刺，因为彼时我最想求教的历史学者并非来自西方，而是一个中国人——傅衣凌。傅衣凌对与我同辈的中国历史学者产生了巨大的影响，他展示给了我们具体的研究路径，让我们知道如何用明代史料写出各个阶层民众经历的历史，而不是统治家族支配的历史。70 年代末，我有幸在北京见过傅老师一面，至今我仍后悔没能向他学习更多，像我从朱老师那里学到的一样。

当哈佛大学出版社邀请我主编一套中国帝国时期的历史时，我找到了与我同辈的三位历史学者，他们多多少少形塑了我在社会关系和物质文化方面的兴趣。我们并非用同一种语调或同一种国家视角（三人中一位是德国人，两位是美国人，我是加拿大人）来论述问题，但我们差不多是同一代人，踩在同一片知识的土地上。我并未做多少导引，主要是请他们引用自己和其他人近期研究的一些成果，这样他们的描述才能够与时俱进，跟上现在的知识脚步。我可不想我们只是在重复老套的故事。另外，我请他们仔细考虑在他们所写的那个时代生活到底意味着什么，并从这个角度来进行写作。我希望他们抱着生命经验之复杂的想法，而不是退回到“历史事件之所以发生就是因为它该发生”那一套统一的、早已建构出的历史叙述中。他们应该从自己所写时代的内部而非外部来呈现那些岁月，但同时，他们的写作也需要囊括该时期内中国所征服的地区，这就要求他们不仅从内部来观察，还要具备全局眼光，使影响该地区历史进程的非汉人形象更加具体。这套书仍保留的一个传统是按照朝代来划分中国历史。之所以这么做，部分是因为朝代变更往往意味着正式统治者的改变，由此人民的生活组织方式也改变了；更重要的是因为朝代的确提供了时间定位，方便人们明白自己在历史的何处徜徉。所以，读者会在这一套书中见证朝代兴衰，但也能更多地了解某个时代的经济、社会、文化，以及人民的日常生活，而不是像在故事书中那样只看到皇帝和大将军们的传奇故事。

我所写的元明卷与其他几卷有一个显著不同，这种不同是在整个系列的编纂后期才逐渐显露出来的，所以该特征在其他几卷中并没有出现。正如我提到的，我发现自己越来越喜欢从环境的角度来看待历史，这么做最开始是为了满足我对自身的要求——我认为我们应该好好利用环境研究领域的最新成果，而这些成果正不断涌现。然而，我逐渐得出了这样的结论：在元明四个世纪的历史中，对民众生活经历和政治时运产生影响的最重要因素正是气候变化。气候虽不能回答历史提出的所有问题，但我发现要回答元明时期的许多历史问题就不得不把两个最基本的物质生活条件——整个世界的寒冷和干燥程度——考虑进来。元明卷并非完全在论述中国自中世纪暖期到小冰河时代的环境历史，但它的确是在将气候变化影响纳入考虑的框架内对历史进行阐释的。

现在，我邀请你们走进这个中国历史的房间，而四位学者正站在外头观察它。我希望你会同意，我们的确看到了一些你会错过但值得留心的东西。我还希望我们发现的一些具有挑战性的问题，能够激励中国读者用自身的内部观察视角来检视中国的过去与未来。

2016 年 6 月 2 日

（田奥 译）

世界性的帝国：唐朝

导 言

001 大多数中国人把唐朝（618—907）视为中国帝制时代政治与文化发展的高峰期。唐帝国的疆域之大仅次于清王朝，是一个通过宗教、文字以及经济和政治制度联系在一起的东亚世界的中心。此外，唐朝作家创作出了中国传统文学中最优美的诗篇，诗歌一直是中国文学史上最重要的文学体裁。但如同其他持续了几百年的王朝，唐朝也是中国的一个转型时期。自唐朝开始到其结束，中国经历了很大的变化，这个王朝在历史上之所以重要，正是因为当时所发生的巨大变革。

唐朝前期强大的军事力量和灿烂的诗歌文化被中国人歌颂至今。但是在8世纪中叶发生一场激烈的叛乱后，帝国政权未能重振，而在之后几十年里，中国的官员和文人已经开始描述一个仍对其生活有所遗泽的黄金时代。之后的朝代继续对唐朝早期的政治和艺术成就赞美歌颂。在唐朝之后中华帝国延续的历史上，北方游牧民族控制了全中国或至少是其北半部，因此唐朝成为最后一个强大的“中华”王朝。这一观念（抹杀了军事上软弱的明朝）忽视了唐皇室在血统上和文化上都是在5—6世纪统治华北的边疆“蛮夷”的文化产物这一事实。

对历史学者，特别是西方的历史学家而言，唐朝后半期比前半期更能引发兴趣。以 756 年“安史之乱”为标志的历史断裂不仅对王 002
朝命运而言，对中国历史发展的整个轨迹来说，也是至关重要的转折点。日本历史学家内藤湖南主张从唐到宋的长期变革始于 8 世纪中叶，标志着中国从“中古”到“近世”的转变。虽然把西方历史分期加诸中国历史很危险，但内藤之后的众多学者证实了他的基本假设。“安史之乱”后唐朝对重要的经济、军事和社会制度的废弃，帝国文化地理的重构，与外部世界贸易关系的扩展，针对变化中的世界而出现的新文学艺术形式等举措和现象，是开始区别中华帝国晚期与之前历史阶段的第一步。

这一变革的第一个要素是对可以把起源追溯到公元 220 年汉朝崩溃时的一系列制度的废弃。唐朝建立之初，官方土地制度是均田制（至少在北方如此），要求周期性地将国有土地分配给农户耕种。和土地所有制相联系的是根据固定标准从所有得到土地的农户那里以粮食、布匹、劳役的形式征税。军事制度把北方游牧民武装和世袭军户组织成拱卫都城长安的府兵。都城本身，如同其他大城市，被分隔为有围墙的里坊，贸易活动被限制在专门的市场里。社会被少数门第最高的世家大族和一些地位相对较低的地方豪强统治，他们在全国范围内享有持续了几百年的特权。所有这些传承下来的制度在王朝后半期被终结了，只有大族们的统治是在 10 世纪初随着唐王朝自身的灭亡而结束的。

这些变化最主要的共同点是国家丧失了对财产和臣民的控制，同时伴随着日益增长的商业化和城市化。在“安史之乱”后，国家放弃了前期控制土地所有权的努力，并且在很大程度上用募兵制取代了以家族为基础的军事制度。城市里对贸易的空间管制被打破，城市生活向帝制时代晚期的模式转化，在喧闹的城市街道上商业设施和居住区混杂在一起。遍布农村地区的新兴市镇成长起来，加速了由新兴的 003

中间商阶层掌控的农业商业化体系的形成。同时，通过科举制度，精英家族的地位和生活与国运紧密相连，他们最终随着唐朝的崩溃而消亡。然而，科举制度在之后的朝代被保存下来并有重大发展。

唐朝后期与以前王朝不同的第二个要素是新文化地理格局的出现。在汉朝结束和 589 年隋朝兴起之间的几百年里，几个政权已经大规模地开发了长江流域平原以及更南的地区。沼泽低地被排干后，这一新开发的降水充沛的区域，开始获得比已成为古代中国心脏地带的北方黄河流域更大的农业生产能力。长江也更适于大宗货物的漕运，这有利于跨地区贸易的发展，因此促进了地域间的分工。开挖大运河是短命的隋朝最大的成就，通过大运河可以把以大米为主的粮食从遥远的南方运往位于西北的都城长安。虽然唐后期的南方人口仍旧略少于北方，但“安史之乱”后政府丧失了对黄河流域大部分地区的控制，导致长江流域成为帝国的经济中心与主要财源。出于战略原因而设在北方的首都控制着在人口、文化和经济上占据优势的南方，这在中华帝国晚期成为常态。

向中华帝国晚期体制转变的第三个要素是唐朝商人重构了和外部世界的贸易关系。在北方和西方，唐代中国继续和游牧部族联盟在政治上打交道，沿着古代“丝绸之路”断断续续进行的跨境贸易取得进展，当时这些贸易路线没有因吐蕃的崛起而被打断。但真正推动晚唐海外贸易的是南方大量的天然港口。如同之前几百年，大部分贸易活动是与朝鲜半岛和日本开展的，但是与东南亚、印度和波斯湾地区之间的大量新兴海上贸易活动也得到了发展。这一海上大宗商品贸易把中国和一个新生的世界经济体系相连接，尽管后来明朝停止了由国家
004 资助的远航活动，这一贸易模式仍在中华帝国历史上得以延续。新的商业机遇引来很多胡商定居中国大城市，同时也促进了中国人向东南亚和更远地区的移民活动。

城市里增长的贸易活动和商业化促成唐代第四个转变，即重要的

文学新流派的出现。王朝前半期文学创作的顶点是以王维、李白和杜甫的作品为代表的诗歌的黄金时代。文学艺术创作的中心从偏好浮夸、矫揉诗风的宫廷转移到都城和其他大城市，这使得初唐诗人有了更大的创作自由，而且也可以采取更严肃的道德立场。诗歌的地理范围在晚唐时继续扩大，长安等地的妓院和娱乐区中出现了描写城市生活的喜悦和悲伤的新流派。

在同一时期，一些作者把散文发展成为一种重要的文学形式。最具代表性的文章是由儒家学者兼哲学家韩愈以及和他有关的作者创作的。他们大多从都城被贬至地方，并在那里度过了很长时间。在唐朝最后一个世纪里，作家们开始创作虚构的传奇故事，以此来探索唐代的男女关系和他们的内心世界，这也成了文人们在日益复杂的世界里的自处之道。

第 1 章

帝国的地理环境

005 有唐一代，中华帝国经历的最大变革之一是对地理空间的再定义。在其头一个半世纪里（618—756），当唐朝以长安和东都洛阳为基础对外扩张时，大多数人口生活在中国北方最大河流黄河及其主要支流渭河和汾河流域。黄河流经西北的鄂尔多斯高原，穿越函谷关以东肥沃的中原大地，流向东北方向的海滨冲积平原，勾勒出自早期秦汉帝国以来中国生产能力最强、人口最多的地区。

到唐朝灭亡之际，一切都改变了。旧有的都城遭到破坏，这两座都城再也没能成为帝国首都。一直是中国核心区域的西北地区开始了漫长的经济和生态衰退，今天它成了穷困的、半沙漠化的边远地带。中原地区失去了作为华夏文化缩影的光辉及其在人口和经济上的优势。东北部地区（今天的河北和山东）[1] 成为一个半胡化的边疆，其中一部分领土与中国分离达几个世纪之久。其余地区将一直是非汉族“征服王朝”的根据地。逐步取代黄河流域成为中国人口与经济中心的是南方的长江下游流域，那里拥有充足的降水、茂密的植被
008 和便利的水上交通，曾在南方各政权的统治下持续发展了四个世纪，在唐朝成了中国新的心脏地带。[2]

中国古代的心脏地带——关中

历史上唐帝国的政治中心是首都长安及其周边的关中地区（环绕着渭河）。这是过去首次统一中国的秦帝国（前221—前206）与其政治文化继承者西汉帝国（前206—公元8）的心脏地带。“关中”一词强调了环绕它的山脉和丘陵所提供的天然防御作用。

在秦朝和西汉，长安的朝廷所制定的法律和经济政策均有利于关中的发展，而排斥隔着山脉的关外的广大平原地带，即古时所说的“关东”（函谷关以东）。朝廷借用法律力量压制帝国其他地域有势力的大族，很多大族被强制迁徙到首都附近，从全国征收上来的钱财被用于改善水利，使这个地区的生产力最大化。[3] 在秦代，郑国渠使西北地区变成了中国最肥沃的农业区。

西汉继续用关中本位的方式建造帝国的基础设施。当关中的农产品最终被证明不足以满足朝廷的需要时，汉朝政府就从东北部地区更富饶的下游冲积平原漕运谷物到首都。这是帝国历史上的一个重要发展，因为它标志着中国的政治中心和经济中心首次明确地分离。大规模的农产品运输只能以漕运的方式完成，然而在旱季，黄河不可能通航，连接黄河和长安的渭河航运效率极低且不可靠。汉武帝（前140—前87在位）耗费巨资和大量劳力来修建绕开渭河直接连接长安和黄河的运河，之后又开凿了另一条可以方便地从肥沃的汾河谷地漕运的运河。[4]

虽然两条漕运线的主要功能是从生产力更高的东北部地区和东部地区运粮进京，但是它们也有助于改善灌溉条件。公元前111年汉武帝开凿了六辅渠以灌溉郑国渠力所不及的高地。次年他试图改善靠近洛阳的黄河支流洛水流域的灌溉。这一计划失败后，汉武帝把他的心思转向未及时处理的东部下游平原臣民的灾难，黄河瓠子决口导致了那片区域数年的大洪水。在最终堵上决口、控制了河流之后，武帝作诗自矜，然后又重新把几乎所有注意力放到了关中。他修复了损坏的郑国渠（重命名为白渠），在长安周边修筑三条新的灌溉渠，把首都和华阴城用另一条运河连接起来，着手兴建西北偏远地区的灌溉工程。他修筑的水利设施集中服务于京畿，只有在淮河流域的灌溉渠是唯一的例外。[5]

经历了一段时期的动荡之后，重建起来的东汉王朝（25—220）于公元 25 年把新首都建立在中原的洛阳。投降的胡族多次被迁徙到关中，再加上中央政府无力抵御那里的叛乱，导致原来秦朝的心脏地带“胡化”。长安的地位衰落，周边的灌溉渠和运河由于缺乏维护而逐渐丧失功能。洛阳周边的黄河堤坝得到良好的维护，再往东，地方官员组织修建了小规模的灌溉工程。东汉放弃了为首都提供穿越黄河流域的长途运输，恢复了较旧的模式，使首都和其他城市一样，需就近获得物资来满足需求。[6]

汉朝衰落后的 400 年里，中国分裂成几个分处南北方的短命王朝，依靠邻近地域供粮的办法继续实施。北方政权（包括三国时期的魏国、晋朝、十六国、北魏、北齐、北周和隋）照例迁徙大量汉族农民和游牧民到首都附近，以满足朝廷和城市居民的需求。317 年，晋朝朝廷向南逃奔到长江下游地区后，同样依靠近郊的农地向新都城建
010 康（今天的南京）供应所需的大部分粮食，而由刺史管辖的长江中游地区亦是如此。南方的劳动力由大量来自北方的难民和被掳掠或压迫的土著提供。[7]

589 年隋朝重新统一中国后，王朝创始人定新都大兴于长安废墟之侧，主要是因为他和他最紧密的同盟者均是西北地区半胡化的精英。然而，在关中建立一座首都是困难的，因为中国的经济中心在当时正不可逆转地向东部和南部移动。一些谷物可以先沿黄河，再沿依渭河重建的运河运到大兴城。但是大量粮食必须由几条把黄河及其支流和南方连接起来的重修的运河来输送。这项雄心勃勃的工程计划，

把首都和除四川之外的帝国的每一个产粮区连接起来，并以“大运河”之名为世人所熟知。

和隋朝的皇室一样，唐朝创立者也出身于一个西北地区的军事世家，并且同样把老关中的大兴城作为首都，重新以古城长安之名命名。[8] 然而，在唐朝建立后的几十年里，帝国官僚体系的膨胀和需要供养人口的增加要求政府周期性地迁都洛阳，因为在那里可以更容易地获得食物和其他必需品。7 世纪后半叶唐朝在武后的统治下陷入了与关中精英的持续对抗中，因此宣布洛阳为陪都，也是帝国的神都。武后从权力舞台上跌落之后，玄宗皇帝指定裴耀卿为转运使，负责恢复大运河及转运仓。这一工作的顺利完成使唐朝朝廷在 736 年得以迁回长安。

由于接近都城和易于漕运，富饶的汾河谷地及其支流流域在唐代集中了 35 个灌溉工程，其数量之多在全国各地区中位居第三。但是供养一个“在重重关隘中”的朝廷的难度仍然在上升，这是由诸如砍伐森林、地表侵蚀、沟壑化、水源短缺以及运河淤塞等问题造成的。[9] 中国北方的森林几个世纪以来一直在消减，原因是取暖和建筑用材的需求造成的过度开发。首都的宫殿、庙宇、官署和住宅对木材的需求特别巨大。首都所在，人口增长，导致越来越多的木材被烧 011
掉。政府开凿了一条运河把木材运进都城，进一步加速了森林植被的减少。最后，政府试图在西北地区养马，以取代被吐蕃夺走的牧地资源，再加上牧民砍伐树木来盖房子、取暖，导致本就不多的草场被破坏以及坡地的水土流失。

花粉含量的考古学证据显示，森林植被稳步地从河流谷地退到了山地边缘，而在京畿地区北部则完全消失了。砍伐森林引起的水土流失使向都城运送粮食的运河淤塞。因此，定都长安，集中资财和人口，适得其反地恶化环境并搞垮经济。9 世纪初，诗人、散文家柳宗元在《行路难》其二中这样描述普遍发生的情景：

虞衡斤斧罗千山，工命采斫杙与椽。
深林土翦十取一，百牛连鞅摧双辕。
万围千寻妨道路，东西蹶倒山火焚。
遗余毫末不见保，躏跞硼壑何当存。
群材未成质已夭，突兀硉豁空岩峦。[10]

显然这是一篇政论诗，被砍伐的树木象征着命运被腐败朝廷左右的才子。但森林被破坏的场景迅速出现在文人头脑中并被拿来表达一种隐喻，这暗示出在唐代青山被剥去植被是多么普遍的景象。

函谷关以东黄河长长的河段，水流放慢，河道变宽，因此挟带泥沙的能力下降，泥沙沿着河床底部不断沉积，致使水面上升冲破堤坝。随着冲蚀的继续，沉淀率上升，即使堤坝越修越高，溃堤仍然频繁发生。历代王朝记载的洪灾频度变化显示出西北地区发生的土地冲蚀的速度。[11] 在西汉最后的几十年，当关中粮食生产能力达到顶峰时，下流溃堤的频率却加快了。东汉时期，当西北地区的部分土地被抛荒，灾害发生的频率逐渐下降，并随着王朝的垮台而迅速减少。但在5世纪早期北魏重新统一华北，溃堤的频率再次开始上升。唐朝中期溃堤频度（每十年一次）只比西汉九年一次的记录稍低，但在接下来的两个世纪里骤增至三四年一次的程度。这些数据表明，不仅西北的肥沃土壤大量流失，而且东北部地区破坏性的洪水频发，带来了巨大灾害。

唐朝建立的时候，东北部地区的生产能力已经超过中原地区，这归因于其在北魏帝国及随后将帝国分裂为东西两半的内战期间的相对稳定。因此，在最初的百年里，唐朝在那里建立了两个粮仓用来储存余粮运往京师。永济渠（隋朝开凿的大运河的东北延伸段），主要服务于把东北部地区的粮食运回长安。唐朝为永济渠开辟了若干支流以改善灌溉，并从生产者那里把粮食运到主运河，还因此提高了运河水位。除了取得这些进步，农业生产还向北扩展至燕山山脉，而农牧业混合的经济形态在更远的地方取得发展。[12] 边区土地的耕种将最终导致水土流失和土壤沙化，但在唐朝，这些地区保持了生产的势头。

“安史之乱”爆发后，唐朝廷失去了对东北部的大部分地区的控制权，不再能从当地征收税粮。另外，东北部地区大规模的职业军人消耗了当地过多的资源，即使是那些忠于朝廷的藩镇也不能再将大量钱粮上缴长安，朝廷只能依靠富裕的南方提供的补给勉力维持。正如杜牧（803—853）所述：“今天下以江淮为国命。”[13]

8 世纪中叶以后，一个从西北到东南的新的地理政治轴心明确界定了唐帝国的结构。在边远的西北，朝廷控制的主要藩镇阻挡了吐蕃与回鹘持续不断的侵袭。关中与都城比邻于其东南。沿轴线向更远的东南则是肥沃的长江下游，那里为朝廷和西北地区提供了大部分的粮食和赋税。粮食和其他可能以布帛形式上缴的税赋，沿大运河向北和西北运往朝廷。在这一地缘结构中，富有而相对非武装化的南方在物资和财政上支持着因为战略原因而设在北方的首都，确定了中华帝国后期的架构。唯一的不同是后继的王朝定都在东北部地区而非西北地区。

东北部、中原和四川

在西晋于 316 年灭亡和晋室南迁之后，很多留在关东的汉人聚族避难于山野中的坞堡。北魏于 439 年完成了中国北方的统一，社会更加和平安定，但很多逃亡的汉人继续避难于坞堡，在那里女人和男人一样习于骑射。与汉朝“关中出将，关东出相”形成鲜明对比的是，北魏武将中来自东部的和来自西部的比例是五比一。534 年，北魏王朝分裂为东西二国，东魏与继承它的北齐继续从关东招募武将。武装的坞堡成了地方权力的主要保障，在隋末内战时尤其明显。[14]

东北部地区的军事化特征也和在 4 世纪晋室南渡后大量非汉族

人定居当地有关。在营帐和坞堡中，出身于军事家庭的汉人与包括契丹、奚等其他民族战士混居在一起。在唐朝开国之战中，以关中为基础的唐皇室最强的一个对手是出身于东北部地区富裕家庭的鲜卑后裔窦建德。窦建德曾是乡村首领，他依照讲义气、重承诺的传统侠义精神行事，这也是当时很多绿林好汉共奉的准则。621 年，当窦建德的势力被彻底打败后，他的部下奉以前的骑兵将领刘黑闼为名义上的首领，继续对抗唐朝廷一年多。因此，唐朝创立者“想要完全杀灭窦建德的集团，使山东完全空虚”[15]。“安史之乱”后独立的藩镇节度使的崛起使东北部地区成为永久对抗唐王朝的中心。

黄河中游（今天的山西南部和河南北部），以东都洛阳为中心，经历了和关中类似的遭遇：砍伐树林，水土流失，河流淤塞，农田变成沟壑。黄河以南有的地方很富饶，但那里的几座大城市消耗了区域内大量农产品。因为区域内可供输往外地的粮食少于东南地区，朝廷严重忽视当地的灌溉水利，集中精力维持从东南运粮进京的运河。“安史之乱”以后，藩镇节度使成为重要的政治力量，黄河中游灌溉与运输之间的紧张状态加剧。为了供养军队，节度使拒缴税粮给朝廷，把更大量的水源转作灌溉之用。有时这种行为令运河水平面降低以致无法行船运输。而且，由于灌溉工程没有得到有效维护，很多水从工程漏洞流失了，进一步减少了整体的可利用量。在朝廷和藩镇间围绕这种稀缺资源而进行的斗争成为理解 9 世纪政治的关键。[16]

中原地区虽然在政治和经济上对朝廷来说只处于次要地位，但在唐代始终保有文化上的优势。作为古代东周王朝（前 770—前 256）和东汉的都城，洛阳保持着帝国非军事首都的令名，以中国东部文学文化的自然中心之姿，迥异于过去秦朝设在关中的军事堡垒般的都城。几百年来，学者和诗人把洛阳作为中国和世界真正的中心来赞颂。“中原”一词狭义上指洛阳周边，但也能指代整个中国，象征文化上的“中心”。作为精神上的首都，洛阳拥有长安无法与之匹敌的特殊地位。

上述主张在9世纪一场关于在四个世纪的分裂中真正的中华帝国在南方还是在北方的争论中被表达了出来：“今天的历史学者都把东晋（南方政权）看成非正统，这是一个大谬误。对于那些坚持拓跋（北魏）拥有‘中国’地位的人，我的回答是风俗礼乐构成了中国的特征，缺乏这些特征则是夷狄。怎么能完全依赖地理位置呢？”[17]尽管站在不同的立场上，这位作者也承认当时大多数学者都认为一个王朝是否具有正统性取决于它能否控制以洛阳为中心的中原地区。

四川，西南部一个封闭、群山环绕的地区，对唐朝而言在经济上不像长江下游东南地区那样重要，但随着7世纪后半叶吐蕃和南诏的兴起而成为一个重要的军事中心。四川始终作为南方的一翼，配合来自鄂尔多斯高原的军队对在西域，即今天新疆的吐蕃军队进行钳形攻击。在“安史之乱”中，四川为逃亡的唐玄宗提供了一个避难的天堂，而在唐朝后期又迎来了德宗和僖宗（图1）。

但是出入四川是困难的。如同以前的王朝，唐朝维持了一个以长安和洛阳为中心向外辐射的道路网络，以便于帝国内部官员的往来和公文的传送。这些两侧种有树木的驰道由夯土筑成，其中间隆起以便把雨水排到两边。其中三分之二的驰道从首都延伸到北方边疆。然而，唐朝把这个道路网广泛地扩展到了南方，四川成为一个关键地区。穿过四川的道路把今天西南部的云南和贵州与帝国其他部分连接起来，并一直延伸到东南沿海。依靠沿这些道路和长江的贸易，四川凭自身的优势成为一个富裕的贸易中心，如同诗人杜甫所云：

> 蜀客多积货，边人易封侯。[18]

四川以供应贵族女性精美纺织品而著称，此外还有贵重的乐器、纸张和印刷品。[19]

除了扩展跨地域的交通和贸易网络，唐朝建立了一个快速的邮驿

图1　玄宗皇帝逃往四川（台北“故宫博物院”藏）

系统，沿道路十里一站，总共拥有 1297 个驿站。驿站备有马队随时 016
做好准备，可快速换马，如果马匹缺乏，也会有受过训练的善走信
差。从长安到帝国最远的地方需要 8—14 天的时间，于是即使是曾 017
经封闭的四川也能定期和其他地方联系。快速的邮驿是如此重要，以
至于延误期限一天就会被重打八十大板，递送公文延误六天会被责罚
服苦役两年。延误紧急的军事公文可能会被处以斩刑，特别是当公文
延误造成前方人员死亡之时。[20]

秦代修筑的成都都江堰灌溉工程，使四川能生产大量粮食，养活大量人口。如同帝国其他地区，这些人口的建房和取暖导致对森林的大规模砍伐。到唐朝，覆盖四川盆地与周边山地的原始森林已经砍伐殆尽，以致农民只得种植桤木和其他速生林来做薪柴。这种情景被 8 世纪 60 年代生活在成都的著名诗人杜甫记录了下来，他在《凭何十一少府邕觅桤木栽》中写道：

> 草堂堑西无树林，非子谁复见幽心？
> 饱闻桤木三年大，与致溪边十亩阴。

数年后他在另一首诗《堂成》中写道：

> 桤林碍日吟风叶，笼竹和烟滴露梢。[21]

在四川最高的山上进行的森林砍伐迫使负责修护地区脆弱的木桥和栈道的士兵走更远的距离去找合适的木材。像农民一样，士兵被鼓励多多种植能满足需要的树种。[22]

砍伐森林也发生在草木繁盛的东南地区。5 世纪一名南方官员书
写的奏折中提到了位于长江下游的东晋故都建康周围山上的植被被彻 018
底地烧毁，荒地被用于栽培竹林和果树，尽管自 366 年起，针对这
种行为的刑罚一直存在，犯人甚至可能被公开问斩。

南 方

唐朝最重要的发展之一是南方稳步成为中国经济与人口的中心。这一地区兴盛的重要性与当地特殊的地理条件和气候有关。在唐代，“南方”包括长江流域及其四个主要的支流流域（湖北、湖南、江西、秦岭山脉以南的陕西、安徽南部、江苏南部、浙江北部）。这一地区多山，但降水频繁，河湖溪流很多。南方与寒冷的北方相比作物生长期长得多，适合复种。因为这些优越的自然条件，一旦南方引进最先进的农业技术和排水设施，其单位产量要比北方高得多。

在唐代，除四川之外，长江两岸的人口和农业集中在中下游。长江中游以洞庭湖和鄱阳湖为地理标志，沿江还有很多小一些的湖泊和沼泽湿地储蓄过度降水产生的径流。长江三条大支流注入这些湖泊：汉水、湘江、赣江。过赣江后，长江流速放慢，变得开阔，以致对面的河岸都看不到。江水入海口处的沉积物形成了巨大的三角洲，并继续以每 70 年 1.6 公里的速度向东海移动。[23] 冲积而至的土壤中的水一旦完全排干，就会变得极为肥沃。唐朝长江流域的农业可能只集中在河谷、下游三角洲以及中部低地大湖周围的沼泽地，而不是山坡。

如同长江流域，遥远的东南沿海（大约相当于今天的福建省）虽然多山，但其河谷土地肥沃。当地首次受中原影响是由于汉朝崩溃后有许多迁移到此的移民，但当地直到唐代都人烟稀少。直到 8 世纪当地都不受唐朝廷的重视。如同四川，这个区域与世隔绝，与帝国其他
019 省份之间被山脉分隔，唐朝末年福建地区脱离中央控制成为独立的闽国。[24] 因为富有天然良港，这一东南沿海地区比中国其他地区更依赖于渔业和国际贸易。最终这里建立了和日本以及东南亚的紧密联系，在中国与外部世界的贸易中扮演了重要角色。在唐将亡之际，这种贸易变得尤为重要，在其后的几个世纪里一直如此。

西南地区，包括今天的云南省和贵州省，只在 18 世纪和 19 世

纪才有汉人移居。在唐代，当地逐步被新兴国家南诏统一，并在唐帝国和吐蕃之间持续不断的外交与军事冲突中成为一支重要力量。[25]这个区域多山，其低地覆盖着热带丛林。唐代数十个不同部族分据当地，其中很多直到今天仍是中国的少数民族。

及至唐朝，“南方”在中国文学作品中通常被描绘为遍布丛林、沼泽、瘟疫、毒草、野兽的危险奇异之地，是众多被贬黜的官员一去不复返的流放之地。虽然在唐代这些意象依旧不变，但“南方”一词所指代的地域范围稳定地向赤道移动。在汉代，这一词语主要指长江流域，到唐末则相当于今天的福建、广东、广西。这一转变反映了汉人几百年来持续南移以及他们带来的地形景观的改变。[26]

南方主要的环境问题不是干旱和洪水，而是蚊虫滋生的低地过度潮湿，不适于耕种。随着更多的汉人移居当地，他们修筑大大小小的排水工程，经历了几个世纪之后把广阔的湿地变成农田。朝廷听任地方的大地主控制排干的沼泽和灌溉农田，只是有时对水利工程提供建议，或为定居沼泽地带的人免税，后者是为了帮助在朝廷上有权势的大族分担风险。结果，南方的地主在引进开发新土地和改进生产的农业技术上发挥了更大的作用，建立了更大的、生产能力更高的庄园。与北方地主相比，他们对地方社会的影响力更大，这种区域性差异在中华帝国晚期一直持续。 020

南方地主的地位之所以高，与当地特殊的治水方式有关。在北方，国家通过修筑和维护大坝来控制洪水，而当地灌溉系统的水源来自河流支流和农夫挖的井。介于黄河和长江之间的淮泗流域与长江中下游流域的生态环境迥异，因此需用完全不同的方式控制水利。在中部，缓慢流动的河水通常被堤坝拦住，形成水库，那里水闸放水进入小一些的运河，再利用重力作用让水流入田地。相反，在长江流域，最重要的技术是把过多的水排到人工水池，需要时可再从水池中抽出。堤坝不仅用来控制洪水，也用来开垦低地。在地方大族主导的大规模私人组织的管理下，这样的工程可以依靠小到几十人、大到几千人的集体劳动轻易修建。

唐代文献主要记录社会最高层的活动，关于地方豪族部曲对南方的持续开发的记录付之阙如。即使如此，仍有少数证据被保留下来。唐代人口数据主要反映了都市人口的状况，而且受限于当地受国家控制的程度。即便如此，长江下游的入籍人口在唐朝前半期增长了几倍，据此推测农村人口应该也有巨大增长。这种情况只有在更多的土地被开垦为耕地的条件下才有可能出现。唐代史书也罗列了遍布长江下游的几十个水利工程；在唐朝的前半期它们增长的速度很可观，在唐朝后半期甚至发展更快。虽然其中的大型水利设施是由国家组织兴建，但提到的小型设施也很多，而且大多肯定是由地方主导修建的。政府对东南地区粮食的依赖日益增长是另一个可以表明本地生产力不断提高的证据，虽然越来越多的粮食被运往北方，南方地区仍然可以养活本地人口。[27]

地方大族对发展南方经济起核心作用的最明显的证据来自“安史之乱”后的时期。在中央政权比以前更加虚弱和困顿的时期，南方兴修水利的速度反而加快了，尤其是太湖周边区域。当地多沼泽，多
021 河流，适于建设受地主欢迎的复合型小规模水利设施。在被大运河穿越的长江下游与淮河流域，政府官员想要集中所有可能的水源供应运河，以保证向北方的粮食运输，而当地农业经营者期望把尽可能多的水用于灌溉，他们之间经常发生争执。这种利益冲突再一次显示出政府优先考虑满足漕运系统的需要，而南方灌溉系统的维护主要是地方豪族的工作。[28]

随着唐代生活在南方的人口数量增加，稻米成为帝国主要的粮食作物。虽然北方培育了可在旱地栽培的品种，稻米生长的最佳环境仍然是南方潮湿的水田。水稻种植的特性至少以两种方式对社会秩序造成了影响。首先，因为水为农作物输送养分，相比于土壤质量，种植

的成败更取决于水的质与量以及用水的时机。因此即使在水源丰富的南方，也必须要建造、操作和维护复杂的灌溉工程和水利设施。这一必要性鼓励了地方精英勇于创新和实验，并且要求他们具有相当的领导能力。其次，水稻种植要消耗大量劳动力，因此高度依靠农民的勤劳与技巧。保持水深一致、整地、养护水堤需要持续的劳作。插秧最为费力，因为要求农民对插秧时间和秧苗间距有精确的掌握。因此，在唐代，经验丰富且生产力高的农民对南方农业经济来说价值巨大。[29]

漕 运

在唐代若想以可接受的成本来远距离运输粮食和其他大宗货物，除漕运之外别无他途。在北方，主要的河流系统数量很少，且需要经常挖去淤泥。但即使通过疏浚，运河仍然是如此曲折浅狭，以致要挖掘人工运河来代替天然河道。北方的降水并不充足，当更多的水流入灌溉渠以种植粮食，更少的水流入河中承载装满货物的驳船，结果便是唐朝前半期北方水运发展有限。

这种限制的一个后果是降低了军队大规模移动的能力。唐初与唐 022
末的流寇能够在地域间大规模转移，抢光一地后再移至下一地，官军则不能如此。为了供应一支由多达几万甚至10万名士兵组成的军队，需要来自粮仓和其他储备设施的定期粮食运输。军队规模越大，越需要停留在漕运所及的范围内，因而机动性也就越弱。[30]

但是受限的漕运造成的最重要影响是各个城市只能依靠其周边地区生产的农产品，这延缓了农业专业化的发展。唐以前的帝国基本都只重视区域性发展，每个地区致力于满足其自身的需求。长途运输的对象只有运往中央的贡品或是满足精英需求的奢侈品。然而，随着大宗货物远距离运输的兴起，一个地区可以致力于生产其他地区缺乏的产品，通过贸易获得高额利润，之后再用获得的利润购买谷物和布匹等必需品。漕运的改善是大规模生产的前提条件。这一时期内商品生产空前繁荣，有学者将这一时期内发生的经济增长称为“中古经济革命”。[31]

为了改善北方水上交通，供应大兴城（长安）的朝廷之需，隋朝皇帝花费了大量精力和财力开凿大运河，并在漕运线的关键位置设转运仓。转运仓既可存储粮食，又可在河水和劳动力充足之时进行季节性输送。584 年隋朝开国皇帝杨坚为了将富饶的黄河平原的物产输送到人口过多的首都（见地图 1），疏通了一条汉代的旧运河。该运河与渭河平行，但很容易淤塞，还会季节性断流。大运河的第二段通过通济渠将洛水和淮河相连，再由邗沟连接淮河和江都（今扬州）附近的长江。作为隋朝第二位统治者隋炀帝杨广重建洛阳的努力的一部分，开通通济渠的工程自 605 年开始。运河第三段很大程度上也是沿着前代运河路线，始于京口（现代镇江）附近的长江，沿江南河到杭州湾头的余杭。

大运河的最后一段为永济渠，起于洛阳附近的洛水、黄河交汇
023 处，向东北流往今天北京近郊。永济渠开凿于 608 年，大运河各段中唯有永济渠包含有重要的新开凿的渠道。它把东北部地区与中原连接起来，再和南方连通。[32] 因为永济渠通过东北部干燥地区时，一直保持适合航行的水位是很困难的。开挖新运河灌入更多的水，在夏季会由于径流作用导致更严重的土壤流失，同时也会加速泥沙淤积。几个世纪以来，人们修筑了水库和补给水道以避免运河堵塞，但是难以预知的洪流持续对北方冲积平原的生态造成严重破坏。[33]

大运河因此连接了中国几乎每个区域，诚如 7 世纪官员崔融所
024 描述的：“且如天下诸津，舟航所聚，旁通巴汉。前指闽越，七泽十薮，三江五湖，控引河洛，兼包淮海，弘舸巨舰，千轴万艘，交贸往还，昧旦永日……一朝失利，则万商废业；万商废业，则人不聊生。”[34]

地图1

唐玄宗下令对大运河大力修整，并于736年完成。此后20年间，黄河冲积平原多余的粮食大量输往长安以供京师之需。这种供应模式与西汉时的类似。然而，在“安史之乱”后，东北部地区被独立或半独立的节度使控制，他们扣留进京税粮，而中原地区忠于朝廷的地方官员及其军队消费了当地所有的粮食，唯有东南地区有余粮（主要是大米）可供输出。因此，在“安史之乱”之前只是作为一种有益的补充手段的大运河，突然成了不可或缺的生命线。763年之后，所有中华帝国都城，除了南宋这一例外，都通过内河航道进行漕运来获得供应。

长途大宗贸易的兴起给行商们带来了新的生活方式。他们生活在自己的船上，沿着运河游走，四处寻找获利的良机。这种生活方式在那个时期成了诗歌的题材，甚至成了行商的典型形象。很多晚唐有名诗人都写过以类似于“贾客乐”为题的讽刺诗。张籍的《贾客乐》即为其中一例：

> 金陵向西贾客多，船中生长乐风波。
> 欲发移船近江口，船头祭神各浇酒。
> ……
> 秋江初月猩猩语，孤帆夜发潇湘渚。
> 水工持楫防暗滩，直过山边及前侣。
> 025 年年逐利西复东，姓名不在县籍中。

元稹和刘禹锡都写过同名诗篇，但最知名的例子是白居易作于808年题为“盐商妇”的叙事诗：

> 盐商妇，多金帛，不事田农与蚕绩。
> 南北东西不失家，风水为乡船作宅。

这些诗有着共同的主题，即商人为逐利往返于帝国各地的水上冒险活动与农夫扎根于当地面朝黄土辛苦工作而勉强糊口之间的对比。[35]

除了催生拥有独特生活方式的新社会阶层，长途水运的发展使很多城市繁荣起来。这些城市为上千艘大船的移动增加新船坞码头和其他设施而发生重组。此方面的典范是长江下游的江都。江都以前是一座中等规模的城市，后来一跃成为大运河的枢纽和全国的经济中心，晚唐有“扬一益（四川益州）二”的说法，即可证明这一点。经过江都的船只来自帝国各地，包括四川、广东、福建和今天的越南。甚至自长安去四川的旅行者也经常先到江都，然后溯江而上。远洋船只来到此地，把唐代庞大的内航水路和外部世界连接起来。[36]

“内部”领域与“外部”领域

从秦朝于公元前221年统一中国之后，帝国的统治区域基本可由两条大河的水利系统确定边界。在“内部”区域，人们过着以农业和城市贸易为基础的定居生活。这一地区外面，北方和极西的部落（今天的内蒙古、甘肃和苏联的中亚部分）依靠游牧迁徙过活，新疆地区从事绿洲农业和贸易，东北部的部族采取农牧业混合经济，并进行山林采集。中华帝国经济结构的核心是一个依赖于粮食和布匹税收收入的城市网络，这意味着“外部”绝不会和“内部”牢固地结合。朝廷不能从这些非农业地区获取足够的收入以支持驻军和管理的成本。 026

很早就有文章描述中国本土与外部世界之间的差别。直接统治的内地对应着经典的《禹贡》所描述的世界，《禹贡》可能是公元前400多年战国时期的作品。这一文本把两个大河流域按特产划分为九个区，称为“九州”，“九州”逐渐等同于全中国。《禹贡》结尾处提到了一个更广阔的世界体系，天子位居文明中心，人民生活在以天子为中心的同心圆上，与首都距离越远，则愈加野蛮。

这一同心圆体系在战国晚期和西汉遭遇了来自一个扩大了的世界观的挑战——九州只是一个更庞大的大陆的一角。雄心勃勃的统治者，如秦始皇，接受了这种扩大的世界观，以此来合理化他们的扩张。然而，在汉代，当朝廷把包括《禹贡》在内的儒家经典确立为正典之后，文人和廷臣对军事扩张的怀疑态度日益增强。因此，九州体系被普遍接受，即文明的中心直接由帝国治理，半文明的民族环绕四周，再向外则是真正的蛮夷。[37]

汉朝之后的几个世纪里，中国与东北部地区、北方、西北的外部领域的关系改变很大。4世纪之后，统治全部或部分黄河流域的王朝都为外族所建。中国本土之外的北方世界与国内政治秩序开始有了千丝万缕的难分难解的联系，最重要的是很多军人与统治者出

身于此。自汉朝后期开始直到唐代，非汉族人口持续内迁导致了民族结构的改变。一些现代学者估计，在唐初，非汉人移民占帝国总
027 人口的 7%，占北方人口的 12%—14%。唐朝后期这一数字估计在 10%—19% 之间。[38]

不过，“内诸夏而外夷狄”的二分法世界观仍然是有影响的。大多数唐代文人把异族与异文化和外部世界联系起来，而中国则以《禹贡》描述的九州为中心，并且需要遵守一系列的文化规范。对于很多有文化教养的人来说，华夷之别根植于宇宙秩序之中，如同 7 世纪后半叶宰相狄仁杰所云：

> 臣闻天生四夷，皆在先王封域之外，故东距沧海，西隔流沙，北横大漠，南阻五岭，此天所以限夷狄而隔中外也。[39]

考虑到对内外做简单的区分明显不符合唐代的实际情况，因为大量异族不仅生活在边疆区域，也生活在中国的大城市里，唐代文人发展了一套复杂的词汇来区分中国本土与那些仅仅由帝国统治的地区，包括今天的内蒙古、新疆，甚至四川西部的一部分，均被认为属于后者。以白居易为首的文人认为即使失去这些异域土地也无伤大雅。

642 年在朝廷讨论如何处理刚刚征服的高昌（接近吐鲁番，位于新疆）时，褚遂良的说法最清晰明确地说明了真正的中国领土与唐王朝暂时领有的土地之间的区别：

> 臣闻古者哲后临朝，明王创制，必先事华夏，而后夷狄，
> 028 务广德化，不事遐荒。是以周宣薄伐，至境而反。始皇远塞，中国分离。……陛下诛灭高昌，威加西域，收其鲸鲵，以为州县。……此河西者，方于心腹；彼高昌者，他人手足。[40]

在这一对经典的二元世界观的描述中，古圣先贤确定了中国本土与外部世界的划分，暴君秦始皇的罪行是在领土扩张中混淆了这一根本区别。

大多数文人学士认同这一理想化的世界观，很多对中国保持疑虑的胡人也赞同这一点。不过，有些重要的唐朝政治家，例如著名的太宗皇帝，提倡一种包容性观点，即所有民族最终都将纳入中国。他和一些后继者们试图让突厥人和其他部族融入帝国。但即使包容性观点的支持者也认为汉人和异族之间的基本差异将会保留，尽管事实上他们都居住在帝国的疆界之内。这一看法使唐太宗宣布自己为天子兼天可汗。这条信息清晰地显示：以皇帝为最高统治者的中华道德政治体系不适用于突厥人，他将以不同的方式对其实施统治。虽然两者能够生活在同一个单一帝国内，但他们的共同点只有一个，即他们的统治者为同一人。君王因能力超群，足以超越中华帝国本土与外部世界的明确界限而同时受到双方的称颂。[41]

这一划分在制度上以“羁縻府州”的形式明确表达出来。羁縻府州如同汉代的“属国”，是相对自治的区域。在唐的疆域内定居的异族由其部族首领管理，唐朝册封这些首领并授予官职。虽然他们有义务服从于帝国并有时提供军事力量援助正规军，但他们通常不采用“齐民编户”的管理方式，也不需缴纳同样的赋税或服劳役。羁縻府州是唐朝和真正的化外“蛮夷”之间的缓冲带，临时所建，经常缺乏 029
清晰或固定的边界。这些异族来而复去，随着大唐势力的消长不时改变居住地。他们多居于边疆，标志着从定居农业向游牧生活的过渡。

为两种类型的人民所设立的两套平行管理系统，被8世纪的唐代地理学家当作建构世界的原则：“中国以《禹贡》为始元，而外夷以《汉书》为源头。前者记录了疆域区划的扩展与收缩，后者叙述了番部的盛衰。”[42]除了关注秦始皇的罪行，作者为针对中华和夷狄的平行社会管理形式列出了两种独立的文献资源。以此方式，他将中亚和北亚纳入华夏世界，而并不模糊在建构这一世界的同时内外两部分之间存在的清晰区别。

第2章

从开国到内乱

030 9世纪的诗人温庭筠回顾了隋朝的衰落，他作诗描述了隋炀帝杨广放弃北方，沿河和运河南下，最终在那里遇害的史事，他在《春江花月夜》中写道：

> 杨家二世安九重，不御华芝嫌六龙。
> 百幅锦帆风力满，连天展尽金芙蓉。
> 珠翠丁星复明灭，龙头劈浪哀笳发。
> ……
> 蛮弦代雁曲如语，一醉昏昏天下迷。
> 四方倾动烟尘起，犹在浓香梦魂里。
> 后主荒宫有晓莺，飞来只隔西江水。[1]

在温庭筠创作的年代，长江流域下游盆地已经是唐朝经济的基础，但在诗中他将南方写成是一个芬芳梦幻的陷阱，吞没了好几位失败的皇帝。正如推翻秦朝的项羽所做出的回到南方家乡的决定使之注
031 定要败给占有关中的汉朝创始人刘邦，隋炀帝南巡而把关中留给敌人的决策也确保了他的对手们的胜利。

虽然温庭筠对于危险的南方的观察更多展现了9世纪诗人的思维

定式而非当时的政治现实，但隋末唐初关中的战略据点，提供了比富有的南方更安全可靠的防御基础，这依然是事实。[2] 唐朝在西北地区建立，及此后逐步扩张，这是关中在中国历史上最后一次成为帝国的龙兴之地。

唐帝国的巩固

613 年发生的叛乱使隋朝分崩离析，此时未来的唐朝创立者李渊还是一位太原留守（地图 2）。他的家族来自边镇且几乎可以肯定是混血，自其高祖之后便世代为将，李渊担任军职也长达 10 年。[3] 在太行山掩蔽下，李渊韬光养晦了数年之后，于 617 年攻陷了隋都大兴城。接下来的几年里，他接受隋恭帝禅让，开创唐朝。

起初，李渊的新王朝只控制关中。东北部地区、中原和南方仍旧被其拥兵数十万的对手占据。[4] 经过主要由皇子李建成和李世民领导的五年平叛战争，最后一个对手被打败。直到 628 年武装抵抗才彻底平息，但在 624 年形势就已十分安全，李渊能够解散大批军队而只把剩下的士兵统合在一起。新的军制把全国分为 633 个军府，每个军府统领 800—1200 名士卒，这些军府大多数镇御关中。李氏家族及其支持者承袭建立王朝的经典方式，即寻找超自然的预兆，举行庄严的皇家仪式。他们受到大部分道士的积极支持，因为道士们追随道教创始人老子留下的古老信仰。老子姓李，因此同姓氏的君王被认为会如“救世主”一般带来道教的千年王国。[5]

尽管 628 年公开的敌对活动结束了，但仍有很多地区不完全安宁。从过去几百年的政治动荡中幸存下来的华北地方精英将追随者聚集在坞堡，仍旧据此抵抗新王朝。在唐朝初期的几十年里，政府在全国设立了 43 个总管府，试图在关中之外恢复秩序，但各总管府间有大块空白区域，完全没有唐朝的军队。通常地方势力名义上从属于总 032

地图2

管府，但当皇帝考虑分封皇室宗亲领地时，赏赐给他们的土地不会包括这些地方。这说明这些地方并不真的在唐王朝行政控制之下。[6]

除了重建帝国的安全，唐朝前期还需要恢复财力。面对被战争掏空了的国库，政权为了保证税收的稳定流入，重建由国家授予土地的
033 均田制。唐朝通过建立一套府和州的体系，成功地为均田制正常运行提供了有效率的地方行政。为了稳定自隋朝末年因贬值和私铸而崩溃的货币，621 年唐政府开始铸造铜钱。755 年，在“安史之乱”前夜，政府有 11 个铸币厂和 99 个铸造炉可生产铜币。尽管有这些努力，钱币短缺在整个唐代都持续困扰着国家，在很多情况下，交易和纳税

的媒介是布帛而非钱币。[7]

新王朝遭遇的另一个问题是突厥帝国对中国西部和北部的武力侵扰。自 6 世纪起，突厥人统治了中国北方的草原，使自己成为隋朝外交的焦点。在导致隋朝崩溃的内战中，突厥人期望使中华帝国继续分裂和虚弱，因此挑动不同的军事集团相互作战。当唐朝内部反对力量衰弱时，突厥人从 623 年开始接连三年发动大规模入侵。唐朝创建者李渊试图通过向突厥纳贡来减轻压力，但这阻止不了入侵。[8]

李渊的次子李世民于 626 年发动政变杀死兄弟、囚禁父亲后，北方边疆的形势开始改变。李世民曾在平定东北部地区和中原的过程中展示出优秀的军事才能。他（其庙号唐太宗广为人知）起初延续其父亲的纳贡政策以阻止突厥入侵。但在 627 年突厥人分裂为东西两汗国，内部发生了反对可汗的叛乱，同时一场严重的暴风雪杀死了突厥人的牧群，这是唐朝的福运，给了太宗可乘之机以摧毁东突厥帝国，并把唐朝自己的突厥盟军安置在边疆。630 年，他们尊太宗为“天可汗”，明确承认太宗在汉人边疆之外有权仲裁争端。太宗很快把投降的东突厥人安置在鄂尔多斯高原，实施了鼓动控制着从玉门（今天甘肃的玉门关）到萨珊波斯大片疆域的西突厥帝国内部发生内战和叛乱的政策。642 年西突厥可汗臣服唐朝，唐朝宣布了其对中亚的至高无上的统治权。

太宗对突厥的胜利是他在位期间的重大成就，但在中国他最被称 034
道的原因与其说是他在位时的表现，不如说是唐朝之后的历史。下一位君主高宗皇帝被皇后武氏控制。武后受到中国历史学家的猛烈批评，因为她是中国历史上唯一妄图称帝的女性。690 年，她改国号为周，直到 705 年才被推翻。中宗皇帝重登大宝，但他无能统治的五年是由其妻韦后把持朝柄。韦后饱受史家谴责，被冠以毒杀亲夫之罪，但没有实证。712 年，唐玄宗夺取政权，其漫长的统治标志着唐的极盛。然而，他晚年的昏聩引发了 756 年的“安史之乱”，从此王朝再也没有完全恢复。因此，太宗时代经常被单独提出，太宗被形容为中国历史上最强大王朝的真正成功的统治者。

中国历史学家因太宗展现了卓越的儒家美德而纪念他，这是他为了抵偿夺取王位的血腥不孝行为而采取的政策。他早年献身于高度勤勉与节俭的政治统治，选拔了大批文武官员，重视并采纳他们的谏言。太宗统治期的年号“贞观”（627—649），故史称“贞观之治”，在后来中国历史上成为“好的统治”的同义词。然而，到 7 世纪 30 年代，太宗开始自觉皇位稳固，便停止了对德行、节俭及其他优秀品质的倡行。太宗统治的最后 20 年充满了与官员的争吵，甚至他自认为最为成功的外交政策也因对朝鲜半岛高句丽政权发动的几次战役中遭遇的灾难性失败而黯然失色。649 年太宗的及时薨逝使他免于重蹈上一位入侵朝鲜半岛的皇帝隋炀帝的覆辙。[9]

在太宗统治结束之时，华北平原大部分地区仍旧被地方势力实际控制。军府和军队仍然集中在关中和其他早前就被唐朝控制的区域。尽管两次制订计划，太宗还是不能去东部平原上的泰山完成封禅祭祀仪式，因为在当地缺乏安全保证。此外，尽管付出重大努力规范地方行政和登记户口，现存记录表明在太宗统治末期，唐朝控制的人口仅是隋朝的三分之一，刚超过其父皇统治时期。中国大面积土地仍然不属唐控制。[10]

035 高宗皇帝（649—683 年在位）统治时，武则天（武曌）的权势明显上升，她由妃子晋升为高宗的第二位皇后。尽管高宗主要追随其父太宗的政策，但也有一些重大改变。他主持了唐律的修订，颁布了建立在新的亲属关系原则上的全帝国范围的氏族谱。在对外事务中，尽管继续统治突厥人开支很大，高宗仍设法在 668 年征服高句丽。该国统治者的死给唐朝提供了可乘之机，唐朝形成了和新罗的联盟，放弃了过去以陆地为主的进攻，改以跨海穿越百济（地图 3）。然而，这些外交成果被证明是转瞬即逝的。[11]

地图3

7 世纪 50 年代中期以后，武后开始执掌朝政，自其丈夫 683 年死后到 705 年退位期间，她以孀居的皇后和开创自己王朝的女皇的身份进行统治。尽管这一时期很长很重要，但除了一些碑文和佛教文献，关于武后的活动我们只掌握了很少的可靠且有用的资料。资料缺乏的原因是武曌是女人，而所有关于这一时期的记录都是男人编著的，他们不仅是其政敌且将其政治生涯视为对自然的扭曲。虽然现代历史学家完全知道历史记录的不可靠，却仍旧无法跳出充满敌意的成见。值得尊敬的《剑桥中国史》的作者，在指出历史记录的偏见后， 036

仍然毫不怀疑地接受了武后为嫁祸某个敌人而谋杀亲子，处死人之前先毁损其肢体（对于女性统治者在位期间的此类描述已经成为老生常谈），豢养大量面首（另一个陈词滥调），迷信且易于受巫术的操纵（传统女性都有的毛病），以及很多其他此类诋毁。

虽然不能证明其中哪些事件没有发生（如何证明一个否定的观点？），但历史学家也没有任何证据能让他们相信这些事是真的。不幸的是，这就意味着唐朝廷这段60年的历史将完全空白。[12] 不过历史记载确实证明了一件事，那就是针对武后的憎恨达到了很高的程度。武后长时间执政充分说明了她的才智和决心，也暗示了在一个充满永远不会善罢甘休的敌人的世界里，为了生存，她的某些残酷做法是必要的。

虽然这一阶段的朝廷政务保持不透明的状态，但仍旧能够通过公开活动进行探究。最重大的事件之一是迁都洛阳。太宗统治时期朝廷至少三次暂时迁往东都，原因是长安的食物和其他供应紧缺。657年，洛阳被设为永久性的东都，在高宗皇帝治下朝廷曾至少七次迁往洛阳。684年，寡居的武后控制了其子的朝廷，为自己的祖先建立七庙，这是从古至今只有皇室才有的特权。她大赦天下，宣布洛阳为神都。废黜儿子睿宗后，她正式在690年建立了一个新王朝，迁都洛阳，
037 直到705年李氏家族的支持者推翻她之前，洛阳一直是帝国首都。

至少有两个原因导致迁都洛阳：第一，把朝廷从唐朝统治中心迁出，离开李氏的支持者。第二，从与全国交通和贸易的方面看，洛阳的位置比长安优越。坐落在大运河畔，洛阳较容易与向南的贸易路线和向东北的交通线联系起来。相反，长安与中国其他地区的唯一联系是常常淤塞和干涸的河道与运河航线。虽然唐朝再次把长安定为首都，但之后的皇帝仍然经常被迫把朝廷迁往洛阳。[13] 唐朝崩溃之后，长安（今天的西安）衰落成为省会级别的城市，几乎不具有政治重要性。

除了具有前瞻性地把首都迁离长安，武后的统治也标志着统治者和官僚群体两者之间关系的改变。某些历史学家认为，她通过新近建立的考试制度征募官员，依靠科举弱化原有的世家大族和关陇贵族的势力，让寒门士子充斥朝堂，他们要完全听从她的意志。在其统治期间确实有很多高官来自东部和东北部，他们通过科举进入朝廷。[14] 然而在整个唐代，科举考试是一个非常途径。与前后的统治者相比，武后较少通过科举提拔官员。她还有其他办法弱化官僚群体的权力，建立一个专制的政体。

首先，就像唐朝开国皇帝李渊一样，武后设立了大量的新职位来满足自己的盟友，同时使用皇权定期解除宰相职权。最初，宰相的头衔只授予三省长官，但有时也被授予任其他官职者，有时多达 15 人。在太宗统治早期，宰相高度团结，使之能够挑战皇帝的权威，太宗似乎允许，或者说甚至鼓励这种行为。到武后统治末期，她撤除了五分之四的宰相，把很多宰相流放或处死。她也发展了一个奖励合作者的弹性体制。

在官僚机构之外，武后发展了一个由非官员的文人谋士组成的 038
“北门学士”，它类似于今天的智库，负责起草诏令，创作大量文学作品后署上武后的名字，制定政策。有时官僚群体表现出不服从，北门学士就代之讨论和起草政令，这些工作对构思和执行帝国法令是必要的。依靠他们对女皇的态度，现代学者对这一群体的描述差别很大。他们用“在暗处的”“秘密”的秘书处或是翰林院（由一群没有行政职务却参与政府活动的学者组成）的前身等说法称呼这一群体。在历史上，翰林院的兴起被认为是向有效率政府的转变。[15] 对女皇谋士们一个更准确的称呼可能是以汉朝及其之后的模式称其为“内朝”。武后的政策部分上是权力向中央转移的重演，这是到那时为止中华帝国历史的周期性特征，部分又是她现在需要树立自己对对立官僚群体的权威，后者也参与到了中华帝国专制体制的长期发展中。

武后统治时期，朝廷关于对外政策的争论很激烈，特别是困扰了中国统治者百余年的高句丽问题。也是在这一时期，中国人第一次遭遇开始蚕食中亚的吐蕃人势力的扩大，他们从670年开始侵入中国疆域的西陲。从670年到680年，中国人丢失了塔里木盆地和四川盆地的几处战略要地，在695年吐蕃对长安以西的一支中国大军发起了一场致命的袭击。同年东北部地区先前的盟友契丹和复兴的东突厥发动叛乱，他们的入侵导致了边疆多处危机。武后及其政府努力在突厥人中制造分裂，经过两年的大规模动员，击退了契丹军队。在战争之后，她在北方和东北方建立了永久性的藩镇，这是她统治期间防务方面最大的创新，但给唐朝造成了长期的灾难性后果。[16]

推翻武后和其子中宗（705—710年在位）的复辟并未让李氏家族迅速重掌权力。接下来的七年里，朝廷继续由一群强势的女人及其
039 党羽控制。这些人包括中宗的妻子韦后和韦后之女安乐公主。但最主要的是武后之女太平公主，她在整个时期都在朝廷上掌权，有时与表兄武三思联合，有时则与包括上官婉儿在内的一群女性结盟，有时则孤军奋战。

在710年中宗死后（可能是被毒死的），之前被武后废掉的儿子睿宗皇帝重获皇位。然而，因为没有实权以及一颗彗星带来的不祥预
040 兆，心灰意冷的睿宗在即位两年后就决定让位于自己的一个儿子。太平公主不能劝阻睿宗退位，而且害怕新的权力平衡对自己不利，于是她先是试图毒死新皇帝玄宗，接着又企图推翻他，扶睿宗的小儿子登基。这些举动失败后，她被迫自杀，从而结束了中国史无前例的女性统治期。[17]

玄宗皇帝的统治和“安史之乱”

传统上中国历史学者把唐玄宗统治的最初10年视为唐朝统治的

一个高峰，一个可与太宗时期相提并论的新的黄金时代。他们记载了一位勤勉的统治者与优秀大臣合力工作，在经过 60 年的女人统治后重建有效的政府。这也是中国历史上最伟大的诗人们创作诗篇的年代。但在唐玄宗统治晚期，旧戏重演，年迈的皇帝陷入另一个有野心的女人的魔力之中。皇帝把国家事务丢给了一个不可靠的丞相，自己则陷入温柔乡里。管理不善的政府招来了一场灾难性的军事叛乱，这使得受宠的妃子死去，皇帝退位，唐朝则几近崩溃。

对玄宗统治的传统论述不仅建立在仇视女性的道德立场和文人学士自我吹嘘之上，而且对玄宗统治的两分法也不是最好的分析方法。一个更合适的框架把这一统治期分为三个时期：第一个时期，从玄宗 712 年登基直到 720 年左右，在人事和政策方面大体上是武后时代的延续；第二个时期，720 年到 736 年，以关中大族在朝廷中的再起和官僚体制之外的专使的首次出现为特征；最后一个时期，从 736 年到 756 年"安史之乱"爆发，除了传统史书描述的皇帝不理朝政，先后两位宰相独掌大权，派系兴起之外，还有军队完全职业化，军事长官获得高位，唐朝的对外政策逐渐转为防御。[18]

在这三个时期的第一阶段，玄宗皇帝手下所有重臣和为首的谏臣均来自帝国的东部和东北部，他们都是在武后时期经科举上任的。玄宗皇帝登上皇位的时候，科举越来越被看成是通往最高职位的"捷径"，这使得唐朝官场内京官和地方官的对立加剧，尽管后者的官阶高且薪俸充足，但仍被看作是一种放逐。大多数有抱负的官员拒绝到地方任职，尽管有诏令以及皇帝和大臣施加的压力。此外，各位皇后把大量官员塞进朝廷，这是弱化官僚体系反抗的方法，在一些情况下，则是通过卖官鬻爵来增加政府收入。虽然玄宗统治早期的大臣们认识到了这些问题，却找不到办法解决。

和武后相比，玄宗第一阶段的统治有一个重要转变，即颠覆了武后短期用相的政策。玄宗一次只任命两到三名宰相，其中一位明显是主要的，并允许他们任职多年。皇帝对重臣的尊重，以及他愿意让宰相们在决策和制定政策方面有真正的角色，可能是玄宗早期统治被广泛传颂的最重要原因。这一政策是否改善了政府的机能尚不清楚。王朝遭遇的主要问题，例如自然灾害，通货贬值，隐匿人口引起的赋税损失，以及在边疆威胁日益增大下原有军事体系的日益衰落等，所有这些问题都未得到解决。

玄宗统治中期，从 720 年到 736 年，以关中大族复兴成为朝廷重要力量，以及在正常的官僚部门之外几个领域里专使的出现为标志。关中精英的卷土重来相对短命，对朝廷之外的发展缺乏影响。如果说武后从东部和东北部提拔人士是为了制衡李氏家族对西北地区支持者的依赖，那么玄宗的统治可能仅仅标志着对早期政治的回归。另一方面，帝国主持编写的士族总谱部分证明了旧的西北大族恢复了之前的显赫地位。我们最可靠的证据来自朝廷委任的一个又一个职位，玄宗从武后朝廷中继承下来的官员被从西北提拔上来的人代替，及至 729 年，每一个朝中要职都被关中人士填补。[19]

042 对于唐朝后期历史而言，更重要的是在正常的官僚体系外任命专使的新制度，授予专使处理关键事务的大权。最清楚的早期例子是宇文融被任命为检括逃脱政府记录的户口的监察御史。他成功使 80 万户及其土地于 8 世纪 20 年代初期入籍，这一功绩有助于帝国财政稳定。负责水陆运输的转运使裴耀卿负责改善大运河漕运，使朝廷可以永久性迁回故都。8 世纪 40 年代他被韦坚接替，后者属于把持朝廷财政政策的新一代贵族出身的财政专家。这些财政使职使玄宗统治后期的宰相们的权力加强。[20]

成群的学者，比如翰林学士，实际上也在正规的行政机构外行使着专使的权力，有时君王委任他们来取代朝臣。逐渐掌管边疆地区、最终也控制了唐朝大部分政治权力的节度使也是某种类型的使职，9 世纪期间南方的盐铁使也是如此。专使的任用有助于唐帝国走向财政和军事强势，但当他们开始独立行使权力的时候，也几乎把这个王朝摧毁了。

在唐玄宗统治的最后阶段，从李林甫736年出任宰相开始，玄宗专注于宗教、艺术，迷醉于年轻的爱妃杨贵妃。因此，朝廷上所有的权力逐步旁落于宰相之手。李林甫最初和另一名宰相，他的忠诚追随者牛仙客搭档，牛仙客是第一个因为在新设立的藩镇立功而被任命为宰相的人。在牛仙客742年死后，李林甫采取恶毒手段打击真正或潜在的对手以保证自己在朝廷上持久掌权。到747年他事实上已独揽大权，朝廷上任何真正有才能的人都因为宰相的猜忌而被清除，包括重要的将领和任何负责财政的大臣。把所有大权集中于一人之手，清除所有其他人才，消灭创新意识，带来的朝野矛盾产生了很大的危险境况，引发了下一个10年的危机爆发。

朝廷上独裁权力的集中与北方省份藩镇的崛起同步发展。在8
世纪30年代中期，牛仙客和李林甫都曾被任命为都城西北和北部的 043
节度使，但并没有实际赴任。然而，李林甫很快就改变了政策，只任用非汉族人担任节度使。他希望通过把军队交给和朝廷没有瓜葛的人来消除任何通过军功赢得政治权力的潜在竞争者。但这一政策意味着真正在外掌权的人变得逐渐和中央政府疏远起来。有这样一位将军，安禄山，在东北部地区起兵叛乱，终结了盛唐，并给予王朝破坏性的打击。[21]

玄宗自己也对叛乱推波助澜。老皇帝逐渐沉迷于杨贵妃，并把她的几位亲属提拔到高位，最有名的是杨钊（皇帝赐名杨国忠）。杨国忠在朝中快速升迁，开始挑战李林甫的权力，起初隐秘而后公开。他也在四川培植自己的势力，在那里他首度进入政府供职，并成为唯一拥有汉人血统的节度使。同时，安禄山是最有权力的非汉族将领，控制着处于东北部地区的帝国最大规模的一支军队，在朝中则勾结李林甫为奥援。752年李林甫病死，杨国忠实现了对朝廷的控制，开始着手排挤仍旧受宠于玄宗和义母杨贵妃的安禄山。随着杨国忠的敌意上升，安禄山开始准备叛乱，这些准备活动的报告反过来促使杨国忠进一步告发。[22]

755 年 11 月安禄山自河北出兵，年底前攻陷洛阳。他的军队继续西进关中的路被潼关（就在函谷关以西）阻挡，唐朝调来了西北守边大军。唐朝的效忠者阻挡安禄山向南进军的企图，从安禄山尚未完全控制的地方袭击他的供应线。几大股叛军被击败，叛乱似乎只经过了 6 个月就被平定了。

此时杨国忠犯了一个致命的策略错误。由于担心自己的权力将会被指挥西北军队的将领取代，他劝说玄宗皇帝下令出潼关向东进攻。
044
唐军被引入狭窄的峡谷，全军覆没。当失败的消息传到都城，杨国忠劝说皇帝逃往自己在四川的安全地盘，他们和很少一部分人在夜里由卫队护送离开长安。安禄山很快乘胜入京。然而，皇帝离开长安两个星期后，禁军哗变，迫使皇帝处决了杨贵妃和杨国忠。然后玄宗可以继续去四川，但他很快传位给继承人肃宗皇帝（756—762 年在位），由肃宗主持关中的抵抗，并开始为国家中兴而努力。[23]

唐朝军事制度

虽然李氏家族宣称自己是灭亡的汉朝的真正继承者，但唐朝更多是 5—6 世纪统治中国北方的所谓夷狄或半夷狄王朝北魏、北周、北齐、隋的很多元素的结合。早期唐朝在很多方面是这两个世纪以来制度史的总结。这个模式可以从它的军事制度、半世袭贵族制、法令、土地所有权和税收合并的体制看出来。所有这些制度共同的目标是将社会分成地位和功能不同的世代沿袭的群体。[24]

唐朝继承了沿用了几个世纪的军事制度，它的显著特征是对从农户中分离出来由军户和非汉族军人组成的军事人口的依赖。唐朝前期军制中最广为人知的部分是“府兵”，但除了府兵外还有世袭的都城北衙禁军，这是从精英家族子嗣和胡人游牧部族雇佣兵中招募的守卫宫禁的卫兵。府兵由西北精英家族成员组成。北朝非汉族和胡化的关中汉族精英的联盟积极培养自己的尚武传统，创建府兵。636 年唐朝最终重建这支军队，600 多个军府（折冲府），每个军府分别统领 800—1200 名士卒。这些军府分布在乡村但拱卫着都城，其中三分之二设置在距离长安或洛阳 274 公里范围之内。

最初，这些兵将选自经济宽裕的大家族，这些家庭能够供养得起 045
一个成年男子专心从事军事训练。在唐朝初期，府兵列入特别的军户户籍，免去大部分赋税和劳役。每名士兵获得一块他或家人和奴婢可以耕种的份地。他要自备必需的武器和一些供给，国家提供铠甲和更精良的武器。用这种方式部队几乎可以保持专业水平而不会耗尽国家的财政开支。军府还为当地治安警事提供人力，每个军府挑选士兵定期轮戍京都，或是加入远征军。边疆的军队也是调自府兵，与非汉族的募兵并肩出力。

府兵之外，唐朝军队的核心力量是位于都城的中央军。这些军队包括几乎只从本地精英家族中选拔的王室卫队和由李渊最初部下的后裔组成的北军。出征的军队是由从府兵、中央军、以突厥人为主的胡人盟友中挑选出的士兵组成。这些军队只为一次战役召集训练有素的士卒，组织起来发动快速的打击。太宗皇帝因为那些胜利而扬名，同时军费开支被降低，并且防止边军和指挥官之间因为在阵地长时间地共处而形成个人关系的纽带。[25]

因此，在唐朝最初的百年里，唐朝军事力量由社会地位高的世袭军户、外族盟军或外族雇佣军组成。隋唐的统治精英，包括唐皇室自身，以及在头两位皇帝治下控制朝廷的所谓关中贵族，都来自有军事传统的家族。这些军事力量进一步集中在关中，重塑了王朝的政治结构。帝国其他地区则主要通过与东部、南部的地方势力协调来控制，朝廷并不信任他们。然而，随着西部的吐蕃，西南的南诏，东部的新罗、渤海，北部重建的突厥帝国，各政权构成的威胁在上升，唐府兵和中央军变得过时无用了。在7世纪90年代早期的军事危机中，武后被迫在边疆无限期地保持一支大军，以弥补唐朝初期军队的不合时宜。[26] 有地产的小康

046

家族成员开始逃避兵役，迫使军府从穷苦农户中招募兵员填补兵额。当士兵的地位下降，守卫都城的精锐禁军和边疆的外族雇佣军逐步代替了府兵。749年府兵不再被召往都城或边疆服役。[27]

随着府兵的衰落，大规模的边军成为唐朝重要的军事力量。当士卒的轮戍被证明不能形成勇武的边疆卫戍，唐朝于717年转而付给自愿延长服役时间的人报酬，也招募由于富有的僧俗地主兼并大批土地而产生的失地农民。这些永久性的募兵被称为“健儿”，一个最初用来称呼府兵精英成员的术语。737年，这一变化以敕令的形式开始制度化，朝廷要求每个边疆指挥官决定长期征募的兵额。国家将对募兵奖以军饷，永久免去税赋和劳役，授予他们的随军眷属以边疆土地。一年里这一兵额便齐备，不再需要招募。除了这些新的永久性职业军人，军镇也雇用胡人骑兵作战。安禄山起兵反唐前10年，大唐边军兵力已经超过50万人。

地方军事指挥官的任命也发展出了一种新风格。早期军队的统帅主要是地方精英，士兵和指挥官多出身于同一地区。武后通过武举选拔职业军官的努力很不成功，到8世纪中叶军队军官主要按阶提拔。旧的武将门第开始逃避服役，军官群体，正如他们指挥的士兵，主要来自穷苦的汉族家庭或者胡人士兵。[28] 到唐朝后期，军事职业生涯成为社会地位提升的康庄大道，由此掌权的人与通过科举当官的人相比只多不少。

742年，唐朝军队被重组，以全面防御机动性很强的敌人。这些游牧民出身的敌军往往对劫掠而不是占据汉人土地更感兴趣。唐朝把军队分拨给十个藩镇：七个分布在东到范阳、西到剑南（地图4）的

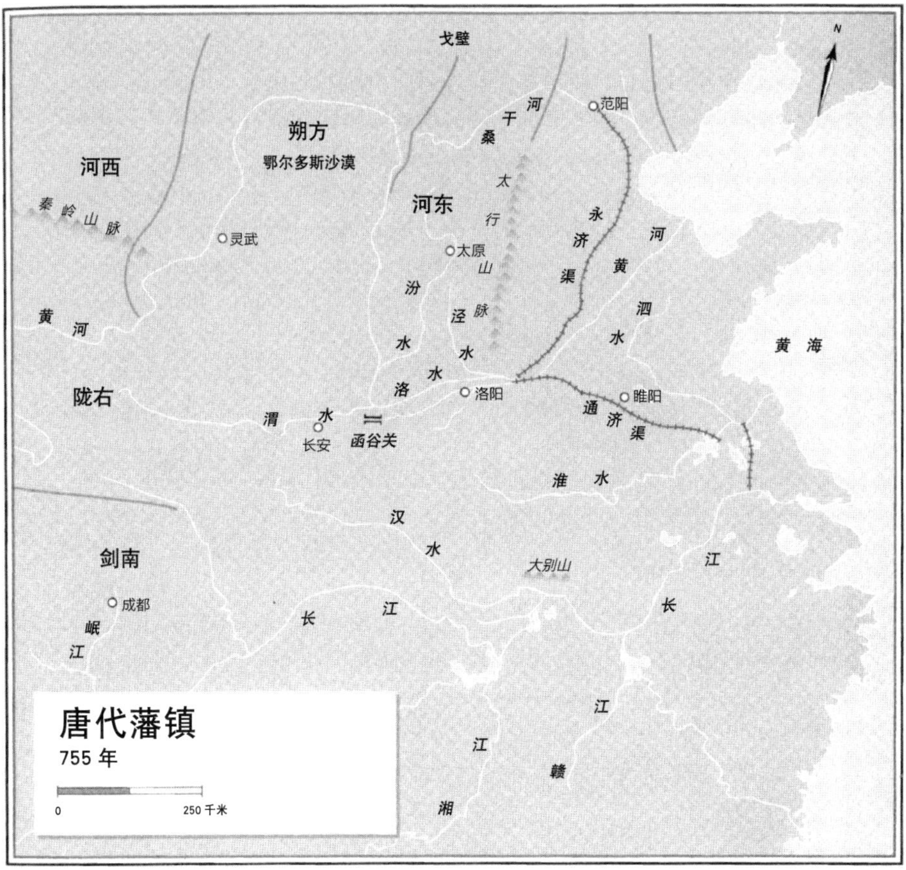

地图4

弧形地带，另外三个在遥远的西部（今天的新疆和甘肃）。这些藩镇大多数的情况是一支大军驻扎在将领的治所由其直接控制。这支部队通常不到该将领所辖军队的一半，但包括大部分的骑兵；剩下的部队主要是步兵，分布设防，形成阵地防御。防御部队足以能应对边关所受的小规模入侵，同时治所的军队组成战略预备队，能对付更大规模的侵入者，或是作为机动打击力量在境外作战。[29] 047

边军的将领被任命为节度使。节度使是帝国使职的一种，在此之前

048 负责向都城供应钱粮和稽查“流民”的官员曾被授予使职的头衔。8世纪创立节度使职本是临时措置，为了解决协调和指挥一个地区内的卫戍部队的需要。数十年间，一些节度使被授予更广泛的经济权力和观察使的职权，这使他们因掌握地方行政权而大权在握。到8世纪中叶这些人成为实际的边疆省份地方长官，执掌地方权力，威胁到了帝国中央集权。然而，国家对边疆防御的需要压倒了对国内叛乱的关注。[30]

除了权力逐渐集中在节度使手上，唐朝廷还改变了这一职务的性质。及至8世纪40年代，大多数节度使同时是高官阶的行政官员，他们把军事生涯当作在中央政府里面获得更高职位的方式。安禄山前任的所有东北部地区节度使在其仕途中至少一次在京担任宰相，担任节度使的时间也相对较短，最多不超过四年。他们通常不与部属发展强有力的人际纽带。唯一的例外是在遥远的西部，中亚和吐蕃边境地区情况有所不同。

但在747年李林甫做出了一个错误的决定，即今后所有的节度使应由胡人职业军人担任。[31]施行政策的借口是职业军人是更有才干的指挥官。虽然政策变化有助于防止朝廷上出现李林甫的对手，但首个受益人是在西北指挥军队的哥舒翰，而最大受益人则是河北的安禄山。安禄山长期在东北部地区统率军队，拥有广泛的地方行政权力，在扶持他的李林甫死后处于挑战唐朝的有利地位，他和帝国朝廷的联系解体了。

中国的中世纪“贵族”

早在9世纪，中国历史学家就已经注意到少数大族在汉朝晚期持续发展，在汉朝崩溃之后几百年里占据着有力的社会和政治地位。较少的姓氏和血统集团的成员通过世袭的恩荫特权自动进入官僚体
049 系。[32]虽然没有大族可以超过两三代还能保持在权力顶峰，但这一世

袭集团的地位使之能够同时享有地方和全国的特权达数百年之久，比很多汉唐之间兴替的王朝时间更长。

宋朝沈括（1031—1095）首次提出唐朝精英由两个明显不同的阶层组成。[33]在顶峰的是少数全国知名的世族，在朝廷上享有高官厚禄。地位最为显赫的是位于当时河北的四个大族，他们自居代表最纯正的华夏文化传统，只在圈子内部通婚。这些家族看不起李氏皇族，把他们视为有胡人血统和文化的暴发户。

关中精英同样骄傲，甚至可能更有权势，李氏皇族即是其中之一。这些大族在5—6世纪游牧民族建立征服王朝时开始崛起，经常与胡人统治集团和贵族通婚。在武后掌权之前他们占据朝廷上的最高职位。玄宗时期他们逐步夺回以前的权力，在李林甫任宰相期间他们垄断朝廷权力。山西大族和曾统治长江流域的南朝的贵族权势稍弱，在唐朝最初百年中通常不能占据最高的位置。

在这些高门之下是几千个在自己的乡里或州郡享有特权但没有机会进入朝廷占据要职的家族，那些要职只留给出身于高门大族和上一辈曾任要职的人。这些地方精英家族在唐朝历史上并不突出，但他们中很多人的名字被敦煌出土的家谱残片保留下来。这些家族是武后统治期间通过科举制和其他渠道取士的主要受益者。但比通过科举考试获得官职更重要的是，在仕途之外为他们开放为新使职和将帅服务的机会，以及后来出现的盐铁管理部门的官职。

虽然唐朝从未正式承认贵族的存在，但把朝廷上的最高职位留给某些家族，并与之特别法律优待，给予了帝国精英事实上的承认。早 050
在638年，太宗皇帝准予一部全面的《氏族志》颁布全国，《氏族志》“凡二百九十三姓，千六百五十一家”，按其社会地位排列。这一目录内容广泛，除了少数的帝国精英之外，还包括了很多地方名门。考虑到它是在以前族谱的基础上编纂而成，这显示出帝国对已被社会广泛接受的门第等级制度的认可。(《氏族志》曾做过一些修订，因为太宗坚持把皇室李氏放在第一位，把自认为具有最高等级的河北四大族之一降级。）

659年的一个类似谱录甚至包括更多的家门，但这可能反映出武后削弱大族权力的企图，这个谱录完全以在唐朝的官员品级和声望为基础。她也发布敕令禁止地位最高的大族之间通婚，并规定嫁妆的数量要与当事人的官阶相符合。但在8世纪头几十年里，在武后被推翻后，族谱编写活动的热情重燃，不管是私家的还是官方资助的，都被重申以大族声望而不是以唐朝官阶为基础的等级原则。[34]

“安史之乱”后，修订族谱的热情迅速降温。9世纪重要的族谱不再出现全面的排序，而只有用韵句编写的冗长且无官阶的大族谱录，这相当于按照字序排列。[35]到继唐朝之后的五代时期，宏大的中世纪贵族政治落幕。

唐朝法律

中国的王朝从战国时期就已经颁布法典，但在20世纪70年代大量秦朝法令在一座坟墓中被发现之前，唐律是保存完好的最早的法律文献。更早的只有在历史文献或竹简上发现的片段。[36]在中华帝国，法令被看成皇帝意志的文字表达，颁布新法典是任何王朝创建过程的一部分，这是其制度架构的关键元素。这些法律内容最初集中于刑法和行政法，包含极少的商业法或契约法的内容。[37]很多汉朝之后的短命王朝简单地继承了前朝的法律，虽然也有王朝尝试从总体上重
051 新制定一部法典。唐朝法律包含很多汉朝早期法律的特征，这是由汉唐之间的王朝流传下来的，但是也有一些重大修订。唐朝法律的框架显示出皇室理想中的社会秩序，虽然并不一定符合现实。

李渊在建立唐朝的时候废弃了隋朝末代皇帝的法典，隋炀帝众所周知的罪状使李渊有机会登基掌权，并迅速颁布了一个以汉朝建立者

的“约法三章”为模板的简约法典。[38]但如同汉朝开创人，李渊很快发现需要更详细的法律架构，624 年对新法予以颁布。这部律法涵盖了隋朝第一位皇帝的法典，但增加了 53 个条款，其中有新的“格”和“式”。这些格是中央政府的一般行政条例，而式”是补充法律受限时的次级规定。格和式被更低一层级的规定补充，根据这些规定，格和式可以根据不同的环境灵活变通。

637 年，太宗颁布了首次系统重订的唐法典，包括限制滥用刑讯，废除刖刑（最后才被废除的肉刑），处死刑的罪目也被减少。[39]651 年，高宗皇帝修订法典，653 年首次编撰了一部疏议用来教育司法官员以助于正确审判。之后每位皇帝颁布一部新法，虽然只有少量修改。在 725 年玄宗颁布最完整的唐律版本，在中国一直施行到 14 世纪。[40]

这部法律的基本原则和很多汉代刑法相同。唐律仍旧包含人与自然世界是紧密相连的看法，认为犯罪活动会动摇自然秩序。制裁不仅为了威吓犯罪分子，也是为了恢复宇宙阴阳平衡。为了保持平衡，诬告要反坐，即任何诬告他人者将会被判处和被他诬告之人的同等刑罚。如果证实某人被错误地放逐，国家将会按他遭遇不公正的年数免除他的赋税作为补偿。被误判打板子没有补偿，此事明显被认为是一件无足轻重的小事，或仅是为了行刑。因为皇帝必须批准所有死刑，052
并且法令对皇帝的过失没有认定，从法律的角度讲皇帝就从来不可能有不公正的判决。作为平衡理论的一部分，重复出现的自然灾难可能导致判刑数量减少。为了补偿未知的不公正，新皇登基时会采取大赦的行为，皇帝寿辰或是其他喜庆时刻也会大赦。在唐朝不到 300 年的历史上有 174 次帝国范围的大赦。汉朝也经常采取大赦，这一政策表现出中华帝国早期与宋以后历史时期的差异。[41]

如同汉律，唐律反复用数字“五”或是其倍数：五刑（笞、杖、徒、流、死，即鞭打、杖责、劳役、流放、缢死或斩首）、用来判定家庭内部犯罪严重程度的五种伦常关系、五种流刑、十恶（罪大恶极），以及唐律中共 500 种罪行（实为 502 种）等等。也像汉律，唐律对针对皇帝和皇室的任何罪行的处置都特别严厉。密谋或煽动叛乱，根据唐律将处以最高刑罚：罪犯的父亲和儿子处斩，女性亲属、所有 14 岁以下的儿童以及三代以内所有男性亲属没为奴婢。任何对皇帝的批评以及对官员的反抗在法律上都是可被处罚的，甚至给皇帝开的药方不适或是损坏御用车船都被当作叛乱罪行。盗劫普通人所受制裁程度取决于所盗劫财物的价值，但是偷盗皇帝和皇族，无论轻重，一概严惩。如同十恶，这些罪行不可宽恕，也不可以钱财或爵位来赎罪，罪犯将会受实刑。[42]

唐律有三个特征使之区别于以前的汉律：对贵贱不同法律地位群体的区别；以官僚体系或家族血亲关系为基础的严格刑罚等级规定；有关官员组织详细的法律关注。高门第的贵族阶层，不论在中央还是在地方，可以自动获得五品官阶，三品及以上官员的子嗣同样如此。他们享有的特权包括免于刑讯，在一起案件中对其定任何罪都需
053 要三个证人，有权通过交还爵位或缴纳钱财来免刑。此外，三品及以上官员自动减刑，并且在会判死刑的任何罪案中得到特殊办理程序的待遇。

在社会阶层的另一端，一些所谓“贱民”的法律地位低于自由人平民。这些贱民阶层被分为官属和私属，包括世袭服役的官户、工乐户、部曲和奴婢等。一个平民伤害贱民的罪行比伤害另一个平民要轻，而贱民伤害平民的罪行要受到更重的制裁。在贱民阶层中区别同样存在。举个例子，部曲对平民犯罪所受刑法大大低于同样犯罪的奴婢，任何人对奴婢犯罪所受制裁轻于对部曲犯罪。

换句话说，唐律根据受害人和犯罪人的地位执行不同的惩罚，处于等级制度底端的奴婢法律地位最低，部曲所受待遇则高一个等级，自由身份的庶民更高。对伤害主人的奴婢的惩罚特别严格，不论成功

与否，阴谋杀害主人者都要被判斩首，甚至针对主人亲戚的阴谋都将受绞刑。另一方面，如果主人在未获官府许可情况下因为被触怒而杀死一个奴婢，主人仅仅受责打。主人完全无故杀死一个奴婢将被判受一年苦役。[43]

除了规定出这些有不同法律地位的繁多群体，唐律还在官僚体系和家庭中对犯罪行为行使有差别的惩罚以强化地位差别。触犯上级官员受惩处更重，而反之则较轻。在宗族内，以丧礼中的义务判定亲属关系远近程度，同样的罪行对晚辈惩罚较重而对长辈较轻。同代人按年龄判定法律地位高下。父亲打儿子不触犯任何法律条款，丈夫打老婆也一样。但是反过来就是严重罪行，会被判处服苦役。对年长亲属犯法属于十恶。[44]

儿女依法有义务赡养父母和祖父母，一旦有所失职将会被判处服
苦役。不能适当地完成对祖先的祭祀将被流放。不同于古代儒家的规 054
则，家庭成员，包括他们的奴婢，被允许相互隐瞒罪行，除非犯罪的对象是政府。总之，约五分之一的条款是处理庶民家庭内部关系的，包括十恶中的六项。[45] 因为一个人的法律义务和受罚的严重程度主要看其官员品级，唐律大量条文详细罗列了官僚体系如何组织和每个不同职位具有什么品秩。更大的区别存在于清官和浊官之间，清官主要指五品以上负责制定政策的官员，而浊官一般是指负责实际事务的官员。此外，在每个官阶内的微小的层级区别，也都被写入唐律。[46]

土地所有制与赋税

在唐朝最初百年里，特别是在中国北部，土地占有、赋税和劳役形成了以户籍中成年男子为中心的完整的复合结构。这个复合制度的基础是早在5世纪就在华北获得发展的均田制。始于汉代后期的中国农民向南方的移民，伴随着外族经常性入侵和内战的双重压力，造成

了在华北平原上大片土地无人耕种。多个王朝占据土地并移入农民来耕种。北魏孝文帝在486年实行的制度是在更早的晋朝政策的基础上加以修订而形成的，大量的国有土地被分成小块分配给各个家庭，以换取他们的赋税和劳役。通过调整，此政策被之后的王朝继承并执行，直至唐代。[47]

这个制度的原则是每对夫妇被授予一块指定的份地以持续耕作，或说是持续缴纳赋税。如果家庭中有超过一个成年男子，在理论上份地要加倍授予。有奴婢的家庭也可以得到作为与每个成年男奴相应的额外份额的小块土地。在西北，土地也根据牧群量分配，但其他地区
055 没有类似的规定。每块授予的土地都仍为国家财产，当被授田的夫妇达到一定年龄，不再能承担赋税和劳役的责任时，土地将被收回。

对丝绸生产来说，桑树是必不可少的。在可供使用之前，桑树需要几十年的持续栽培，因此一类特别的“永业田”也出现了。理论上，这块土地由同一家族世代相袭，遵守法律对总面积的限制。但来自敦煌和吐鲁番的文书显示，实际上由于当地耕地稀少，农户很少可以继承合法所授的所有土地。某些地区的主要产品是麻而非丝，为种植桑树而永久性保留的土地被永久性为种麻保留的土地取代。但麻是如同粮食作物的一年生作物，这一例外破坏了制度最初的合理性，最终使部分地区富有的家庭能以“麻田”的名义积累越来越多的土地份额。制度的实施还有其他的地方性变化，比如吐鲁番地区在可以种植一年两熟作物的耕地和一年一熟作物的耕地之间就有所区别。[48]

在文献证据保留下来的地方，土地实际授予的数量大大低于法律规定的数目。不过，因为这一制度的基本目的是使尽可能多的荒地得到耕种，最初的分授是相当多的，约七倍于19世纪或20世纪的中国人均占有耕地量。法律也倾向于限制官员和大族的大地产积累，但是这不比汉代及汉唐之间王朝的类似措施更奏效。

作为土地授予的交换，民户有义务缴纳赋税和服劳役。基本的赋

税单位与授田单位一致：成年男子，通常是作为户主。因此，赋税采用了固定数额的人头税及劳役的混合形式，不考虑实际财富和收入。就像均田制，税制继承自 5—6 世纪统治北方的王朝。619 年，即唐朝建立的第一年创立了这一赋税制度，在之后的法律文本中基本保持不变。这项制度通常称为“租庸调制”，租是指以谷物缴纳的税，庸是劳役，调是用布匹缴纳的税。这一制度实际上是把四种义务施加在大多数农民家庭头上：一种用粮食缴的税，一种用布帛，两种劳役，包括周期性年度徭役，每年多达 20 天，以及地方政府征发的所谓杂役。这些义务混在一起，不考虑民户实际条件，因为在理论上拥有土地的面积和家庭规模成正比，因此也要根据家庭规模缴纳成比例的赋税。[49] 056

在实践中这种看似严格的税制有很多变化，正如作为土地所有制的均田制有很多变化一样。首先，在很多边远地区征收当地特产做赋税：南方是稻米，安南（现在的越南）是特别类型的丝，盐产地是盐，在经济发达的城市，如江都，甚至是货币。此外，很多遥远的地方把粮食税转化成为布帛形式的等价物，因为布帛大规模运输成本低于谷物。同样的，每年的徭役也几乎一成不变地转化为税收形式，理论上是以此雇劳力代役。这使得农民可以有更多时间种地。在 7 世纪，家庭从最富到最穷被分为九等，在以麻代替谷物征税的地方，税率是累进的，和家庭财产相关。在 7—8 世纪，政府实行了两种部分以财产为基础的新税作为早期税制的补充，即户税和地税。[50] 然而，这些修正影响很小，制度的核心仍旧基于所有成年男子占有等量土地并因此同样纳税的想法上。

对这一原则的重大例外不是基于财产而是基于特权阶层群体。任何宗室成员（包括只是与皇家有远亲关系的人）、所有有爵位的家族、所有官员和很多为政府工作的人、所有有官阶的人，以及所有僧尼道士都被免除赋税劳役。豁免权也可能以特权形式授予道德典范的个人或是遭受巨大灾害的地区。简短地说，赋税制度，如同法令和军事制度，以把人群分割为法律地位相区别的不同群体这一原则来建构。

最后一种逃脱赋税的人是没有登籍的“流民”。离开登籍的居住地以逃避政府重税的家族，如果能够通过给都城周边或南方的大地主
057 充当佃户来找到避难所，他们就能永久免于赋税劳役，虽然他们须用其他形式向地主付出。属于佛教寺庙的大田庄也是农民求庇护的地方。[51] 尽管政府反复努力让这些逃亡农户登籍，但仍有大量人口不在税册之上，在“安史之乱”后问题达到了危机的程度。

第 3 章

藩镇与专使

中央集权与地方割据势力之争是中国历史上反复出现的主题。756—763 年间的“安史之乱”既是以均田制、府兵制和租庸调制为标志的唐朝早期制度架构解体导致的结果，也是促使其彻底瓦解的原因。“安史之乱”是藩镇节度使和具有垄断权力的专使控制地方权力的新纪元的开端。这些变化反过来带来了贵族制社会秩序的终结，也标志着创造了晚期帝制中国社会的经济革命的开始。

756 年，随着长安沦陷，安禄山的权力达到了顶峰。虽然进行了多次尝试，但他的军队无法继续向西推进，向南进攻长江流域也受阻于仍忠于唐室的要冲城市守御者的抵抗。757 年年初，可能是由于进攻不利所引起的挫败感，安禄山的一群亲信刺杀了他，扶持他的儿子代替他。但这一变化疏远了安禄山的其他追随者，最明显的是史思明，他领导着占领东北部河北地区的叛军。这次内部分裂削弱了叛军的力量，以致唐肃宗（756—762 年在位）领导的唐朝廷能在 757 年秋恢复攻势。

皇权的再次巩固建立在两个新政策的基础上，它们对唐朝具有长期的影响。第一，唐朝建立了和回鹘的联盟。回鹘（787 年前称“回纥”）是在 8 世纪 40 年代代替东突厥成为蒙古草原统治者的一个突厥语族的部落。来自与回纥亲近部落的唐朝将军仆固怀恩促成了这个
059 联盟。[1] 回纥派出超过 4000 名骑兵，和唐军一起在老将郭子仪的指挥下于 757 年秋驱逐叛军，收复长安。然而，这个暂时的成功从长远来看具有消极的后果。回纥要求在收复洛阳之后另得一份报酬。夺回东都洛阳半个月后，回纥军队离开了，唐军在没有骑兵的情况下单独作战。在 762 年叛乱中最后的大决战中，叛军企图再次夺取洛阳，回纥再次介入，但条件是容许他们劫掠城市。快要攻陷城池的时候，他们把几个冒犯其统帅的唐朝大臣几乎鞭打致死。接下来的劫掠，既有回纥人也有唐朝部队参与，数万唐朝臣民被屠杀，东都被夷为平地。

与此同时，吐蕃军队占据了距离长安更近的基地，夺取了唐朝在西北最好的牧场，这使唐朝政府无法利用那里来为骑兵养马。763 年，吐蕃袭击并占领了长安。虽然他们很快放弃了这座城市，但吐蕃的入侵成了此后 13 年间年年都会发生的事情，唐军难以和势力不断增加的吐蕃较量。之后几十年里，回鹘利用唐朝失去牧场的劣势，向唐出售夸大数量的病弱马匹。他们也为居住在首都和其他主要城市的回鹘人和粟特商人确立了相当于治外法权的特权。这些特权的持续滥用以及粟特人对城市借贷生意的垄断，导致了根深蒂固的仇恨，在 9 世纪引发了排外的暴乱。[2]

除了和回鹘的联盟，第二个新政策是唐朝决定将边疆地区的节度使制度扩大到唐朝控制的内地。这使唐朝廷能够反击并最终摧毁东北部的叛军，但再次产生了重大的消极后果。重新夺回了两座都城的军队分属九名节度使，其中只有三名是在叛乱前设立的。每名藩镇节度使也保持了对自己部队的控制，与其他军队的合作完全以自愿为基
060 础。最主要的两位将领郭子仪和李光弼，都不愿意隶属于对方。那时候唐朝廷如此猜疑将军们以至于唐肃宗派遣了一位受宠的宦官而非将

军，负责协调各支独立军队的活动，但毫无效果。

当759年史思明在中原与唐军对抗时，一场突然的沙尘暴迫使双方军队撤退，九名藩镇节度使都回自己的地盘去了。这让史思明得以乘机消灭安禄山之子，重取洛阳。结果，叛乱又持续了四年。763年“安史之乱”最终结束，大约有40名节度使分布在北方的土地上，每位节度使在他控制的区域内都兼任民政长官。[3]

地方与中央的权力博弈

762年肃宗去世，代宗皇帝（762—779年在位）继承皇位。他迅速地做出决定，允许回鹘军队劫掠洛阳。他做的糟糕决策不止这一项。叛将把761年弑父自立的史思明之子的头颅献给代宗，代宗便指定以前的叛乱者为今天河北和河南北部的节度使。这给予了东北部叛乱者合法地位，为此后唐朝历史上朝廷和藩镇之间的持续敌对准备了舞台。[4]

肃宗和代宗，尤其是后者统治的另一个标志性特点是宦官权力上升到了前所未有的高度。在唐朝最初百年里，宦官被禁止担任要职，虽然玄宗给予协助他登上皇位的宦官高力士高官阶和大权。然而，随着安禄山叛乱的爆发，宦官经常在朝中执掌大权。个别宦官如李辅国（死于762年）把持着接近肃宗皇帝的权力，参与朝廷决策，任命地方官员，甚至用兵权干预皇位继承。在763年吐蕃袭击长安期间，一位宦官首次出任禁军统领。自此，宦官的权力在制度层面上不断发展。逃出首都后，代宗为宦官鱼朝恩指挥下的神策军所救。代宗回到都城后，把这支军队编入禁军，使之成为中央军的主要部分。在之后的几十年里，神策军始终由宦官指挥，成为宦官控制朝政的基础。[5] 061

在肃宗和代宗统治下，专使开始在国家财政管理中扮演重要的角色。758 年，朝廷设置了一个新的盐铁使职，实行盐铁专卖，以此为中央政府增加岁入。在失去对北方大片土地的控制后，食盐专卖的管理部门（巡院）为政府提供收入，并逐渐成为唐代后期国家设在南方的主要财政机构，担当着管理者的角色，几乎成为长江下游的影子政府。[6]

779 年代宗皇帝去世后，他的继承人德宗皇帝（779—805 年在位），通过 780 年的几项重大改革继续努力重建国家的财政基础。新税法习惯上被称为“两税法”，意指根据农业生产活动周期一年收税两次，但这不仅是收税时间的改变，最重大的变化是不再把观念上的典型的成年男丁作为征税的基本单位。作为替代，税额评估以财产和耕地为基础进行计算。均田制在“安史之乱”期间已经丧失了其作为税收基础的功能，此时被正式废除，在旧制度上添加了各种附加税一起来为国家提供税收。中国历史上第一次政府试图把税收建立在实际个人财产的基础上。新制度第二个特征是在不同地方分配不同税额。这一政策第一次正式认定道（藩镇）是介于国家和州之间的中间区划，承认帝国各地区经济生产能力不同。[7]

虽然实行新税制，加上盐的专卖，开始使唐帝国富裕起来，且提供了重建中央权力的基础，德宗第一次平定叛镇的努力却仍以失败收场。在“安史之乱”最终结束的 20 多年里，东北部地区归降朝廷的河北诸节度使和山东平卢节度使，汉水流域的山南东道节度使，淮河上游的淮西节度使，成为各自藩镇内的土皇帝。除了向中央政府缴
062 送贡物和税收，他们自由地按各自的意愿管理这些地区。节度使甚至可以任命自己的继承人，这在制度上意味着他们成了世袭统治者。各藩镇没有正式结盟，而且有时还会因为争夺地盘而发生冲突，但为了保证他们在各自地区的权威不受影响，无论何时当朝廷想干涉藩镇事务，主要是他们的继承权时，都会促使各藩镇进行非正式的相互合作。

781 年，当德宗皇帝拒绝承认刚刚去世的成德节度使的继任者时，朝廷和藩镇间爆发了第一次军事冲突。忠于朝廷的节度使最初击败了叛军，但朝廷未能给予他们足够的奖赏，又希望彻底摧毁被击败的叛军的权力基础，致使这些曾经忠诚的节度使自己也叛乱了。其中之一是淮西节度使，切断了承载政府东南漕粮供应的运河。德宗试图派出由一个作乱节度使的兄弟指挥的军队，但不公正的军饷配给引起了这支部队在首都的哗变，其指挥官甚至宣布建立新王朝。德宗被迫逃离长安，成了 25 年内第三位逃离都城的皇帝。他避难西北，身边只有少数朝臣和由宦官指挥的小股军队。

随德宗避难的官员包括年轻的学者陆贽（754—805），他成为德宗余生的主要顾问。他建议德宗赦免叛军，以集中精力对付长安的叛军。如同之前的“安史之乱”，这场冲突在 786 年以妥协收场，朝廷承认了河北和其他几个主要藩镇实际上的独立。[8]

除了开启唐朝的财政复兴和无法逆转的地方割据势力的兴起，德宗还深化了“内朝”的发展。在委派他的两位宦官指挥神策军后，唐朝军队始终是在宦官指挥下。宦官不仅成为唐朝后期禁军的主人，也成了担任效忠朝廷的藩镇监军的主要人选。实际上，这些藩镇将帅大多数从神策军中选任。希望获得这些职位的任何人不得不经常通过贿赂逢迎宦官。[9]

德宗也逐渐依赖翰林院学士和宦官的帮助进行决策及实施政策，排除任何来自官僚群体的干扰。虽然学士和宦官的社会背景和价值观根本相反，但这两个群体有一个共同特点，即他们都只听命于皇帝，而皇帝此时并不信任朝臣。通过陆贽的经历，我们可以清楚地看到皇帝对大臣的敌视。作为一名学士，陆贽和德宗关系密切，并且成为德宗最重要的顾问，在幕后出谋划策。但一旦陆贽成为宰相，他所有的抗议和劝诫都变得公开，他和皇帝的关系便完全疏远了。当时皇帝只从朝臣之外的人那里听取建议。[10]

为确保内朝的决策和行动不会因资金缺乏而阻滞，德宗寻求不合法或半合法的捐赠直接进入他的内帑，最主要的来源是藩镇进献的所谓进奉。在德宗统治初期，他拒绝这些进奉，或是将其送进国库。但在他对藩镇的军事行动失败后，转而公开鼓励积极进奉。因为进奉是以损失正常的赋税为代价的，这就使得钱财从官僚体系转入皇帝的手中。这一政策在唐朝最后的百年中更加普遍，它显示出德宗和叛乱节度使之间有着不可明言的共同利益：双方都得益于支持着国家财政的传统官僚机构和税收结构的衰弱。[11] 然而，这种共同利益被证明仅仅是暂时的，因为德宗积累的资金使他的继承人得以使用军事手段部分地重建朝廷对藩镇的权威。

德宗的统治也以对外关系的发展为标志。在西部，德宗和吐蕃在783年签署了《唐蕃清水盟约》，承认吐蕃占领的唐朝州县，以此暂时结束吐蕃的连年入侵，并同意交换战俘。然而，当吐蕃在第二年决定支持叛乱的节度使时，这份盟约成了一纸空文。德宗接下来努力重建唐朝与回鹘人的联盟来对付吐蕃，他把自己的一个女儿嫁给回鹘可汗，同时还赠送了大量丝绸。可是，790年吐蕃击败了唐朝和回鹘的联军。吐蕃对两个关键据点安西和北庭的占领结束了中国对西域的统治，并且很长时间无法恢复。

中国在西部的衰落因为与南诏的联盟而扭转。南诏是在今天的云南由藏缅语族人建立的国家。这个政权最初效仿唐朝，向唐朝纳贡，但逐渐转向吐蕃。794年韦皋出任剑南西川节度使，劝说南诏重新和唐朝结盟。795年他打胜了一场在今天昆明附近的战役，并在801年领导了对吐蕃的进攻。这一胜利就在吐蕃王及其宰相死后不久，从而结束了西部五十多年的战争。[12]

吐蕃问题的解决使得宪宗皇帝（805—820年在位）能够重建朝廷在东部和南部部分地区的权威。805年德宗皇帝驾崩，顺宗即位，同年8月，禅位给宪宗。806年韦皋的死很快给他提供了一个重新由皇帝任命节度使继承人的机会。在一场极为轻松的军事胜利后，他夺回了剑南西川节度使的任命权。第二年神策军顺利加强帝国对位于长江三角洲的浙西节度使的控制。第一次对河北诸藩镇的干预引发了809年针对成德镇的战争，但无法分出胜负。在陷入僵局几年后，宪宗得到了一份出乎意料的大礼，新任的魏博节度使自愿归顺朝廷。

814—819年间，皇帝和叛镇打了几仗。他最显著的胜利是击败淮河流域的淮西镇，并使其臣服。战役从814年持续到817年，耗尽了帝国国库，在最后一年成了大臣们集体非难的对象。宪宗的决心，宰相裴度亲自到前线统率几支不同的军队，再加上李愬将军奇袭藩镇治所，才把看上去要发生的灾难转变成了决定性的胜利。淮西不再为镇，成德自愿归顺，最后一次针对平卢镇的远征促使藩镇军队哗变，投降朝廷。随着平卢镇被一分为三，宪宗得以再次直接统治整个中国，至少形式上如此。[13]

为了削弱藩镇权力，宪宗也在开创新的税收政策和军事管理模式。780年两税法实行，税额以货币（成贯的铜钱）的形式评估，并确定总额，但因为铜钱稀缺，纳税人经常使用物品缴纳税金，通常是用粮食和布匹。780年定下的税率反映了“安史之乱”结束后一段时间的高通货膨胀。但此后的几十年里，政治逐渐稳定，更多的粮食和布匹被生产出来，因此这些商品的价格下跌。粮食和布匹的相对贬值意味着为了满足按照780年货币兑换率所定税额，农户必须拿出更多的商品给国家。由于实际上是藩镇在负责收税，而朝廷只做简单的额度规定，藩镇便操纵商品的价格使自己的收益最大化，同时只把一个固定数额的收益上交朝廷。随着新税法的实行，宪宗皇帝希望对地方藩镇的收益加以限制。 065

809年的另一项相关法令改变了税收分配。尽管以前的税收在朝廷、藩镇和州之间分配，根据新政策藩镇只能从藩镇的治所获取税收，但反过来，这些地方不再承担对朝廷的义务。所有其他州在自己和朝廷之间瓜分税收，不经由藩镇。这一政策试图重建唐初的制度，中央政府直接和州打交道，消除藩镇作为中间一级的行政区。[14]

宪宗的新军事政策在其 819 年胜利后遵循一个类似的模式，即藩镇节度使将只能指挥其所在州的部队，包括自己的亲兵和胡人部队，藩镇其他州的次要的军队和戍镇由各州长官指挥。这是自南北朝以来第一次州刺史享有军事权力。州的加强，以及节度使对行政官员委任权的废止，削弱了藩镇节度使对本镇军事动员的能力。[15]

066 与宪宗重振帝国权威和削弱藩镇势力相关的是宦官权力的不断扩大，因为专制的皇帝逐渐依靠宦官推行他的政策和强加自己的意愿给朝廷与地方官员。宦官指挥着对皇权中兴至关重要的神策军，也担任监军替皇帝监视他的将领们。神策军成为提拔州和藩镇两级武将的标准路径，以致宪宗的地方政策付诸实施主要依靠宦官选拔的将领。宦官的权力更加制度化，这可以从枢密使的设立看出。枢密使是一个 810 年创设、持续到 9 世纪末一直由宦官担任的职务，其存在主要是为了协调皇帝和官僚之间的联系。9 世纪后期枢密使的地位甚至开始凌驾于宰相之上，但在宪宗统治下他们仍旧被牢牢控制着。[16]

820 年宪宗驾崩，据说是被宦官毒死的，但更像是受害于道教的金丹，皇权的中兴自此结束。宪宗的军事行动掏空了国库。821 年，河北三镇再叛，在一场短暂和不成功的军事镇压后，新朝廷决定听之任之。政府事实上放弃了这一地区，直到王朝末年这三个镇只是名义上归附朝廷。世袭继承形成了被称为“河朔旧习”的传统，虽然哗变和篡夺也是获取节度使职的常见模式。不过河北各藩镇的节度使仍然承认朝廷的宗主权，皇帝拒绝承认继立经常是引发兵变和叛乱的原因。不过，帝国诏令通常不受重视。因此，如日本僧人圆仁所述，武宗皇帝发动的灭佛行动在河北各藩镇没有实行。[17]

党争

宪宗之后的二十多年里有接连三位弱势的统治者，他们都是被宦官扶上皇位的。宪宗死后每次皇权更替中宦官都扮演了重要角色。这三位皇帝不能或是不愿向朝廷发号施令，因此，党争是这几十年，甚至可以说9世纪大部分时间里政治史的主题。

实行帝制之前，“党”一词就是贬义词。人们认为官员应该一心一意奉献于由君主代表的公共利益，所以任何官员间的朋党都显示出 067
对私利的追求，导致朝廷和国家的道德败坏。如果官员结党公开地推进自己的目标和目的，一个强势的君主将会惩罚这种行为。因此，虽然结党成为朝廷上的常态，但只有当缺少铁腕控制使为了个人仕途的公开结党变得安全之时，他们才被记载下来成为历史的一部分。唐朝统治的最后百年正是这样一个时代。[18]

最著名的党争在牛僧孺（死于847年）和李德裕（787—850）的朋党之间发生，始于821年进士考试，当时宪宗刚刚去世。当年科举入榜者的很大一部分是朝廷高官的子弟。几位官员对考试发起抗议，包括李德裕，提出必须重新进行考试。在新的考试中，除了一人外，上一次的及第者都落榜了。这使原来的考官感觉被侮辱了。然而唐朝其他科举考试实际都与这场考试一样腐败，一样会受到外部影响，因为唐代的科举并不像宋朝和之后的王朝那样完全以文学写作为基础进行选拔。在唐代，举人在考试前要象征性地提供给考官一个名单，上面有五位担保自己品行和背景的州县官员。他们接着要和考官们建立社会关系，登门拜访，抬出家室原来的纽带关系，献上自己创作的作品（一般是代表作）。考生期待和考官之间的情谊能帮助自己通过科举。因为品德和德行被认为比才能更重要，一些人主张对考生的背景和品格的了解有助于挑选有价值的人才，反之，如果单纯以匿名写作录取，只是奖励了善弄虚文的油嘴滑舌之辈。

实际上，有文字记录显示，821 年几个为首的抗议者也要求考官偏袒他们自己的门生。[19]

无论在 9 世纪 20 年代牛僧孺和李德裕之间最初争论的是非曲直如何，两党之争继续左右朝政四十多年。党争似乎局限在官僚群体的高层，几乎完全被寻找能帮助自己获得更高职位和避免被放逐到外地的盟友的愿望所驱动。[20] 然而，朝中党争也与与科举考试相关的重要礼节有关。在“谢礼”中，所有通过科举考试的人聚集在主考官家中，他们高声念出自己的名字和家庭背景，充满感情地感谢考官（常常喜极而泣），获得衣钵。这一最终的仪式活动吸收了佛教师徒传承的礼仪，相似之处通过称呼考官“座主”和称呼考生“门生”而加强。这些仪式强调情感纽带、个人感恩和终生责任，在官员中形成主客关系，从而导致朋党的出现，因此遭受很多人批评。李德裕成为宰相后这一规则一度被禁止，但是武宗死后李德裕随即被免职，禁令被废。自此到王朝结束，这一规则始终作为标准惯例来实行。[21]

党争除了与科举有关，也与宦官权力的上升紧密相连。当宦官变得更有权势后，他们不再是铁板一块，而是分成利益相冲突的几派：神策军将领、内诸司使、枢密使。宦官权力越来越巩固，更多的官员接受了这一现实。宦官和官员之间接触增多，对权力的追求促成了跨越内外朝界限的联盟。

宦官权力和党争纠结的问题在 835 年以“甘露之变”为标志发展到高潮。17 岁的文宗皇帝（826—840 年在位）于 826 年由谋杀其前任敬宗的宦官扶助登基。虽然宦官有恩于他，但他们的跋扈让皇帝不满，830 年他开始讨论抑制宦官的方法。牛李两党的争论让他疲惫不堪，于是他逐渐支持他的御医和一位翰林学士，他们密谋行刺大宦官。可是，计划在执行前被发现，神策军强行控制宫廷。之后的清洗仅凭严刑拷打获得的证据诛杀为首密谋者及其家属，此外还有大量无辜官员受到牵连。宦官不实行公开的统治，可能是惧怕藩镇的军事干涉，但接下来的五年里，文宗皇帝，如同他自己所说，成了家奴的奴隶。[22]

接下来的 20 年，在有为的皇帝武宗（840—846 年在位）和宣 069
宗（846—859 年在位）治下，皇权得到了有限的振兴。与几年前倾向于一党的优柔寡断的前任君王不同，武宗任命李德裕为宰相并使之持续留任，党争暂时平息。李德裕暂时中止了唐朝在至少两位宰相之间分权的制度并取得了几项重大成就。

李德裕首先把政府事务管理放在中书省而不是翰林院。他也增加了自己干预宫廷历史编纂的权力，因此宣称自己有特权规定某些信息为“机密”，这样他就能够自由行动。皇帝的支持加上最有权势的宦官的死去，使李德裕逐渐削弱了宦官的影响。在对外政策方面，他利用黠戛斯对回鹘的军事胜利最终消除了他们对中国的入侵，并压制了得到回鹘人保护的摩尼教。他夺回昭义镇的控制权，昭义是控制河北地区与中国其他地区之间贸易的商人的据点。最后，李德裕在 845—846 年间支持武宗灭佛，这一政策没收了大量铸造雕像的铜和稀缺金属以及大量土地、粮食和奴婢，对政权和国家经济有利。灭佛也间接打击了热心赞助佛寺的宦官。[23]

宣宗是之前三位皇帝的叔父。如同罗马皇帝克劳狄乌斯，他能安全地长大成人主要是因为他看起来是个对政治没兴趣的怪人。然而，一旦掌权，事实证明他是一位活跃且聪慧的君王，特别关心并愿意资助文学创作，支持编纂行政、法律和历史方面的书籍，特别关注通过进士考试获得升迁的人。宣宗因其上朝之前的细致准备和严厉质问官员而闻名。对外政策上，7 世纪后半叶唐朝最大敌人吐蕃最终的瓦解，以及随后对西北部分地区的重新收复都发生在他的统治时期内。

859 年宣宗去世后，唐帝国进入了最后的衰落时期。最后三位拥 070
有实权的皇帝眼见朝廷权力逐渐萎缩，同时还要面对地方军事化和盗匪横行的困扰。从“安史之乱”到此时为止，唐朝的政治结构体现为中央政府和地方藩镇节度使之间的对立。节度使努力扩张自己的权势，以维持独立行动和选择本镇继承人的自由。不过，节度使们保持对唐朝名义上的服从，甚至支持朝廷反对由于宦官篡权而带来的不断增长的威胁。但是在唐朝统治的最后半个世纪里，维持朝廷开支的负担主要落在了长江流域地区的肩上，这致使当地陷入大规模贫困，并导致匪患、贩卖私盐和其他形式的地方犯罪与作乱行为加剧。856 年以后，唐朝也遭遇了因欠饷而引发的军队哗变，特别是在南方，以前这里是唐朝后期的权力基础。

但是匪盗和兵变只是唐朝衰落的背景条件。从 858 年开始，南方发生了一连串的叛乱，引起了最终摧毁王朝的严重社会动荡。858 年，康全泰在南方的宣州所领导的叛乱事实上是由地方精英与地方官员联合煽动而引发的。叛乱分子包括购买军官职务的商人和地主。一些人也组织地方武装起来反抗官府，这种牵扯到地方官员的武装力量的出现损害了唐朝统治的基础。此外，叛乱使得朝廷开始在南方任命节度使。南方的节度使和北方一样，都倾向于地方独立。859 年，在杭州湾以南区域暴发的一场叛乱中，叛乱分子首次把大量分散的部队联合成一股统一的军事力量。政府任命团练使大规模动员地方武装予以镇压。因此，在这些叛乱的过程中，国家和叛乱者都促进了地方广泛的军事化。[24]

下一拨起义包括 868 年在遥远的南方由庞勋领导的卫戍部队哗变，从 874—878 年以王仙芝为首的全国范围内的起义军，最后还有黄巢领导的起义军。在 878 年和 884 年之间，黄巢占据了洛阳（在 762 年回纥劫掠后重建），通过反复劫掠摧毁了长安，实际上推翻了唐王朝。[25] 这些起义军中充斥着失地农民、地方起义军和乱兵，他们
071 的首领来自晚唐社会崩溃过程中出现的精英。这新的精英混合了军事化的地主、私盐贩子和地方豪强，这些地方豪强有时只是匪首或武装的地方暴徒。他们的共同点是具备一定程度的军事技能和遵守“侠”

的品行道义。侠义精神包括相互忠诚的伦理，同生共死，结合自卫。侠的范围从和流氓强盗相差无几的人一直到作为后世流行小说原型的“剑侠”。在一个充满暴力的世界里，国家不再能提供保护，使命落在了这样的领导者身上。他们几十个到一百人不等，结成盗贼团伙或武装集团自保，经常将自己的姓授予属下，然后再一起加入能提供安全或财富的势力更大的军事首领麾下。[26]

规模越来越大的起义军在晚唐大地上到处活动，以复杂的形式联合和再联合，取得了一次又一次的成功，官军则常常失利。党争继续分裂朝廷，以致没有策略可以有效实施。任何将领得胜后都会马上成为疑惧的目标，于是成功的将领不再受到奖赏。结果，主要将领不再一心一意效忠朝廷，反而把他们的军队作为个人的工具，希望像早期节度使一样，成为地方统治者。因此，虽然朝廷军队取得了几次胜利，他们并不将其转化为任何永久性的国内秩序。几年过去，很少有将帅和地方官愿意冒牺牲和丢官的风险来挽救一个必将背弃他们的朝廷。当朝廷和都城的处境都变得更加危险时，连与之联系最紧密的宦官也在四川和其他安全的地方经营自己的地盘。这通常包括收养子，任命他们做自己在地方上的代理人。[27]

随着政府不能有效地镇压起义，重任落在地方政府头上，地方政府在某些方面变得和起义军很相似。唐朝末年整个帝国遍布着地方武装自卫力量和军事化的藩镇，地方军队为了争夺建立下一个王朝的优势地位而相互攻伐。唯一没有武装部队的政治角色是唐朝皇室自己。
当唐朝都城被黄巢的军队在 880 年烧成平地并最终在 883 年完全平 072
毁后，僖宗皇帝（873—888 年在位）被宦官带到四川。他在 885 年返回都城废墟，但他及其两位继任者昭宗（888—904 年在位）和哀帝（904—907 年在位）仅仅是几个野心勃勃的军阀手中的傀儡。907 年，最强的军阀朱温接受了十几岁的小皇帝的禅位，这个小皇帝是朱温为取代唐王朝而立的。至此，大唐帝国正式结束。[28]

地方权力的多元化

唐朝前期统治的基本原则和汉朝类似，把行政区划设得很小，以致没有地域能够威胁国家的安定。最重要的管理层级是州，拥有25650户或14.68万人口的平均规模。州以下为县，平均人口数大约3万。这些行政区的长官直接向帝国政府负责，且在其职权内无军事部队可供指挥。赋税送往中央政府，拨还被认为足够满足地方需要的钱财。那时候不许地方官员任职于原籍所在的州，家族纽带和个人联系会影响他们对朝廷的忠诚。他们也被定期调离，以防止形成自己的新地方势力。地方官员的直属下级也受到相似的限制。他们对王朝效忠，获得朝廷的官职是他们最重要的目标。唐朝大部分时间里，在都城之外担任官职，即使是重要职位，也被认为是一种放逐。

地方管理的连续性依靠的并不是这些雄心勃勃的官员，而是那些很少离开当地的地位卑微的吏。这些人虽然官阶很低，但大部分日常行政事务由他们来处理，而且他们具有丰富的地方知识，熟悉典章和惯例，因此他们是不可或缺的。这么说绝非夸张，因为法律和习俗的变化在唐代是相当大的。在很多地区，地方官甚至不能理解他所管理的民众所说的方言，所以他完全依靠他的吏。[29]吏对于地方管理是必
073 不可少的，但看起来他们代表的并不是地方的真正利益。吏的职位往往变成世袭，由于要求能书会写和对以前案例的充分了解，吏经常成为一个独特的社会小群体。他们要依靠地方官来获取声望和权力，因此不参与任何寻求地方自治的图谋。

和吏相比，真正关心地方利益的是居住在州府城镇之外的强大农村地主家族。不像下级官员，这些家族形成一个乡村社会结构的完整部分。他们的社会网络不仅包括其他强有力的宗族，也包括小农、佃农和手工业者。鉴于州刺史只有一个57人的班底来治理14万人民，他必须依赖这些大族的影响在农村地区仲裁争端和维持秩序。这些大

族更能代表地方利益，但他们一般并不因此而反对中央集权。朝廷官员保护他们的财产，把税负转移给比他们穷的邻居。此外，刑罚的威慑通常足够约束这些地方权贵。[30]

总之，整个唐朝地方制度的设计是用以防止任何代表地方利益的权威的形成。只要唐朝政府保持有力的控制，制度就能运行如初。但在“安史之乱”前后的几年里，军事组织的变化使地区权力可以在边境地域得到发展，并挑战中央政府的权力。为了平定叛乱，政府不仅在边境也在整个黄河平原设立藩镇。[31] 帝国被分成大约 40 个道，其节度使被授予支配下属各州县的大权。藩镇成为被削弱的中央政府和州县当局之间的中间区划。到了唐朝末年，当朝廷被剥夺了所有军事权力后，真正的权力掌握在大约 50 个藩镇之手。[32]

“安史之乱”后独立程度最高的是河北四镇。四镇节度使原来随安禄山叛乱，之后掉过头来投降朝廷，因而被允许保留对自己部队的指挥权，并且统治大片土地。在 775 年，其中一位将领吞并了另一
位，于是留下了“河北三镇”（幽州、成德和魏博）。虽然这些以前的 074
叛将接受唐朝所赐名号，并对长安的帝国政府名义上效忠，但他们自己的领地如同独立的王国。他们任命自己的官吏，招募军队，征收赋税，并且试图通过相互之间的通婚固守家业。

河北藩镇几位为首的节度使不是汉人，这是李林甫为了排除政敌而让外族担任军事将领的政策造成的。当一位节度使去世或被军士哗变驱逐时，唐朝廷有时会实施干涉。然而，唐朝廷干涉的最大收获是通过批准后继者来获得更大份额的税款，实际上唐朝廷始终无法从
东北部地区收取大量税款。元和时期（806—820）及其后很短的时 075
期内，宪宗制伏了河南独立的节度使，河北军队接受朝廷委任的节度使，但很快就被兵变驱逐，形势恢复如前，直到唐末。[33]

河北的半独立不仅仅是几位为首节度使的事，因为如果是那样就不会持续很久。这种状态建立在河北藩镇军队根深蒂固的分离主义

情绪之上。这一情绪可能可以追溯到7世纪90年代，当时藩镇曾被
076 契丹攻占，并且持续数年遭到破坏性的劫掠。一些唐朝官员认为契丹的成功入侵部分是因为地方通敌，因此藩镇应为此负责，朝廷不应施以援手。有记录显示，在此后的几十年间，地方对朝廷的背叛怨恨极深。

安禄山在河北叛乱之后，他的朝廷吸引了很多不满唐朝统治的人。叛军在名义上归降唐朝之前，掌握藩镇达七年之久。契丹和其他部落移入这一地区，此地区在6世纪已经显著地“胡化”，更加降低了对唐朝的忠诚。不缴纳或是少缴纳给朝廷的赋税减轻了农民的负担，因此极少人愿意支持任何唐朝统治的复兴。[34]

在吐蕃人790年军事胜利之后，关中的藩镇成为中国西北边疆的前线，主要由一支或几支禁军守御。这些小藩镇的节度使定期由军人充任，但临近首都、生产衰落、领地狭小等特征使他们无法像河北那样实现地方自治。9世纪时，他们的将领成为一个庞大的世袭群体。砍伐森林，风化，沙漠化，已经开始大大削减了京城以西和以北可耕地的数量，以致军队如同都城一样依靠南方漕运的粮食。

被节度使统管了几十年的其他地区是河南和山东半岛。后者由强大的平卢节度使控制，虽然这个地区成功地被唐朝廷于9世纪20年代分解为三个较小的地区，但仍然保持在军事割据者的统治下。河南主要被“安史之乱”后投降的叛军充任半自治的节度使统治几十年。因为河北和山东享有事实上的独立，河南成为位于朝廷和东北部地区节度使之间重要的前线。河南具有战略重要性是因为那里没有易于防守的自然边界，而且大运河通过那里，大运河是都城的生命线。因此，唐朝廷通过驻扎大量卫戍部队努力保持对河南节度使的控制，但这些士兵在8世纪最后几十年里反复兵变。只是在9世纪10年代的
077 几次战役之后，宪宗皇帝才重建对该地区的有效管理。但曾一度生产发达的地域现在人口大量减少，当地人口和卫戍部队都依靠南方漕运

的粮食。[35]

虽然在唐朝最后百年里，河北、山东、河南和关中被节度使统治（河东保持较低的军事化程度），还有西南地区的四川（剑南）边镇（毗邻吐蕃和南诏），但长江流域是不同类型的地方管理制度。大多数职务任命不是节度使而是民政长官，其麾下的军队往往只有象征意义。这些任职官员主要是暂时失宠但仍旧希望回京当官的职业文官。他们和唐初的州官有很多相似之处，但也有一个重要的差别：至少在长江下游地区（淮南道及其周边），他们统治上百万民众，有权处置巨额的赋税。虽然这些官员以传统的边塞诗的形式来哀叹这样的际遇，但他们有机会积累巨大的个人财富。在9世纪早期，一位自南方返回的官员能买下整个长安的街坊。[36]

毋庸置疑，这些官员行使着很大的财政权力，朝廷完全依靠他们提供赋税收入或经济支持。南方地方长官成为能够对朝廷施加巨大经济压力的财政大员，正如北方的将军可以施加军事压力。然而，不像北方的节度使，南方的地方长官希望得到朝廷的任命并且最终能回到朝廷任职。此外，没有证据表明这一时期的任何南方地区享有像河北、山东、关中那样根深蒂固而又普遍的地方忠诚，已经确立的地区认同，强烈的地域情感，以及组织严密的地方统治精英。

军事地方主义和新的政治角色

关于藩镇节度使的很多二手文献资料都关注他们和唐朝廷之间的权力平衡，这主要由围绕税收分配和地方官员任命的争执组成。州所 078
收赋税首先用来支付地方开支，剩余的都上缴给了藩镇。节度使抽取他自己花费的部分，首先是供应他的士兵吃穿，然后把剩下的（不管有什么）缴给朝廷。德宗和宪宗重建中央权威的战争，其主要目的是保证任命州一级的官员，以确保足够的赋税能缴给朝廷。从理论上来说，州直接附属于朝廷，节度使和州是相互分离和平行的管理层面，但在制度上，独立藩镇的节度使对州施加控制。然而即使是北方忠于朝廷的藩镇也几乎不缴赋税给朝廷，因为一切都被养军的额外开支消耗掉了。[37]

节度使最大的影响不在于控制赋税，而是由军人开启的地方权力和招募官员的新模式。从唐朝后半期开始，贯穿五代（907—960），到宋朝开国为止，最重要的发展变化是军事职业生涯成为晋升到地方统治层的主要途径。因此，以前由地主阶层行使的权力落入了军人之手。军队也逐渐形成以自我为中心的政治和社会群体，反对文人学士的传统价值观。职业兵转变成为世袭群体加强了这一变化。“安史之乱”前的几十年里，节度使大量招募长期服役的士兵，这些人很快成为职业兵。至少在河北和山东，士兵已经是世代相袭，子承父业相继入伍。

军人向终身和世袭的职业化的转变由于三个因素而成为可能：首先，内战把几十万农民赶出了土地，他们为部队提供了一个待募的源泉。其次，农业技术的改进使得作物基本都是两年三熟，有所提高的农业生产允许更低的农兵比例。最后，传统上主要由文人士大夫提倡的兵农合一的古代理想，被畏惧赋税的农民和钦羡军事职业且对农业生产没兴趣的军人丢弃了。[38]

现在作为专门职业化的群体，这些新兵信奉的价值观与帝国旧精
079 英的庶民理想相左。这些职业军人对于服从朝廷比服从节度使更有敌对情绪，当送进京城的税款影响士兵的生计或是节度使为他的子弟向朝廷请求官位时经常引发兵变。历史记录显示，“安史之乱”和唐朝覆亡之间的150年里发生了200起反叛将领或是节度使的兵变，节度使能否顺利继任通常要取决于军队是否支持。因此，在朝廷和节度使之间紧张关系的背后存在一个新的社会事实，即职业军人的出现。这些人的利益和野心给当时的政治斗争赋予了更重要的社会意义。即使是唐朝廷也逐渐依靠由职业兵组成、由宦官首领指挥的神策军，最

终证明他们的价值观和行为方式与藩镇军队没有太大不同。[39]

直属节度使的“私兵”（衙兵，也称牙兵）是由最优秀的士兵组成的精锐部队，他们成为五代时期中国北方直接承继唐朝几个王朝的权力基础。因此，在主要生活在传统社会边界之外的军人群体中，出现了五代时期很多政权的统治者，包括后来宋朝的开国皇帝赵匡胤。此外，中级将领成了五代和宋朝初期政府官员的主要来源。在统治唐朝的世家大族消失之后，军人扮演了政治舞台上的重要角色。[40]

军队里最后一个重要变化是以结义亲的方式确保将领和下属之间的关系。这一时期所有的节度使和将帅都有如同个人警卫一样的亲兵，通常将领收这些人为义子，赋予这个社会关系以权威和稳定性。将帅与部属之间的义亲有着深刻的文化根源，并在整个唐朝得到发展。收部属为义亲是中亚国家的传统做法，在分裂时期传进了北朝。这一现象在唐朝甚至更突出，因为皇室与游牧民族有着文化和血缘上的联系。宫廷宦官也有类似的习惯，依靠养子来维持权势。结义亲在唐末和五 080
代甚至更加广泛且更有影响力。作为信赖亲属关系的普遍社会变化的一部分，婚姻、收养以及血缘关系创造了地方权力的基础。[41]

晚唐军事权力不限于节度使指挥下的职业军人。“安史之乱”以后，很多节度使在为地方治安和防盗目的所建的地方武装中招募农民。859年，地方政府首次建立地方土团，其性质和后来的团练类似。876年，这一模式被朝廷推广，此后地方武装遍布中华大地，从四川到今天的贵州和沿长江的很多地方。这些土团通常由地方精英组织，经常是一名大地主动员他的佃户和不及他富裕的邻居。稍大一些的自卫力量出现在一些市镇，更大的地方武装出现在戍镇。他们经常被吸入藩镇节度使的军事体系，以致戍镇成了低层管理中心，将领兼任藩镇官员和地方统治者。这些土团，地方力量的产物，是依靠新兴军事权力的主要机构。他们扎根于地方社会，有雄心的人借以介入国家政权。[42]

财政地方主义和新的政治角色

最后一个受地方主义重大影响的晚唐制度变革是财政管理方式的转变。“安史之乱”导致了华北农民的大量死亡和逃离，战乱地区众多户籍和税收记录遭到破坏，国家丧失了对华北大部分地区的控制，因此爆发了空前规模的财政危机。国家不得不采取一些权宜之计，比如出售僧人度牒，但在平息叛乱之后几十年里征收各种新税，扩增旧税种，以及国家实行专卖，合在一起构成税收源流，为唐朝在最后150年中提供资金。这一税制的基本架构延续到1368年明朝建立。

新财政制度改革的关键是由德宗皇帝于780年颁布实施以取代
081 均田制的两税法。这一新税制事实上是原来以财产为标准将家庭划分为九等的户税和以粮食产出为标准将土地划分为三等的地税的结合。这两种税合并在一起，并用货币缴纳，税额基于民户财产和土地占有的规模和质量，而不是成年男丁的数量。之所以称之为两税法，是因为一年分两次征收，一次在夏季冬小麦收割之后，而另一次在秋季米粟收获之后。[43]

因此，两税法试图根据民户实际财产的多少来规定税额，这反映出政府已经意识到土地和财产的不平等，而一年征收两次则说明政府希望依据新的一年多次收获的农业历对税收做出调整。通过这一改革，唐朝政府放弃了几百年来农民平均化以及国家直接管理每个家庭的旧理念。这把政府降低到简单的依照财产收税的角色。国家放弃过去任何直接控制人口日常活动的尝试，标志着帝制中国前后两半期之间的一个巨大变化。

由于户税征收不管被征税的财产的性质和来源，政府首次开始定期向商人征税，他们在提供国家岁入方面变得越来越重要。税制也确立了累进征收的原则，有更多财产的人不应该只付成比例的税，而应付更大比例的税额。其他向商人征收的税包括通关时的关税和针对某些特定货物课的税，比如茶。[44]

此外，“安史之乱”后不久政府设立了盐铁使管理自己对这些必需品的专卖，后来试图对酒施行专卖，但因为制造贩卖私酒相对容易而失败了。因为盐的生产限于极少的特定区域，专卖不难强制推行，只有今天的河北、四川、陕西等地控制在节度使之手的盐池除外。8世纪70年代之后，专卖成为朝廷税收的主要来源。事实上，以盐的专卖收入为主的来自南方的税收维持着“安史之乱”后失去对华北大部分地区征税能力的唐帝国。[45] 082

新的财政体制成为中国地方主义发展的重要因素。一般北方的税收主要来自户部管理的两税法，而南方的税收主要来自由盐铁使在南方专卖食盐的收入。纵贯8世纪晚期和9世纪中期，这两个部门的管理者为帝国财权而斗争，并以税收官吏作为地方权力和帝国影响力的基础。盐的专卖部门把控制权延伸到货币铸造、开矿、茶和其他商品税以及关税的征收。810年的一条法令确认两个部门之间的帝国财政分野，盐铁使负责长江流域两税的征收。[46]

盐铁使的下属机构不仅控制南方的财政管理，也对民事管理施加影响。这一新的机构独立于原来的户部，几乎不受朝廷任何形式的控制。事实上这是一个掌握着华南和华中地区国家财政的独立部门。8世纪80年代，已经是最有权力的帝国财政官员的盐铁使开始处理长江三角洲富裕和生产发达地区的土地纠纷。巨大的财政资源和对充满活力的经济区的控制相结合，这给朝廷带来的威胁甚至比北方节度使的威胁更大，后者除了纳税以外基本保持忠诚。

当掌管整个长江三角洲地区的藩镇节度使韩滉同时被任命为盐铁转运使时，一个有效控制大宗帝国税收的长江下游地区政府出现的可能性在786—787年间大大增加。对王朝而言幸运的是，韩滉于三个月后死亡，于是他的藩镇被分为几个较小的单元。然而，在8世纪90年代委任观察使兼任盐铁使的政策重新实行，在805年他们当中的一位试图据浙西藩镇作乱。他的图谋没有得逞，之后政府小心地把财政职位与民事管理权分离。[47]

083 除了导致独特的东南地区自治模式，新财政管理政策对政治权力的几个方面都有重大的影响。正如新军事政策鼓励军人的职业化，新财政政策导致了财政官员的职业化。所有户部和参与控制盐铁专卖的官员依靠他们在财政上的经验步步攀升，户部尚书基本都由原来的转运使担任。因此，财政事务的专门知识，而不是传统文官体系内的履历或是考察文学修养的科举考试，成为新人在财政部门获得权势的途径。最终，这些职业化的训练和优先提拔资格，通过内部通婚得以加强，形成了在 11 世纪掌控宋朝的财政贵族阶级。[48]

这一职业化的趋势在藩镇层面上更明显。除了职业化军官，节度使也把财政专家收进自己的幕府作为个人助手。盐铁使和户部也建立了地方机构，财政官僚从一般官吏那里取得了税收的权力。[49] 很多这样的新职业化人员本来就是商人，他们在自身的商业活动经营中培养了处理账目和使用钱财的专业才能。因此，虽然南北方出现不同形式的地方政府，但它们都从地方社会招揽新人，开了从社会大规模选拔官员的先河。这在宋代的唯才是用政策下发展到顶点。

唐朝地方主义导致新势力兴起的最后一个方面是宦官招募模式的变化。如同当时几位作者提到的，朝廷上大多数宦官是来自今天福建、广东等南方边远省份家庭的孩子。其中很多，包括著名的高力士，据说都是非汉族的后裔。这个趋势甚至在 9 世纪头几十年里更突出，当时很多宦官都有南方土著血统。因此，808 年一篇科考应试文本攻击宦官统治说："至于这些蛮夷之后和刑余之人，来自蛮荒之地，舍弃尊亲，甘为下役，君王宝贵的生命安全和军队的控制怎么能信任他们，还让他们在内充当最亲近的顾问，在外充当君王耳目？"[50]

084 节度使、财政机构、地方政府，甚至宦官群体，为按照传统的家世相传方式不能在朝廷任职的人们提供了入仕之路。这些科举制之外新的仕途，真正宣告了朝廷里贵族统治的结束。从五代到宋朝头百年里崛起的高度多元化的精英，其产生的根源就在晚唐。同时，后世通过联姻、结义亲和土地积累来构筑地方权力基础的行为，其源头也在于此。这种精神和这些方法是中国宋朝新出现的乡绅阶层确立自己地位的方式，他们的活动在12世纪时最为明显。因此，从晚唐时代新兴势力的发展模式和策略，我们可以看到中华帝国晚期乡绅阶层产生的历史进程的最初形式。

第 4 章

城市生活

085 唐朝城市的主要特征是从以前几个世纪中继承下来的。这些特征包括：政治、居住和商业不同部分的分区；区别帝国都城和其他城市的祭祀用建筑；寺庙和花园提供的半公共空间。但唐朝城市也经历了重大变化，最主要的是商业和贸易改变了城市结构，并把它们连接为更大的网络。

6 世纪后期，隋朝开始在原来汉朝长安城附近建构新首都大兴城。在汉朝和隋朝之间的几百年里，长安被反复劫掠、焚烧和重建。在杨坚建立隋朝前，长安被蹂躏、夷毁，供水不足且水质恶化。582 年，杨坚根据战国时期的文献《考工记》颁令在长安附近建设大兴城，这会使得隋都符合文献记述的理想都城。隋文帝希望首都布局能符合文献记述，这一点在汉代营造都城时被忽略了。他的要求压倒了当时具体负责工程的宇文恺的意愿，宇文恺本来希望按照风水设计城市。[1] 大兴城唯一一处没有按照文献记述建造的地方是君王和后妃居住的皇宫，隋朝的皇宫沿北城墙而建，在《考工记》中皇宫应该修建在都城正中。东汉是第一个将皇宫建在北面的王朝，虽然东汉首都洛阳也是第一个以《考工记》为蓝本规划建造的都城。从此以后的历朝

历代都循东汉旧制，君王坐北朝南的原则取代了位居中心的传统。 086

大兴城（唐代改称长安）刻意的古典风格备受争议。对努力统一黄河流域和长江流域的隋帝国而言，迁都长安是否明智，这是很值得怀疑的。在汉代关中地区已经供养不起一个首都，输往帝国的人口、经济和文化中心的漕运也发生了困难。长江流域的重要性不断提高使这些问题更加复杂。隋朝定都关中的部分原因在于王朝是北周政权的继承者，其精英集团立足于这一区域。同样重要的是，国都长安的重建标志着汉隋之间长达几百年的分裂时期的结束和统一华夏国家的理想之回归，后者的代表就是西汉。隋朝坚持新都按文献记述建造，也是其通过重现代表了中华帝国最大成就的古代体制，而否定近代历史政策的一部分。[2]

唐代第二位皇帝太宗在关于长安的五言诗《帝京篇十首》中描述了长安古典风格的内涵。在序文表达了“重振古风”的理想后，皇帝写道：

> 秦川雄帝宅，函谷壮皇居。

唐代诗人在其作品中反复将唐朝的首都比作秦汉国都，这显示了把唐朝视为重生的统一帝国的愿望。唐太宗的诗本身重复了以前诗歌称颂汉都的陈词滥调，同时也是对另一首描写命运不济的南朝故都建康（今南京）的诗做出的回应。正如太宗努力摒弃他从南朝继承的宫廷诗但找不到其他创作形式，他想要重振汉都但又逃避不开之前几百年的历史传承。[3]

长安和洛阳的布局

唐朝继承的城市格局，内部按正南正北方向整齐布局，外面以长方形的围墙环绕，东西长 9.53 公里，南北长 8.48 公里（地图 5）。 087

城墙由夯土筑成，城门木制，城墙连接处由砖砌成。通过打开的12座城门可以进入外城，皇城邻近的北城墙有三座城门（另外左右两边还各有一座），布满了精英官邸的城区东北部有两座城门，大明宫刚好位于城墙外。由于隋朝统治时间短暂，直到王朝618年灭亡，新建的都城内大部分地区仍然是空荡荡的，唐朝城墙内也有很多无人居住的地方。在8世纪中期，沿着主要的南北大街八个最南面的坊仍旧没有真正的住宅，继续被当作农田耕种。其他坊被部分地用作宫廷种植药用作物和蔬菜的园地，还有半个坊被用作墓地。[4]

城市自身由四部分组成：宫城和另外两个宫廷区域大明宫与兴庆

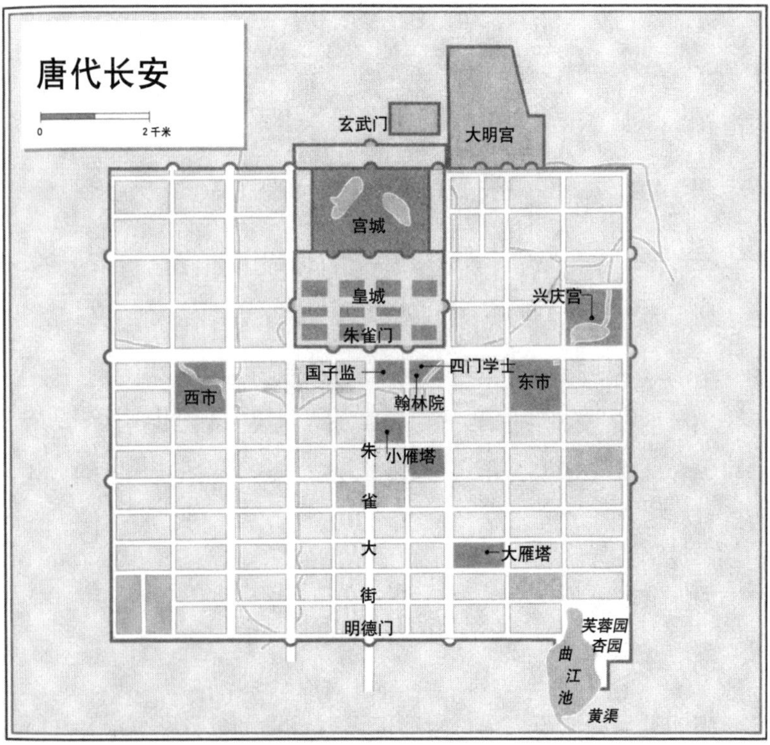

地图5

宫、政府办公场所所在的皇城、两个市场（东西两市）、按网格排列的居民区。皇城在宫城正南，二者中间有一个广场，皇帝在那里举行 089
各种仪式。皇城不仅容纳文官部门和军事机构，也包括作为禁卫军指挥部的“北衙”、太子的东宫、太庙，还有社稷坛。[5] 宫城和皇城与平民区被超过 10 米高的城墙和更高的城门分开（图 2）。未经准许没有人可以进入皇城，甚至只是为俯视这些禁区而攀上高处都会被判处监禁一年。[6]

平民区被设计为完全的网格式，这成为中国大城市连续几百年的特征，不过它们都没有长安的完美。8 世纪诗人杜甫在一首诗《秋兴八首》其四中伤怀“安史之乱”以后国都的不幸而咏道：“闻道长安似弈棋。”伸向城门的六条最大街道，合称六街。其中最大的一条是朱雀大街，超过 150 米宽，并分全城为东西两部分。和连接王朝各个城市的道路一样，这些大街的中间被垫高，两侧有大量排水沟相沿。这些水沟不仅具有排水功能，也灌溉了种在路边的遮阴树（图 3）。[7]

坊因为位置不同而有不同的规模，最大的在皇城两边，大约 1000 米 × 800 米的面积，沿朱雀大街最小的坊长宽分别为 590 米和 502 米。每个坊都环绕着两三米高的夯土墙，这样设计是为了保持对平民的控制，特别是在夜晚。四面墙上都开有坊门，区内道路会合在中心，把坊四等分。每个坊的坊正受委托保管坊门的钥匙，由他负责 090
晚上锁门。翻墙会被惩罚打九十大板。

636 年开始，坊门的开启和关闭以沿着每条大街持续不断的鼓声为信号，给人们足够时间在黄昏回家或是准备清晨出门。这几百个鼓点固定了人们的日常生活，甚至是整个宇宙的节奏，正如在李贺（791—817）的一首诗《官街鼓》中的戏剧性描写：

> 晓声隆隆催转日，暮声隆隆呼月出。[8]

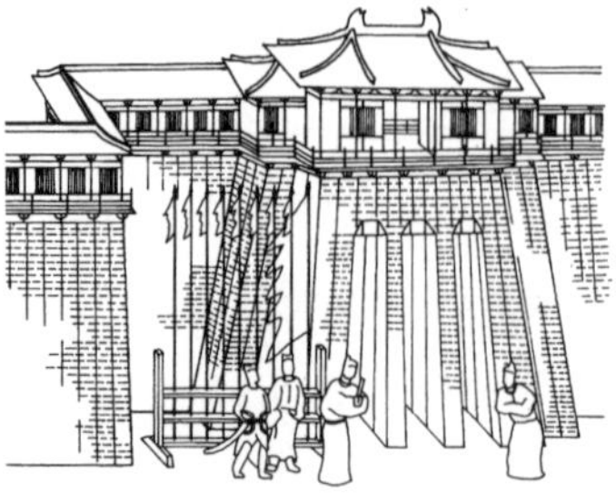

图2 城门图示，城门上方有城楼和顶楼，如敦煌中唐172窟壁画所示

图3 敦煌85窟壁画，描绘佛教极乐世界规划为方格状的一个个坊，令人想起唐都长安城的布局

只有送官方文书的人员、特许的婚礼、找大夫的人，还有报告死讯的人，才被允许在夜间行走主要道路。任何其他人如果被发现走在主道上，都会先给予弦声警告，接着射箭警告，再接下来就会把人射倒。只有农历元月的十四、十五、十六，即元宵节期间是例外，那时人们被准许夜晚在寺庙间自由地逛街看灯。[9]

在被两条十字交叉的主要街道的十字路口分为四块后，大多数坊内没有再按网格结构布局。坊内部到处是弯曲的小巷。平民在自己居住的坊里可自由移动。坊为收税和相互监视的需要下设有“里”，各里有人负责管理。坊门处是开设店铺的理想位置，受益于坊门前的车水马龙。在著名的传奇小说《任氏传》里，主人公郑六与狐仙任氏度过整个夜晚，并在黎明前到达他所居住的坊门前。因为坊门仍旧关闭，他只能暂时待在门口胡人的饼店里。[10]

佛寺道观，还有三品以上官员的居所，允许开门直对主要街道，显示出这些建筑物不受宵禁限制。生活在东北部坊区的大多数是贵族和高官，位置处于西边宫城和皇城、北边大明宫和东边兴庆宫组成的三角形区域中。在此三角区的南边围绕着东市的区域能找到上层精英
091 居民。沿着东北城墙的一个街区特别吸引人，因为隋朝一名著名术士

发现此地有贵气。朱雀大街最南端的坊少有人居住，仍有大量农地。东南靠近曲江池的坊也人烟稀少，被用作园地，种植杏树和芙蓉（图 4）。平民主要生活在西部的坊，在西市和西北城门附近。西北城门处聚居着大量胡人。[11]

东市正西的坊就是城市重要的教育设施所在，服务于准备将来入仕的人，后来则用于科举生员。这些学校也在唐朝对外关系的历史上扮演着重要角色。它们的学生包括臣服于唐朝的外族后裔，这些人因 092
为研习中华经典和文学而认同中国文化。还有很多是外族王室或贵族送来长安做人质的儿子。在学校里以及后来在官衙和朝廷里经过几年或是几十年研习中国文学文化，这些年轻人被送回家乡，在那里他们能够引入唐朝的政治制度，传播中国文字及经典。很多外族学生，特别是来自朝鲜和日本的学生，也主动来吸收先进的唐朝文化。除了帝国的学术机关，大型佛教寺庙提供的教育也吸收了上千外国信徒。在唐朝都城度过很长时间后，这些学生携带着经书回到自己的家乡，同时也向本国传播中国文化和佛教文化。[12]

城市也容纳了很多从农村漂泊而来的贫民和乞丐。没有证据显示他们的数量，但有一些因为和文人产生联系而被载入传奇小说中。一个故事讲述了一位老人和他卖唱的女儿在街头艰难谋生的情形。一位将军被女子动人的歌喉吸引，将其带回府中做歌姬和妾。《李娃传》中的主人公郑生靠在葬礼上唱挽歌为生，由于穷困只能住在灵堂里，最终沦为乞丐。都城无家可归者的数量太多以至于引起唐玄宗的注意，他在 734 年下令禁止乞丐上街，把他们交给由佛教徒负责的专门照顾贫病的病坊。救济食物来自附近由新定居的农民耕种的田地。然而，这一福利政策因为“安史之乱”的爆发而终止。[13]

除了官方建筑物、居民住宅、农田和观光园林，唐代长安也包括很多宗教机构（地图 6）。少数几个还为外族居民的精神需要服务，如祆教、摩尼教、聂斯脱利派（景教），但是大多数都属于道教和佛

图4　反映园林景致的陶塑

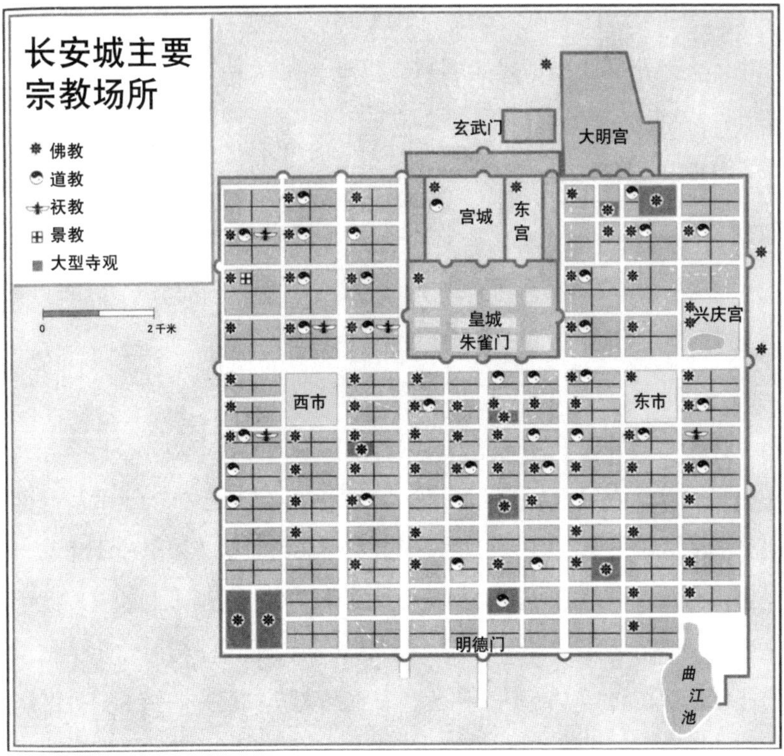

地图6

教，而佛教建筑最多。道教是唐代地位最高的宗教，因为皇室自认为是道教教祖老子的后代。道教宫观绝大多数有帝国官方背景，建造的目的是在吉庆时刻举行仪式，举办皇亲的葬礼，给得到宠信的宗教人士提供安置之地，或是皇族成员出家于此。几位公主成为自己捐建的道观里的道姑或是观主。

093

尽管道教的官方地位卓越超群，但佛教寺庙的规模一般是道观的三到五倍（不同资料的记载有所不同），并且能得到更多的资助。很多坊有至少一座佛教寺庙，日本朝圣僧圆仁说城中有多达300座寺庙。[14] 虽然这可能有所夸大，也不像北魏王朝的洛阳有超过1300座

寺庙，寺庙是当时城市风景的一个重要特征，佛塔是城市里最高的建
094 筑物。大雁塔和小雁塔是唐朝京城里唯一留存到今天的建筑（图 5、图 6），当年岑参在《与高适薛据同登慈恩寺浮图》一诗中描述了大雁塔的外观：

> 塔势如涌出，孤高耸天宫。
> 登临出世界，磴道盘虚空。
> 突兀压神州，峥嵘如鬼工。
> 四角碍白日，七层摩苍穹。[15]

长安的宗教建筑另一个重要用途是国家的礼仪中心，举行祭祀典礼，相关建筑在城墙之内和都城近郊都有分布（地图 7）。帝都与其他城市的区别是其功能，它是体现帝王作为天子和皇家受命于天这一
096 在宇宙间重大角色的大型礼仪场所。唐帝国对礼仪最重要的整理成果是 8 世纪中叶官修的《大唐开元礼》，其中列举了都城内外几十种重要礼仪场所，包括太庙、社稷坛、先蚕坛和先农坛、明堂、分处四个方向的郊祀坛，以及南郊祭天的圜丘等。[16]

长安有两个官方设立的主要市场，对称地坐落于朱雀大街东西两边，称为“东市”和“西市”。这些有围墙的区域由一个保证商品依
097 法销售的官方组织管理，所有计量工具和货币都必须合乎要求。这些管理官员填写交易记录，有权防止商人勾结或是垄断定价。市场中午开放，黄昏关闭，开放和关闭的时间以击鼓 300 下为准。在之前的王朝，市场也是公开处决和枭首示众以及罪犯暴尸的地方。[17]

每个市场的面积是最小的里坊的两倍，四周围绕着比普通道路更宽的街道，以容纳人群，防止拥堵。市场围墙每边各有两门进出，门之间的道路把市场分成九个方格。这些四方形区域接着再被分成行，每种生意集中在自己的行里，如同早期秦汉时期的市场。不同的行业有对应于法律规定的相应标志。现存文献记载，其中有屠夫、药商、

图5　长安大雁塔

图6　长安小雁塔

锻造斧子的铁匠、马具制造商、金匠、银匠、鱼贩、裁缝。根据各自的地位，这些店铺或在主街，或在行的内部。一些店铺，特别是从事典当生意的，属于佛教寺庙。货栈和批发市场沿着市场外墙排列，附近还有很多有类似功能的设施，由大的酒店客栈提供。[18]

虽然东西市是唐代长安的重要贸易场所，但并不是唯一的。更小的市场还有“南市”和“中市”，7—8世纪时在特定时期内开放，郊区还有一个“北市”。因此，四个市场在长安一定时期内运行过。[19]然而，更重要的是在市场外面里坊内开展的商业活动（地图8和地图9）。坐落其中的栈店也兼做货栈，还有很多为旅客服务的旅馆和出租屋。更常见的是酒肆和餐馆，街头还有卖食物的小贩。坊里卖面食和烤饼的小店在市场关闭后还可以营业几个小时。新出现的饮茶风俗促进了在主要市场和一些里坊中茶馆的出现。从事殡葬行、酿酒业、乐器制造、打铁、佛

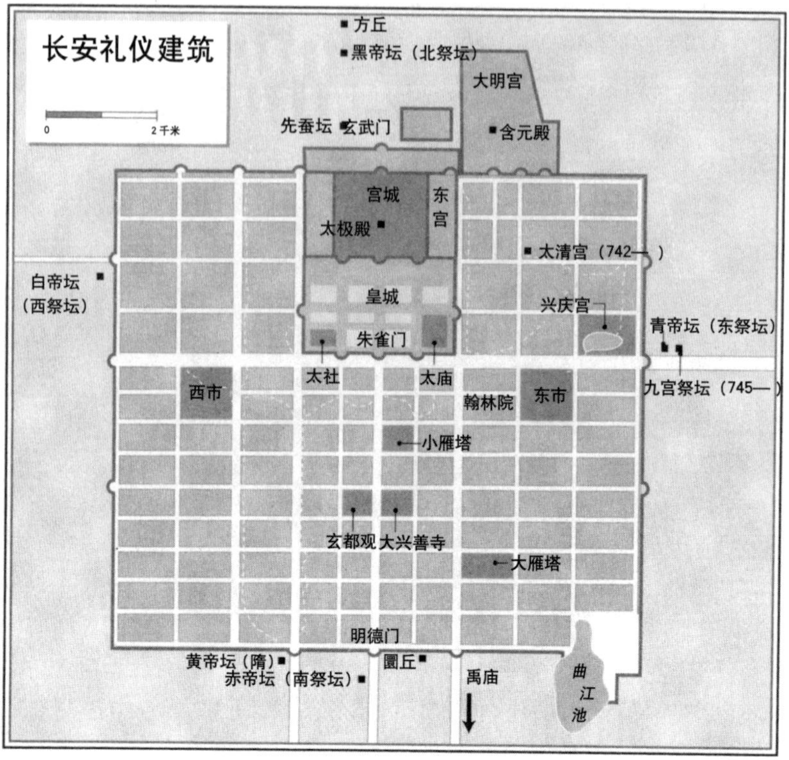

地图7

经抄写和其他手工制造业的店主分散在里坊各处。[20]

长安是最重要的都城，不论在文献学上还是考古学上对其都留有
098 最完整的记录。然而，东都洛阳也是兴盛的大都市，特别是在武后统治期间。洛阳再次为都与隋炀帝有很大关系，他因奢侈铺张导致王朝灭亡而被谴责。6 世纪中叶在摧毁北魏王朝的内战中，洛阳被战火夷平。重建都城过程中，隋炀帝使洛阳遍布奢华的宫殿和园林，根据对他充满敌意的记录的描述：

> 每月役丁二百万人，徙洛州郭内居民及诸州富商大贾数万
> 099 户以实之。……不绝者千里。而东都役使促迫，僵仆而毙者，

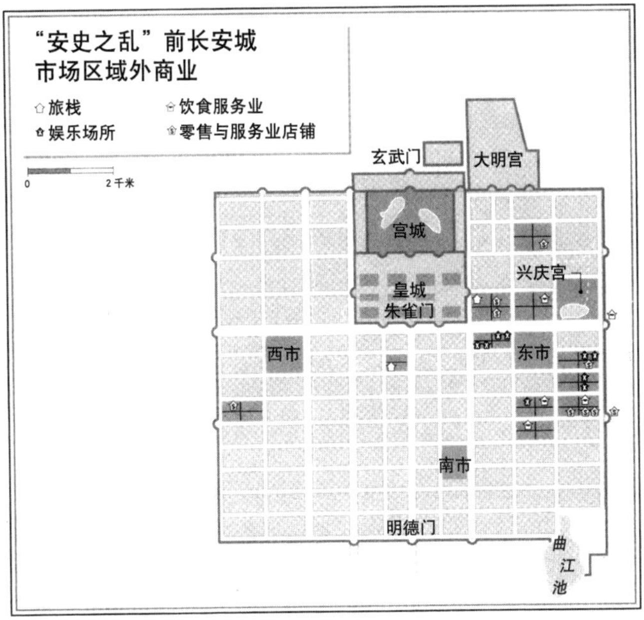
"安史之乱"前长安城
市场区域外商业
旅栈
饮食服务业
娱乐场所
零售与服务业店铺
0
2千米
玄武门
大明宫
宫城
皇城
朱雀门
兴庆宫
西市
东市
南市
明德门
曲
江
池

地图8

"安史之乱"后长安城
市场区域外商业
旅栈
饮食服务业
娱乐场所
零售与服务业店铺
0
2千米
玄武门
大明宫
去往北市
宫城
皇城
朱雀门
兴庆宫
西市
东市
南市
明德门
曲
江
池

地图9

> 十四五焉。每月载死丁，东至城皋，北至河阳，车相望于道。[21]

如这段批评文字所显示的，洛阳与南方富商存在密切联系，二者
100 以大运河相连。这是一个更普遍怀疑的部分，即这座城市与南方文化息息相关，在唐代南方文化同时具有精致和腐化堕落的双面性。然而，陪都洛阳也与中原大地上古老的周朝之间有密切的联系，它自古以来就是中华文明的精神中心，因此很多人认为洛阳在文化上比长安优越。

洛阳拥有许多和长安一样的结构特征：大体呈正方形的外围城墙，与平民区以墙隔离的宫城和皇城，呈方格形的一个个坊，几处管理有序的市场，大量佛寺道观（地图 10）。和长安一样，城市东南角
101 主要是园林和自然保护区。洛阳的宫城和皇城甚至比长安更清楚地和城市其他部分分开，因为它们就坐落于洛水北岸。它们位于都城西北角，和御花园相连。洛阳的里坊更小，对人口的控制因此更严密，街道也要狭窄一些。

洛阳与长安主要的不同是洛阳及其市场和跨地域贸易所要依靠的是水上交通网之间的联系。洛阳有三个官方设立的市场，位置都有水上运输的便利。北市就在洛水北面，南市和洛水隔两个坊，但彼此用运河连接，（610 年后）城市西南的西市就位于通济渠上，这条运河是连接黄河和淮河的大运河的一部分。[22] 因此，洛阳市场和政府衙门选址是出于实际的便利而不是注重对称的考虑。洛阳不仅位于中国生产力更为发达的区域，位置更有利于南方来的船运，而且城市自身更大程度上符合贸易和运输的需要。这一建构方式体现出洛阳兼有典型都城和由于大规模水运而崛起的新兴贸易城市的特点。

长安的花街柳巷

专门经营酒色生意的花街柳巷不是隋唐的新事物，但以前的王朝

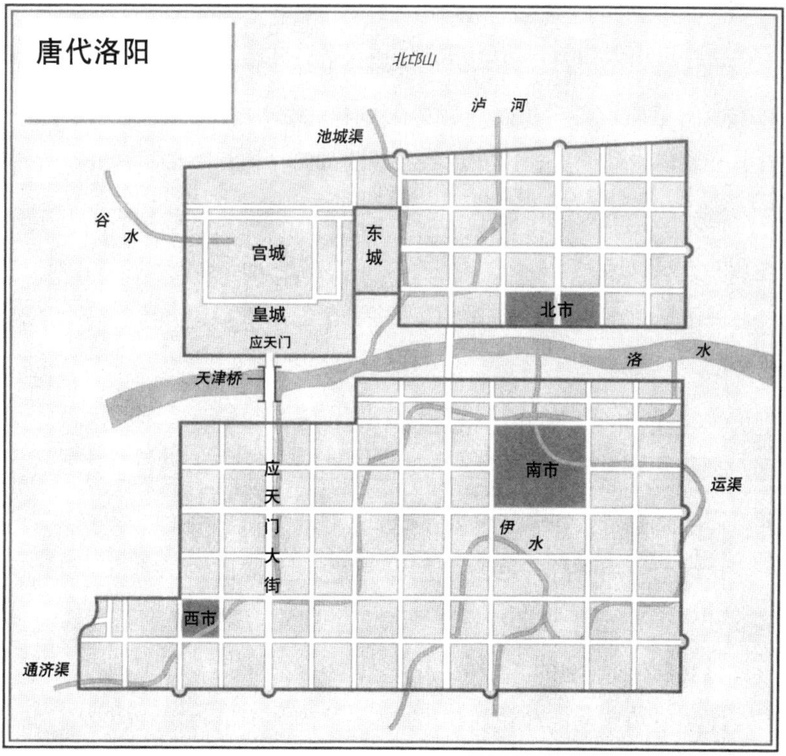

地图 10

除了这些地方的名字之外留给我们的信息很少。[23] 幸运的是，在唐朝末年，一个叫孙棨的人详细地记录下了在长安最有名的风月场“平康里”的生活。根据这本笔记体小说集《北里志》的记载，平康里的从业女子是官方登记备案的娼妓，为官员、商人和贵族服务，最主要的是为科考士子服务。这些女子都经过了诗文写作和音乐表演的训练，因此是有文化的女艺人，如同明朝的才女歌妓和日本艺妓。社会地位较低的普通妓女、卖艺女子、卖酒女，在全城的妓院和酒馆中从业，虽然我们只有诗文和逸事中关于她们的零星资料。[24]

“北里”（妓院所在地，可追溯到汉朝），位于皇城和东市之间一

102 个坊的东北角（地图9）。国子监以及科举考场（皇城里面）都在这个坊里，所以举子经常在附近租房居住。这个区域本身包括三个平行的东西向巷道，老鸨和妓女就住在那里。经营成功的妓院空间很大，有多个客厅招待客人，还有小一些的房间供乐意出钱的人娱乐。若经营不善，如在孙棨描述的一个案例中，女人会销售草药和水果来贴补收入的不足。

关于情色生意经济结构的信息在孙棨的著作中很分散。妓女还是孩子的时候就被卖给老鸨，她们称老鸨为“妈妈”。因此，资料也描述了妓女之间经常按年龄大小互称“姐妹”。她们有的是穷人家的女儿，有的是从乞丐中招来的，还有些是良家女子，家里为了得到嫁妆将她们许配给人，然后又被出嫁妆的人转手卖给老鸨。如果一个女子想要从这个行当脱身，她必须偿还妓院当初买她的钱，往往还包括积累的利息。甚至即使只是离开妓院一个白天（通常是到附近佛寺转转），她也必须给她的“妈妈”很多钱。

妓院里酒席的标准花费是1600文，而每个第一次来的客人都要花双倍的价钱。住在附近的乐师常被叫进来服务，顾客也必须付钱给他们。喝酒一巡要1200文，在第一副蜡烛燃尽后要付双倍。因此，一个晚上的娱乐就要耗费巨资，孙棨记下了老鸨是如何夺去耗尽财力的顾客的马车，甚至是衣服。某些不幸的客人遭遇了更坏的命运。孙棨还记录了被谋杀的人，一个客人因被认错人而被另一个客人所杀，还有一个客人被妓女和她的鸨母所杀。希望与喜爱的妓女建立更持久关系的人有时会假结婚，在热闹的传统婚礼中这些男人经常会反串“新娘”。

多数沦落花柳巷的女子期盼早日离开这里，经常是被钟情于她的客人带走当妾，有时也会明媒正娶，未婚夫要付清卖身价来赎出新
103 娘。后来，如果富贵的顾客厌倦了他的新欢或是他所赎的妓女和别人发生了违法的奸情，他会给她一笔钱然后打发她走人，或是安排她和

社会地位较低的人结婚。理论上，他可以以通奸罪名把她送进官府，但是这么做很丢面子。一些女人花光了丈夫的家业或是不满意新家的平庸生活，会回到花柳巷重操旧业。

其他资料显示并非所有妓女都住在北里。一个素以歌唱、舞蹈方面的无双天赋和经常举办酒宴聚会而闻名的女人，生活在沿都城东南城墙的坊里。据记载，达官贵人的子弟挥霍巨额钱财追求她。东南角成了次一等的非官方批准的花柳巷，可能因为那里有公共园林，而且风景优美。著名女诗人鱼玄机明显不是合法营业的妓女，但作为收费的歌女和舞女，她取悦于那些常光顾北里的客人。在充当别人的情妇一段时间后，她回到京城做了一名女道士。但是鱼玄机继续取悦于官员和文人，包括著名诗人温庭筠。在为后者写下的《寄飞卿》诗篇中，鱼玄机把他比作著名的 3 世纪的竹林名士和散文家嵇康：

阶砌乱蛩鸣，庭柯烟露清。
月中邻乐响，楼上远山明。
珍簟凉风著，瑶琴寄恨生。
嵇君懒书札，底物慰秋情。[25]

通过《北里志》可以一窥唐朝首都生活的一个重要方面：性交易和新科举考试文化之间的联系。自汉代以来中国政府就实行由朝廷举办的专门考试，地方城市也偶尔举办考试，这成为选拔人才的方式。然而科举在隋唐开始成为选拔官员的标准（虽然不是最普遍的）方式。从武后统治时期开始，科考成为通往高官厚禄的“终南捷径”。但在 104
唐代没有地方考试或是公共教育让举子像宋代那样在州县备考。准备科举考试的学校都在首都。此外，举子通过一个冗长的过程介绍自己，并把自己最好的作品呈给考官。因此，举子在快到 20 岁或是 20 岁出头时就不得不到京城花费较长的时间求学，与供应他们大量金钱的家庭离别。因为年轻人生活在这种环境下，北里合法妓女提供的欢愉，包括社交、文化和肉体的，几乎是无法拒绝的。

家喻户晓的《李娃传》就讲述了一个关于科举考试、妓女和危险的青春期相互纠葛的故事。[26]一位年轻学子郑生被父亲送往京城，其父梦想儿子中举能为家庭带来巨大财富。偶然的机会郑生与妓女李娃相遇，并与之结成露水夫妻，使自己在温柔乡中流连忘返，耗尽钱财。后来郑生被他的“新家庭”欺诈和抛弃，陷入绝望，贫病交加，直到被殡葬业者相救，后来他以专业唱挽歌来谋生。在两家丧铺的竞争中，作为最打动人的挽歌歌唱者他获胜了，这是对他起初追求科考中举的讽刺。一个老仆认出了他并领他见父亲，父亲不认他。暴怒的父亲把儿子送往杏园（郑生和妓女结伴同游以及最终庆祝成功的地方），并把他打了个半死扔在那里。李娃发现“夫君”快死了，懊悔自己的背叛，便出钱从老鸨那里赎了自己的身。她像慈母一样照顾郑生，使其恢复健康，并规劝郑生准备考试。最终他科举中第，并与父亲和解，他与李娃也结成了神仙眷属。

这个故事除了描述来自农村的年轻举子面临的诱惑，也戏剧化地表现出了唐代城市生活的几个方面。其中最引人注意的是金钱如何影响社会关系的各个方面。郑生和父亲的联系是李娃和其“妈妈”的联系的镜像，每个孩子成了父母致富愿望的工具。同样的，李娃的
105 首次“婚姻”虽然是纯粹的金钱交易，却模仿了精英的包办婚姻。对书生的欺诈和背弃行为依靠快速地租到房子然后又快速地退租而得以实现，这是城市生活的特征，土地和房产表面的固定性遮蔽了暂时的流动人口。哀悼死者本来是中国社会中最重要的人际义务，但在殡葬行，用雇来的专业人士哀悼别人死去的亲属成了另一种现金交易。[27]

《北里志》中的一则传奇逸事进一步阐述了唐都里爱情和友谊的商业化。妓女颜令宾是个诗艺娴熟的诗人，她从举子那里搜集诗文。当她生病将死时，她办了次宴会，要求所有男士给自己献上哀挽词。按惯例，像她这样的人可以向宾客要钱以支付葬礼的费用，因此她的鸨母因她以诗代钱而被激怒。她的“妈妈”扔掉了她的客人送的所有

诗文，但和颜令宾暧昧过的一位驼背乐师把这些拿了回来，谱上曲，在颜令宾的葬礼上演唱。歌曲传遍了长安，之后被很多专业唱挽歌的人表演了很多年。这则传奇故事描述了花街柳巷经济活动中爱情、诗文和金钱的困惑和矛盾，也表现出了好诗文被编成曲的风潮，此外还刻画了唐朝葬礼中专业唱挽歌人的角色。[28]

但是北里最主要的功能是为年轻人提供了一个绝佳的社交场所，使他们能够相遇，成为朋友，卖弄诗文天赋，发展社交。聚集于此既是科举考试的第一步，同时也对考试不无裨益。除了提供获取朝廷上最高官职的门径，也帮助形成和同一批的考生以及考官之间的终生联系。考试成功和不成功的举子们精心准备的酒宴（作为庆祝和安慰）让举子和妓女会聚一堂，举人借此加强彼此间的情谊，这种友谊可能在漫长的政治生涯中一直持续。这些宴会和花柳巷妓女筹划的宴会非常类似，以致在孙棨《北里志》里和王定保记录科举制度的《唐摭言》中出现了一些相同的传奇逸事描写。

当某位无名诗人看到崔垂休写在妓女腿上的诗后，他作了《嘲崔垂休》嘲讽诗作为回应，在这首诗里，风月场与科考的这种关联最清晰地表达了出来： 106

> 慈恩塔下亲泥壁，滑腻光华玉不如。
> 何事博陵崔四十，金陵腿上逞欧书。[29]

高中的举子按惯例要题名在慈恩寺塔墙上，所以在这里妓女的腿被比作塔墙。传奇故事戏剧化地描述了妓女的身体如同男人竞争的场所，而科举考试如同肉体欲望得以实现的场所。

《李娃传》也生动地描述了首都生活的另一面，即科考成功和婚姻之间的联系。经过几年的读书、同妓女寻欢作乐以及在科举中第后在北里摆酒宴请的生活之后，年轻人终止了短暂的恋情和同妓女的虚假婚姻，他们选择有地位的女人作为真正的终身伴侣。科考的成绩成为唐代选拔女婿的重要标准，每年二分之一到三分之二的中第举子利用自己的学业成就和显赫家庭的女儿订婚。这些婚约以未来女婿的大型骑马游街来庆祝，这类游街是例行的科考典礼的一部分。事实上，对于参加科举的考生来说，追求一场值得骄傲的婚姻所激发的热情不亚于追求政府官职。[30]

金榜题名的成功感在婚姻中体现出的高潮在韦庄的词中形成戏剧化的场景：

> 街鼓动，禁城开，天上探人回。凤衔金榜出云来，平地一声雷。
>
> 莺已迁，龙已化，一夜满城车马。家家楼上簇神仙，争看鹤冲天。[31]

在词中，所有这些凤凰、龙和鹤都指代成功的举子，他们刚刚得
107 到来自皇帝的“金榜”。成群的大户千金争着一睹万众瞩目的青年才俊，他们的成功在这时达到了顶点。

唐朝都市生活和普遍精英的生活最后的一个方面是诗歌和音乐表演中的情色元素，这在描写文人妓女间爱情的传奇小说中有所体现。在汉朝衰落后，诗成了在朋友之间进行社会交际和表现优雅谈吐的重要形式。至少从 6 世纪开始，诗成了谈论性主题和在两性之间调情的方法之一。把社交对话转化为以性为主题的互相调笑，这是《北里志》涉及最多的内容。某些妓女之所以知名是因为她们在花街柳巷主持酒会的能力，指引对话交流，提出和参加诗歌比赛，指摘有悖于文人学士群体理想的言行。根据孙棨的记载，容貌吸引力不够的妓女经常通过自己的谈吐和诗赋写作的能力赢得仰慕者和情人。这些故事不仅赞颂了妓女的魅力和天赋，也表现了其仰慕者的文化敏感性，这些仰慕者重视妓女的语言技巧胜于外貌。因此娼寮区反映了文人群体的自我认识，欣赏诗歌的技巧和懂得诗歌所体现的真性情与仅仅看重权力或财富的其他群体形成了鲜明反差。[32]

妓女和文人成双入对，唱和诗词，是白居易《琵琶行》这一最著名唐诗的中心主题。该诗描述了他和一名曾是京城名妓但现在已经嫁给行商的女子的邂逅。她弹奏的琵琶曲（图 7）和感人的经历诉说，使诗人联想到了自己的遭遇。在另一首聚焦一位年轻妓女和他的白发客人的诗《代谢好妓答崔员外》中，白居易通过妓女的忧郁看到自己这位苍老诗人的垂暮晚景：

青娥小谢娘，白发老崔郎。
谩爱胸前雪，其如头上霜。[33]

妓女和诗人官员之间的联系是整个晚唐社交的特征之一。有官方 108
许可的北里妓女不是唐代唯一的专业女艺人。官方文献讲述了在梨园或其政府机构里的女人，她们作为“宫廷艺人”歌唱、演奏乐器或是跳舞。这些女人明显不是妓女。国家也有专门的“官妓”和“营妓”，她们给官员和军人提供音乐表演、陪伴和性爱服务。很多杂技艺人也是女性，尤其是走钢索的艺人以及在平衡木上翻跟头的艺人。大多数“变文”的表演者似乎也是女性，变文表演是一种用诗文和散文来
讲唱故事的形式，有时还会使用图画。此外，富人拥有女性“家姬”， 109
其中一些也在主人的诗歌中出现。[34]

在花柳巷之外的私人酒馆和妓院中，女性作为主人、陪酒女、艺人和妓女来工作赚钱，虽然这些职业的界限一般不明显。很多这样的女性在唐诗中被详细描述或是仅仅一带而过，最有名的是李白和杜牧的诗。一则逸闻描述了酒馆中诗、歌、性的互动。三大著名诗人，王昌龄、高适和王之涣，在一小酒楼喝酒，当时有一队伶官和四个可爱的歌女进入房间。歌女们开始唱一些当年最有名的四行诗，而诗人们在欢笑喧哗，计算谁的诗被唱得多。最后，音乐表演者们询问他们为什么这么高兴，并因此认出了他们，伶官与歌女和他们一起把酒言欢。[35]

图7　弹奏琵琶的女子

图8　女乐师与女舞者陶俑

随着音乐在唐代的都城和其他城市生活中变得越来越重要，个别的表演明星出现在文学作品中。舞者和讲滑稽故事的人的名字也会出现，但最负盛名的是乐师（图 8）。一个乐队为首的横笛演奏者曾赢得玄宗皇帝的注意，他们相遇的故事成为诗和传奇小说的主题，最终这些逸事被编进著名的清朝戏剧《长生殿》。根据另一则逸闻，曾有一场琵琶比赛作为皇帝求雨仪式的一部分，优胜者获得了皇帝的接见。

刘禹锡的《曹刚》诗就描述了一位著名的琵琶演奏者：

> 大弦嘈囋小弦清，喷雪含风意思生。
> 一听曹刚弹薄媚，人生不合出京城。[36]

诗中把这个明星的表演描述为只有在中国最大城市才能经历的、可以改变一生的体验。（图 9）

图9　女乐者表演排笛

花卉热

长安花柳巷的艺术与情色经常与对花卉的热情联系在一起。妓 110
女和歌女被一成不变地与花朵的美丽和芳香联系起来，这既是对她们外表的隐喻，同时也是做生意的工具。第一部与妓女有关的词集被命名为《花间集》，其中大多数作品都谈到花，既包括自然界的花，也包括对女性的指代。[37] 但是唐代城市里花的重要性超出了酒楼和妓院。

花在中国的庭园中通常不是重要元素，庭园主要依靠岩石、水和草木的巧妙布置。作为替换，花卉被用来装饰房屋、庙宇、公共园林和水池。在所有用来装饰这些场所的花卉中，牡丹最重要，如刘禹锡的《赏牡丹》所云：

> 庭前芍药妖无格，池上芙蕖净少情。
> 唯有牡丹真国色，花开时节动京城。[38] 111

中国对牡丹花的疯狂迷恋始于隋朝和唐朝皇帝，并逐渐扩展到都市社会。牡丹不同于作为精神象征的莲花（它与佛教信仰相关），它是财富和荣耀的象征，如其绰号“富贵花”所暗示的那样。如诗中所写，整个都城都因花而动，这表现在每年 3 月中旬长安人乘马或乘车
来到因种植大量美丽的牡丹花而闻名的地点观光。特别著名的是慈恩 112
寺，因其中一庭院内的花比别处早开两周，而另一庭院的花比别处晚开两周。不同寻常的花开成为“奇闻”的主题，人们看待此事如同神迹。一些私人宅邸也以其花朵的风采而知名，主人邀请来自长安社会高层的贵客欣赏花色，客人赋诗作为留念。

将军浑瑊在贵族中以爱花著称，他邀请著名诗人宴游牡丹园，并吟诗庆祝。白居易在《惜牡丹花》诗中描述这些牡丹具有都城中的最佳色香：

惆怅阶前红牡丹，晚来唯有两枝残。
明朝风起应吹尽，夜惜衰红把火看。

不仅用写诗来鉴赏牡丹成为一种社会风俗，文宗皇帝还曾挑选出他认为描写牡丹最好的诗。[39]

对花的狂热导致了唐都中的嫉妒之情，有时甚至引发犯罪。在一则逸事中，一位僧侣向一群年轻人展示了一株能够开出罕见红色花朵的牡丹。有位年轻人十分着迷，以致安排朋友引诱僧人到处看花好能趁机偷走这棵植物。他们留下金子和茶叶以“补偿”偷盗行为，但牡丹再也没开过。对花的热恋也引起花卉养殖业的发展。一份文献提到买一株木兰花要花费 5000 钱。人们进行竞赛，看谁能养出最好的花卉，大族高门花大价钱购买那些被认为是最好的花。[40]

虽然大部分关于对花卉植物的热爱与相关行业的资料集中在长安，在武后统治时期她的神都洛阳成了牡丹花的培育中心。至少有一
113 则逸闻显示出牡丹热传到了南方。著名的官员兼哲学家韩愈一度要和侄子绝交，因为这个年轻人沉迷于赏花，但是当韩愈发现年轻人通过把颜料浇入牡丹的根部开发了养殖特别花色牡丹的技术后，决心再给他一次机会。考虑到韩愈的侄子在南方长大，这则逸事显示唐朝的牡丹热同样扩散到了这个区域。很可能在江都、杭州和苏州的南方市场上，人们也执迷于观赏牡丹，并为最好的牡丹付高价。[41]

城市的花园很茂盛。宫廷里辟有由专门受训过的官员为水果、蔬菜和医用药草生产而经营的园林。重要的政治人物和文人修建了私家花园，传奇逸事展示了花卉栽培成了一种生意。职业园丁受到高度尊敬，这种地位犹如刘禹锡所描述的：

（郭橐）驼业种树，凡长安豪家富人为观游及卖果者，皆争迎取养。[42]

此外，和现在一样，栽培花木和修整花园主要与城市中等阶层有

关。唐代城市居民，特别是那些能读会写的人，渴求城市缺少的“自然”，但喜欢的只是人造的景观。对于住在城市里的精英来说，“自然”始终和真正的自然环境有所区别。虽然君主、贵族和大宗教领袖通过设计大型风景园林来表达这种渴望，日子过得不错但并不真正富有的城市居民家庭，不得不满足于装饰了小丛灌木和盆栽花卉的更小的封闭庭院。[43] 因为空间有限，庭园主人集中精力于有美丽花朵的植物，并且努力培养出形状、色泽和香氛特异的花卉，在这方面，唐朝的牡丹热和 17 世纪荷兰的郁金香热极为相似。

唐朝城市的商业化

唐早期将贸易限定在官设市场，只有食物、饮料和娱乐消费例外。这是对人群的聚集和流动，特别是对夜间活动，加大控制策略的
一部分。[44] 里坊的门在宵禁时关闭，只有高官和寺院有自己通往坊外 114
街道的门。在 8 世纪中叶，里坊制崩溃的最早标志之一是有人因为在坊的外墙上打洞以获得通往主要街道的直接出口而受到处罚。到 831 年，负责治安的官员提到，每个人现在都在违反宵禁。官员宅第的外租允许人们在没有官方批准的情况下获得通街的出口。很多人，特别是士兵，在大街上开店铺，扩展了初唐允许小贩自由沿街叫卖的制度。正规的夜市也在都城涌现出来，如同在江都、番禺和其他省城。东市和皇城之间的坊成为城市中最繁忙的区域，有店铺和贸易行栈日夜开放，每晚灯火通明。[45]

除了凿开坊墙和扩大夜市贸易，唐朝都城居民也开始“蚕食”街道，在坊墙和交通繁忙的大街之间修筑建筑物。这是可能的，因为主要大街最狭窄处只有 24 米宽，而沿着城墙的街道超过 91 米宽，这还不算两边 3 米宽的排水沟。849 年一位负责都市治安的官员处罚了一名军官，他沿街修筑了 9 间屋子，这是关于控制越界建筑的努力的

最后记载。[46]

同时，专门的贸易区域开始在整个城市中涌现。西市附近的一个坊逐渐转变成珠宝商和金匠集中的区域，这些人后来成为钱庄老板。一个挨着北里的坊成为重要的乐器制造商中心。同一区域的其他街道旁出现了专业布店，还有更多的传统食品店。为了阻止商业化泛滥，一部帝国法令在 851 年颁布实施，要求恢复原来的官设市场，在过去不设市场的地方取缔所有市场。这一努力完全失败，只实行了两年就停止了。[47] 同时，里坊制和官设市场在 11 世纪就完全消失了，城市贸易沿着大街大规模开展起来，街边建筑物都成了商人住宅和商店。

115 比首都商业形态的变化更重要的是新城市中心的出现，这些城市的繁荣得益于沿大运河的大宗商品贸易（图 10）。在这背后是长途贸易的货品从奢侈品转向日常必需品。这种跨地域贩卖大米、木材以及全国各地特产商品的贸易改变了中国社会。中国农民遵循大地主的指挥，成为灵活的、利润导向的经济个体。在山区，他们为繁荣的造船业和扩建城市房屋建筑种植和加工木材。在农村，他们种植新鲜蔬菜水果以满足城市消费者的需要。此外，他们还压榨各种用来烹调、照明和防水的油，提炼和结晶糖，生产在村镇很畅销的麻和丝织品。随着印刷术的发展，纸张被大量生产出来，以满足图书和政府文件的需求，此外，纸还被用来制作灯罩、草纸甚至衣服。在贸易更发达的南方，人们专门种植经济作物并依靠巨大的跨地域市场来满足自己的日常饮食。甚至连农村生产所需的原料，如鱼塘
116 的鱼苗和养蚕用的桑叶，也被购入和加工，以成品的形式卖到其他地方。

所有这些贸易都要经过新崛起的城市。唐代最大贸易城市是江都，坐落在长江和邗沟交汇处。所有来自南方运往都城的商品都要经过江都。随着朝廷越来越依赖东南地区来满足自身的基本需求，这种

图10 敦煌壁画。车辆过桥，船只从桥下穿过

大规模贸易市场成为帝国的经济命脉。这里是盐、茶、木材、宝石、药品和包括铜器、丝绸和织锦等在内的手工业产品主要的水上转运中心。“安史之乱”后的食盐专卖使得当地更加富裕。城市人口从7世纪末的大约4万人上升到8世纪中叶的将近50万人。[48]

这座南方城市比北方都城更加不可能被法规限制。不仅建筑物伸展到大街上，如同在长安和洛阳那样，而且城区扩展出了城墙。修筑新的外墙以容纳从沿运河散布在平原上的老城市迁徙到南方的人。近年出土的墓志铭显示出很多坊位于城门之外，特别是在城东，唐朝文学作品证明大量的佛寺也在这一区域。838年访问江都的日本朝圣僧圆仁描述，在这些位于市外近郊的坊中有很多人经商。

不仅当地的市场在夜幕降临后继续开市，运河上大部分的水上交通在午夜时仍旧进行。一些唐代的诗文描述了江都夜市的情况以及夜晚阑珊的灯火。张祜（792—852）的诗中有一句显示，东西大道把市场和市场连在一起，穿过城市直至郊区。南北大道也是重要的商业街。有两条街沿着运河，展示了水运在城市布局方面的重要影响。考古发掘显示这些运河沿线排列着建筑物。826 年，因为运河过浅，盐
117 铁转运使修筑了一条环城运河，这样吃水深的运盐船就能更快地抵达北方。江都的城市运河从那之后就完全用于商业，运河两边是人行道和店铺，河上满是卖商品的小船。

长江以南很多位于贸易路线上的城市，规模逐渐增大，也变得越来越富裕。从江都过长江就是京口，李德裕形容它当时是“水国逾千里，风帆过万艘”。这里的“水国”是指环绕太湖的区域，唐朝后半期，太湖是帝国生产最发达的农业区和京口财富的重要来源。8 世纪中叶，作家韦坚提到，来自京口抵达都城的商船数量仅次于来自江都的船只。京口东南是苏州和杭州。白居易提到苏州人口甚至比江都更加稠密，其城坊比长安更活跃。诗人杜荀鹤在《送友游吴越》诗中这样称赞苏州和杭州夜市：

> 夜市桥边火，春风寺外船。[49]

另一位作者描述在杭州沿着运河有超过 3 万艘船，一字排开几乎有 15 公里长。[50]

黄河南岸的汴州也是商业中心，但由于战争的影响，还要供养一支规模庞大的军队，因此发展速度不如南方的城市。但在五代的半个世纪里，汴州成为两个政权的首都，而且成为北宋的都城（更名为开封）。四川成都的富有程度被认为仅次于江都，主要因为其手工业。它以出产高质量的纸和茶而闻名，但最出名的是织物。成都南面的锦官城是全国知名的，如同韦庄《怨王孙》诗云：

> 锦里蚕市，满街珠翠，千万红妆。玉蝉金雀，宝髻花簇鸣
> 118 珰，绣衣长。日斜归去人难见，青楼远，队队行云散。

这座城市也通过进口南诏的外来商品而繁荣。然而，与北方的贸易不得不穿越险阻的山口类似，沿长江而下的船只需要穿过有礁石的危险峡路，结果，大宗贸易不能像东南地区那样发达。[51]

税收与货币

除了改变城乡生活，唐朝贸易的发展还促使国家建立起了对国内商品交易征税的税关体系。8 世纪晚期主要藩镇的官员负责检查商人的货物，收取 20‰的税金。9 世纪在藩镇掌权的军阀把政府设在陆路和水路的关卡改为税卡。在农村地区出现了非官设市场，一个有权势的当地地主或商人通常奉命替政府收税，成为市场管理人。一些较大的农村市场最终因为收税的目的被置于政府监管之下。这些税收给藩镇提供了财政基础，藩镇逐渐发展成为唐帝国崩溃后分裂的五代十国政权。[52]

伴随着地域间贸易的增长，产生了跨越帝国的金融业务的需求。因此，在唐后期和宋朝之间，有证据表明发生了一场纸币革命，用有信用的纸券以及其他形式的纸质凭证来补充和替代作为现金的沉重的大串铜钱。在唐代初期，用于远距离转移和交换铜钱及货物的票据就已经出现。同时，纸币还被用作冥币，和其他用纸做的东西一起烧掉以送往冥界。[53]

生活中使用的纸币早期最重要的形式是“食券”，府兵可在家乡
用粮食交换食券，然后在其服役地用它买食物。在 8 世纪唐朝政府 119
创造了“飞钱”，商人在京城购买政府发放的凭证，把它们递交给各地方财政部门时，就可以拿到相等数额的钱。国家和商人都可借此避免携带大量铜钱的风险。唐朝后期的私营部门中也出现了大量票据工具，例如柜坊收取一定费用帮人存放钱币和金银，存钱的人可以凭借

柜坊开具的凭证领取他们的钱财。这些货币兑换商，还有金匠和银匠，发行有信用承诺的票据，这些票据的使用变得越来越像后来的纸币。

在 10 世纪，在中国分裂成很多独立政权后，地区经济的专门化迫使相互竞争的商人们继续在“国际化”的必需品贸易中合作。因为缺乏铜，几个政权用铅、铁甚至陶制币作为法定货币。为了防止其有限的铜供应枯竭，其他政权纷纷效仿，而且禁止铜的出口。这个时代的各个国家同时与其他政权展开贸易和战争，和 17 及 18 世纪的欧洲一样，出于战略目的以及为了防止贵金属和铜的净流出，君主们制定了重商主义和重视贵金属的政策。

取代铜钱的铅钱、铁钱和陶钱可以被当作原始的信托货币，意味着它们以协定和信任为基础，而不是铸币所用金属本身固有的价值。换句话说，它们的功能如同纸币，只不过它们是由常见金属和黏土制成。因此，纸币由宋朝政府于 1024 年在四川地区采用就不足为奇了。虽然铜继续作为基本的货币形式，但纸币和银票在中华帝国晚期经济史上开始扮演重要角色。[54]

大规模贸易引起中国社会的另一个重要转变是商业交易日益增长的复杂性和随之而来的新商业角色的出现。船商经纪人提供船只运输各种货物，成为主要水运线上的重要角色。商人或投资者雇用船长和船员来运货，大运河沿岸的船夫逐渐组成一个个大的社团，发展出了
120 自己的宗教信仰。随着储存水上运输的商品成为独立的行业，货栈管理者和他们手下的看守成了私人货栈的监管者，他们也负责管理沿运河建立的大型国家粮仓，这些粮仓在某些季节里储存着因为河水太浅而无法运出的粮食。

官方认可的经纪人（以前仅限于地产中介，负责记录和税收业务），成为每个市场的主要代理人，他们协调行商坐贾的活动。很多富有的商人雇用长期经纪人，他们有时像雇主的仆人，负责处理广泛

的金融事务。随着对商业经纪人的需求增长，他们有时能够积累大量属于自己的财富。虽然大多数商业上的新变化要到宋朝才全部完成，但它们首先出现在晚唐。[55]

第 5 章

乡村社会

121 8 世纪至 12 世纪，一场中世纪经济变革改变了中国社会。这场变革的顶点在宋朝，但最关键的改变始于唐代，到五代时就已经深刻地改变了中国人的生活。尽管这个时期的许多经济进步在大运河两岸的城市居民和商人身上表现得最为显著，但同时代的乡村社会也见证了许多具有变革意义的创新。这些变化包括土地所有制的改变、种植技术的改进、农业的商业化、地方城镇市场的成长、以远距离贸易为目的进行的作物生产。

土地占有的新形态

唐代早期试图推行继承自北周和隋王朝的均田制，将国有土地分配给农民使用，直到他们丧失劳动力。唐代政策试图将数量庞大的荒废土地转变为由流民或由依法令被迫迁移的农民来耕种的国有土地，这是将小规模的自耕农为国家提供税收和劳役的汉代理念进一步发扬光大，也是一系列类似尝试的最后一次。但是均田制从一开始就有其局限性。

均田制的第一个局限性在于，它只能在某些特定地区实施。在分裂时期，较早的北周和隋王朝只能在其统治的关中和西北地区实行 122
这一制度。唐政府希望进一步推广到东北部地区，但是对这个地区软弱无力的控制意味着这一制度从未被充分地实行过。“安史之乱”更是在整个北方结束了这一进程。均田制也很可能从未在长江流域实行过，因为叛乱后，国家在长江流域的收入大部分来自盐的专营和商业税，并非来自农户的税收。由于“安史之乱”从来没有侵扰到南方，一个现存的均田制被消灭，这种情况自然也就不可能发生。

均田制的第二个主要的局限性在于，法律上的例外构成了对其宣称的平等口号的嘲笑。唐初的法律改革急剧地减少了授予个体农户的土地数量，主要因为在决定授予时没有将妇女、奴隶、牲口纳入统计。与此同时，另一些人群却获得了大片充足的土地，而且获得原因与这些家庭中成年男性的数量无关。佛教寺院和道教宫观拥有大量土地，政府官员们按品秩获得相应面积的土地，并且从指定的用于给付薪水的国家土地中获得收入。考虑到唐代官员数量之庞大，尤其是武后统治之后，因此授予官员土地以及用于支付他们薪水的土地总量是非常可观的。另外，国家常常将土地作为礼物赏赐给宗教机构和政府官员。

另一群被授予土地的人是府兵及其家庭。和官员家庭一样，大部分的府兵家庭集中在关中地区。结果，在政府有能力实施一个真正“平均”制度的地区，本来可以授予农户的一大部分土地被排除于分配之外。最终，国家储备了大片灌溉良好并且丰产的农业土地以提供和支付给部队驻军，同时也是当地政府的收入来源。用于为军队饲养马匹的草场也被排除于分配之外。[1]

均田制第三个主要的局限性在于，政府认可了占有大批土地的庄园的存在，这些庄园建立于南北朝、隋朝和唐朝初期，属于宫中显

贵、地方地主、有钱商人、主要的佛教寺院以及道教宫观。道观拥有
123 的庄园数量不如前几个。尽管王朝初年庄园的规模和数量很难评估，但它们常常出现在历史文献中，这表明在均田制推行的时期，相当多的土地，特别是首都周围的土地，都与这些庄园关系密切。

当个人开始买卖表面上属于国家的土地时，问题就变得更糟了。禁止土地兼并的法令再三颁布，但是它们的效力值得怀疑。于“安史之乱”之前10年撰写的文书清楚表明了这一点：

> 王公百官及富豪之家，比置庄田，恣行吞并，莫惧章程。借荒者皆有熟田，因之侵夺；置牧者惟指山谷，不限多少。爰及口分永业，违法卖买，或改籍书，或云典贴，致令百姓，无处安置。[2]

虽然这些话语带有夸张和俗套的成分，但多少透露出了农村的真实情况。

随着大庄园的发展，农户连同他们的税收和劳役，从国家记录中消失了。正如上面引文中指出的，地主为了扩张占有土地，有时从当地记录中删除佃户以掩饰土地的非法转移。来自地主的压力和逃避国家强制的税收劳役负担的愿望，驱使这些“流失的”农户卖掉他们的田地。与汉代类似，唐代的佃户隐匿在有钱地主家里要比成为帝国合法人口过得更好。另外小规模的农户也从北方乡间流失了，地主们在新工具和畜力方面的投资使他们用较少的人力耕种更多的田地，于是他们赶走了这些多余的农民。一些农民在城市中沦为贫困的乞丐，但许多迁移到南方开辟新的土地，那里是初唐正在开展的地区。

农民流失的问题变得如此严重，以至于一些特别长官被委以要务，查出这些农民并且授予他们土地，有时还提供临时税收减免，以
124 使他们登记入籍。这些官员中最被人所熟知的是宇文融。723年，他与众多官员一起，将80万农民重新归入政府名册，这个数字显示出流失人口的规模。更进一步地寻觅流失农户的措施继续着，一直到

“安史之乱”。[3]

因此，从王朝之初起，均田制下国有土地就与大量私有土地共存，而且后者的规模可能还超过了前者。尽管8世纪第一个10年中“流失的”农户对新土地的开发相当程度上掩饰了土地私有化的增长，随着时间的推移，国家将土地授予官员和寺院的做法、通过贸易和种植经济作物而致富的地主大量购买土地，以及南方新土地的开垦，都以牺牲国有土地为代价，使私有土地的比例稳步上升。随着府兵的衰落和节度使开始承担养军的责任，以前由国家所有土地承担的一些主要职责在重要性上下降了。均田制在“安史之乱”后完全崩溃，其原因在于名册的破坏，半独立的统治势力对东北部地区的控制，以及由于忠诚的节度使将其辖区的所有收入都用于军队开支，从而导致来自黄河中游区域收入的丧失。

均田制的崩溃和私有土地的集中并非完全有损于帝国的利益。大庄园的发展促进了新兴家族的崛起，他们利用财富的积累在当地建立起自己的势力和影响力，并以此为基础获得政治权力。历史和文学逸事中讲述了背景卑贱的人如何拥有“首都以南鳞次栉比的肥沃田地”，或者洛阳附近的一个暴发户如何拥有“百万资金和众多地产”[4]，这些新的家族对武则天政权和随后的许多统治者是极为重要的。

更为重要的是，大庄园的出现与新农业技术和长距离贸易的发展之间有着清晰的联系，后两者的发展提高了许多人的生活水准，也增加了国家的税款。需要较多资金支持的最重要的技术之一是面粉的碾磨。唐代见证了碾磨产品消耗量的增加，尤其是北方的小麦和南方的西米，此外还有南部的作物，其白色种子被称为“薏苡”，正如韦庄 125
所描写的：

> 米惭无薏苡，面喜有桄榔。

街道摊贩和小店铺中卖的胡饼和油酥点心在首都和北方城市特别

受欢迎，而且对面食的爱好蔓延到了整个帝国。[5]

随着对这种产品需求的增加，比较富有的地主可以投入相当多的农地生产小麦，在城市市场中销售，而不必冒万一庄稼歉收而影响其家庭生计的危险。拥有充裕资金的他们建立并使用自己的水力磨坊，从而为市场生产面粉。新的碾磨技术曾为南北朝时期的佛教寺院和一些世俗的地主带来好处，但在唐代，为数众多的亲王、贵族、高官、佛寺道观和商人为了盈利开始使用或租借磨坊。在武则天逊位与玄宗皇帝上台之间的这段时间，由太平公主支配着朝廷，她为了控制水力磨坊而与佛教寺院展开了持续的斗争。[6]

将水力用于给磨坊提供动力的这种转向，降低了可使用的灌溉水量。在 777 年农民们组织了一场请愿，要求首都地区的主要官员毁掉邻近地区的所有磨坊，包括那些属于公主和在平定“安史之乱”过程中战功赫赫的将领郭子仪的磨坊。有时国家发布命令拆除磨坊，但这些行动很少有持久的作用。面粉供应的减少只是抬高了其价格，使得建造和使用新磨坊更为有利可图。国家自身也从每家磨坊的税收中获利，并不愿将其长时间关闭。从长远来看，当权者和富人对利润的追求比农民基本的生存需求更受重视。[7]

富裕家族和寺院所拥有的大片土地在唐代被组织成为一种新式庄园，这种庄园主要在南朝出现并逐渐蔓延至北方。其原型可以从 5 世
126 纪早期的孔灵符的庄园一窥全貌：“灵符家本丰，产业甚广，又于永兴立墅，周回三十三里，水陆地二百六十五顷，含带二山，又有果园九处。”[8] 尽管在某些方面与汉代望族的庄园相似，但孔灵符的庄园在一些重要方面有所不同。第一，随着越来越多的庄园在潮湿的南方出现，庄园内出现了丰富的水域。第二，山景的重要性，其审美价值在南朝变得非常有鉴赏意义。第三，庄园内有丰富多样的果树。虽然自汉代以来就有在庄园中建果园的传统，但在唐代之前的分裂时期，种植果树比生产日常主要谷物更受欢迎，因为可以从水果的买卖中获得

更多利润。

唐代的庄园有许多特性与前几个世纪相同，但它们在主要方面也有区别，“安史之乱”后差异更为明显。早期庄园一般由一个单一、统一的土地和园中之物组成。甚至在几代人已经把家族财产分割为好几份之后，这些更小的庄园仍旧是毗邻的，这种相邻便利了亲属的共同活动。相比之下，唐代的庄园更为分散，由一些距离主人住宅 50 或 60 公里的小块土地组成。在极端的例子中，一个家庭的田地散布在一个地区的许多地点。这段时期的文献包含这样的记录：富有的个人拥有“十几座”或“众多的”庄园。无论哪里，只要有机会，野心勃勃的大地主，有时甚至是中等地主，就会在那里取得田地和果园。只有那些地产相对较少的小地主们才会只有一块土地。

中等地主陆龟蒙就是一个例子。在距离南方城市苏州以东 23 公里的地方，他拥有一个不到 25 顷的小农场。但是他还有一块坡地坐落在城西 11 公里处，用来种植树木，160 公里外还有一片茶园。[9] 陆龟蒙的这三块土地中各自有不同的经济用途。茶叶和木材无疑作为商品出售，从贸易中获得收入，以购买他的地产所不能提供的商品和食品。他实际上分散开来的庄园只有在账目上统一起来。分散庄园的倾向既由农业商品化引起，同时也促进了农业商品化的进一步增长。相较于在单一农场生产各种作物来满足不同需求，唐代的地主们更倾 127
向于在几个分散的地点生产各种产品出售，所有的这些产品都必然地与农业商品市场相联系。不过，陆龟蒙仅仅拥有三块土地，每一块种植不同作物，在首都的那些真正有钱的大地主则拥有多得多的土地。

寺院的土地也被分散为几个部分。某座寺院的一块石碑碑文现在保存在陕西，其中列举了寺院对“或大或小的七处庄园”的所有权，此外还有一片林地和一些未开发的坡地。日本僧侣圆仁在他的旅行日记中描述了他为了休息喝茶，在山东醴泉寺的果园中逗留。寺院长约 1.1 公里，“寺舍破落，不多净吃。圣迹陵夷，无人修治。寺庄园十五所，于今不少。僧徒本有百来僧，如今随缘散去。现住寺者，三十向上也”。即使在其严重衰落时，寺院仍然拥有少量财产。[10]

随着时间的推移，庄园中的每一片土地渐渐成为独立运作的小庄园。一个关于前丞相崔群的逸闻表明了每个“庄园”都被假定为不同的商业经营组织：“崔群元和自中书舍人知贡举。夫人李氏因暇，尝劝树庄田，以为子孙之业。笑曰：‘予有三十所美庄良田，遍在天下，夫人何忧？’夫人曰：‘不闻君有此业。’群曰：‘吾前岁放春榜三十人，岂非良田耶？’”[11]

唐代晚期的庄园与较早时期的庄园之间的一个重要区别在于佃农的合法地位。唐代的法令将人群分为三个等级：位于等级制度上层的自由人（包括官员家族和平民）、位于底层的奴婢和位于中间层的部曲。“部曲”是一个自汉代末期使用的词语，意指兵士，后指私人军队中的士兵。到唐早期，“部曲”或“奴婢”是指一部分底层人民的法律用语，这些人世代为依附于大族的佃户。在晚唐的某个时期“部曲”这个词消失了，取而代之的是各式各样的佃农。在随后的宋代，
128 一些农民在法律上仍然对富有的地主承担义务，即使在一些情况下这些富有的地主有属于自己的财产甚至是佃农。虽然农民与地主的关系在唐代及其后不停变动，一种在法律上明确规定的底层人民类别的消失，反映了农民社会地位的某种形式的重要改善。[12]

唐代的庄园，如同它在更早时候的前身一样，已不仅仅是财富的来源，而且还是审美和文学描述的对象。谢灵运和其他诗人关于南北朝庄园所作的山水诗，沿袭了描写皇家苑囿的更古老的模式，把庄园看作综合性的空间整体。然而，有关唐代新庄园的诗篇，模仿了唐代庄园分散的特色，摹写了庄园自身的不同组成部分。一个典型的例子是写于 8 世纪前半叶的《辋川集》，这是由王维和他的朋友裴迪共同创作的一组五言绝句（四行诗文，每行有五字节）。两人以一种全新的诗体，以辋川庄园中 20 个场所的名字为题创作了这组诗：

《斤竹岭》

檀栾映空曲，青翠漾涟漪。
暗入商山路，樵人不可知。

《临湖亭》

轻舸迎上客，悠悠湖上来。
当轩对尊酒，四面芙蓉开。

《金屑泉》

日饮金屑泉，少当千余岁。
翠凤翊文螭，羽节朝玉帝。

这组诗将读者引入胜景的旅途，进入一个个引人入胜的新境界，很容易让人联想到王维早期创作的著名风景诗。这个艺术形式十分成 129
功，以至于启发了8世纪后半叶许多相关主题的绝句诗。[13]到庄园或花园游玩并以之命名诗篇，这种文学形式成为中华帝国后期风景欣赏的标准模式。

农业技术

唐代见证了农业技术几项主要革新，这些革新主要发生在长江流域，帮助增加了粮食产量，降低了歉收的概率。第一个进步在于种子和土壤的准备。汉代开创了将种子浸泡于富含矿物质的浓缩溶液中，然后播种于经过特别准备的苗床以保持湿度的备种方式。到《齐民要术》写作的6世纪，那样的备种方式已成为一个繁复的过程。浸泡种子时还要加入其他的物质以保护其不受虫子和疫病的侵害。例如，用盐和砷作为杀虫剂分别加入了甜瓜种子和小麦种子。到唐朝后期，中国南方的地主们将水稻种子浸泡在煮沸的动物骨头的溶液里，有时还混入蚕沙或羊粪，然后将谷粒种入特殊的苗床，苗床经过反复地深耕以使土壤松散。接着，在春天开始时，苗床被覆盖上草木灰并用犁来回翻耕好几次，之后再用动物或人的粪便和腐烂的麻秆在上面施肥。用这种方式准备田地，年复一年地生产相同的主食谷物，中国的地主们实际上逐渐提高了土壤的肥力，同时还降低了虫子和疫病的威胁。[14]

除了采取新的备种方法外，唐代农民还使用新的肥料。晚唐及进入北宋以后，有机动物粪肥成为南方主要的肥料，地主们开始在他们的住所附近建立砖砌的粪池用以储存这种宝贵的产品。动物粪肥的可利用性与越来越频繁地使用役畜犁地紧密相关。地主陆龟蒙指出，牛栏能产生很多效益，可以同时圈养大量的牛，从中可以很容易地提取
130 肥料。按照每头牛每年 25 立方米粪肥的比率，陆龟蒙拥有的十几头牛可以满足他的大部分肥料需要。如果超出了自己的需要，地主们就将多余的部分作为商品出售。[15]

这个时期贩卖人的粪便成为一项重要的商业活动，商人们开始专门在城市收集人的粪便卖到乡村。尽管将人粪作为肥料可能源自古代（这个问题不容易弄清楚，因为这个词没有将人和动物的排泄物区分开来），第一次有关这个问题的明确记载来自晚唐。河底富含营养物质的淤泥，在唐代成为另一种重要的肥料，这些泥土在南方是很多的，也有些地方用石灰作肥料。南北朝时期的地主们引进了绿肥，最为显著的例子是含氮的豆子。绿肥是用植物制造的肥料，种植这种植物的目的，就是用于犁入土壤中以提高土地的肥力，并能够更有效地发挥作用。这种方法延续到了唐代，并且生产绿肥的植物的种类更为多样化。蚕沙、淘米水和煮米水以及其他有机液体也被用作肥料，尽管它们主要用于种植前的种子浸泡。[16]

另一个主要的革新是效率更高的犁和挽具被普遍使用于耕地。在 2 世纪，中国就已经发展出一种三到四头牛拉的犁，它能够将北方中国的干旱土地翻转，从而形成深的犁沟。虽然这种技术在南朝时就已

经为人们所知晓，但在唐代之前用牛拉犁在长江流域仍是稀少的。其原因与以下一些因素有关：已经开发的农地有限、定居南方的北方家族的技术保守主义或过分节俭、战争的频繁和多山的地貌带来的障碍。陆龟蒙和几位和尚提到，直到 8 世纪和 9 世纪一种新式犁的引进，用牛拉犁在南方才变得平常。这个进步促使这个区域成为粮食生产的中心和帝国经济的支柱。[17]

新式犁的一个关键特性是它可以在多种多样的土壤条件下使用，这得益于一个设备——犁铧，耕作者用它就可以根据自己的意愿改变犁沟深度。这种深度挖掘的能力可以削掉灌木和野草的根，在新的土地用于种植栽培之前这些植物的根必须被清除掉。这在长江中 131
下游是尤其重要的，那里仍然有未开发的土地。无论是新近排干积水的土地还是稻田的泥泞的重质土，或者是海岸或河岸地区多沙的土壤，可调节深度的特性使得这种犁很有效率。在南方开垦泥土比起开垦坚硬干旱的土壤需要的拉力要少，一头牛或者一头水牛就足够了，并不需要北方惯常的三或四头牛。不过，南方最普遍的情况是使用两头牛。在整个中华帝国晚期的历史上，这种形态的犁维持了优势主导地位。[18]

为了更有效地牵引，新式犁需要在挽具上进行重要革新。以前将犁与牛轭相连的长直辕不得不被短一些的辕所替代，尽管它们并没有后来的那样短。这个辕没有连接在牛轭上，而是连接在牛背后枢轴转动的横木上（称为犁衡）。伸向牛两侧的绳索连接了牛轭的金属棒。牛轭本身有明显的弯曲，分别安置在每头牛的脖子上，然后用一个喉带紧紧固定于正确的位置。这样的整体装备有许多好处：第一，可以视土壤的类型和地貌，给多头牲畜套上挽具；第二，由于挽具并不滑落、擦痛或夹住牛的喉咙，牛可以不费力地牵拉；第三，较短的辕不仅大大地降低了重量，而且给牛和犁一个更陡的转动半径，这使犁地者可以在任何形状和大小的田地上转换方向或更为灵便地操作。这种新的操控性对于小块、不规则形状的稻田和倾斜的田地特别重要，在那里一头牛就可以拉着犁在陡峭的斜坡上上下。于是农业不再受限于像北方那样的平原或者松散土壤的地形，而是可以扩展到大部分中国南方的丘陵地貌。虽然直到16世纪引进美洲粮食作物之前，坡地并不能充分地开发农业，新式犁耕设备将一些多山地区第一次带入了系统的耕作之中。

新式犁最重要的贡献是极大地改善了在南方稻田的预备工作，其目标是在田地的表面形成一个含水的泥层，其下形成紧密的硬土层以
132 防水渗入地下。这需要农夫们牵着牛（或者是更为常见的水牛）在田地上来回往返，这样常常造成不规则的地表。当犁逐渐地翻动了上层土壤的时候，牛的蹄子压紧硬土层，使液体更难渗透。接着，用圆盘耙对泥土进行一次平整，使得水稻更易种植。与旱地不同，每年对南部稻田的犁耕提高了它的产量。[19]

旱地被开垦过之后，用牛拉的耙开始发挥作用，它将残余的土壤泥块打碎并且平整土地。在9世纪，长江三角洲地区的农民们发明了一种新式的深齿的耙，操作起来要比以前的耙更有效率。如同带或不带尖钉的木碾一样，石碾也被用于旱地。在中国北方，旧式的汉代犁结合了一种新式播种工具从而提高了种植效率。及至宋代，这种设备已经发展到可以同时挖出四个犁沟并于其中播种。它与一个容器相连，种植的时候，这种容器可以自动地用过筛过的粪肥和蚕沙给种子施肥。通过这种方法，虽然没有达到南方的程度，但至少也提高了北方旱地的产量。[20]唐代长江流域劳动力的相对缺乏为将役畜普遍地用于耕种创造了理想条件。不过一旦这个地区的人口变得极密集，劳动力的成本骤然下跌，使用役畜的经济效益也就不复存在了。在明清时期，南方农业中牛的使用逐渐下降了。[21]

在使用新的备种方式、新的肥料和新的农具之外，唐代的另一项主要革新是植物新品种的引进，这使得复种成为可能。尽管直到宋代

之前一年中两季或更多季的收获还很罕见，但中唐时中国的许多地区两年三熟已是普遍的了。在北方地区，这是由夏小米、冬小麦，然后又是夏小米的更替种植完成的。在南方地区，这是由三季稻构成的。此外，蔬菜和豆类与主要谷物间隔种植，既为厨房提供了更多品种，又使得土壤能够保持肥力。

唐代后期和宋代稻种的范围有所增加，伴随着更为优良的品种，使多熟种植更为容易。其中最为著名的是来自越南的占城稻，它于10 世纪首次被引进到中国，并且于 11 世纪在宋真宗的谕旨下被广泛
接纳。真宗于 1012 年从边远的东南地区福建得到了这个品种并将其 133
推广到长江下游。这种水稻谷蛋白含量低，但有着不寻常的抗旱能力，比中国以往的品种成熟得快，与谷蛋白含量高的稻相比，更容易在贫瘠的土壤中成长。其缺点是每株的产量较低，口感差，而且不易储存。唐代的农民们最初可能将其作为一种抗旱的保障性作物来种植。此时长江下游的农民已经将他们的稻米分为早熟种和晚熟种，但是占城稻这种真正早熟的品种在唐代并没有被经常种植。

然而，经过选择性杂交，在几十年中农民们创造出许多稻米的新品种，这些新品种结合并提高了旧有品种的优点。到 12 世纪为止，数十种稻米可供种植，其中大多数源自占城稻，而中唐之前常见的品种都消失了。一种复杂的、类型多样的种植模式逐渐遍及了中国南方，它经过细致的改良以适应每个地区不同的土壤、气候环境和经济条件。早熟稻和晚熟稻的结合使得劳作在一年中更均等地展开，降低了季节性失业和来自恶劣天气的风险：如果一种作物歉收了，接着的那种仍旧可以挽救。[22]

长江下游的农民们将诸如小麦、小米和大麦等谷物引进南方更为干燥的地区，从而更进一步增加了他们的生产能力。小麦向南方的移植开始于分裂时期，但是只有到了唐代才变得重要。到宋代它已经改变了南方的经济。在杨毅写于 10 世纪晚期的文章中，叙述了长江流

域某个地区的人们是如何经历了稻田歉收而生存的，因为春天充沛的雨水使得小麦和小米获得了丰收。在南方的某些地区，宋代的地主将他们的租金仅仅建立于稻米产量上，小麦的收成则完全用于供给佃户的生计。然而，在同一片田地上将水稻与小麦交替种植需要花费大量劳力，因为在种植小麦之前必须将稻田中的水彻底排干。许多地主试图不采取这种轮作，他们认为这样会减低田地的产量，也降低了田地上耕作的农民的生产力。[23]

虽然从育种到复种的一系列农业技术的改良对中国中世纪经济变
134 革下的生产力提高非常重要，唐代最重要的成就是灌溉方面更好的水力调控、防洪和土地的排水。在北方，运河沿地势将来自黄河支流的水带到了更远处下游的农耕地。在运河灌溉不能达到的广大地区，水必须从深井里提取。初夏的时候，黄河水位经常降低，那时农作物需要水来灌溉，同时也需要大而坚实的堤堰来遏制潜在的洪水，这些洪水来自 7 月末和 8 月不定期的大雨。无论是黄河的堤堰还是其支流的灌溉渠道都是由国家建设并维护的。

与之相反，在南方水力控制主要是富有地主们的责任。其艰巨的任务是排去沼泽低地的水以供农业使用，通过使用水坝和堤堰管理来自山川溪流的水。在黄河和长江之间的淮水和泗水流域，通过给河流筑堤形成了大型水库，水流通过泄洪道被释放到沟渠，再被导向田地。另一方面，在长江流域，土地或平坦及多沼泽，或是多山地貌。不论何种情况，水会被集中（或者在山中转向或者在低地排水）到有钱的个别家族或者几十户人的小群体所建造的人造水塘或蓄水池中。这种蓄水池也曾在汉代使用，但是在唐代被普遍利用。[24]

唐代新农地开发最多的区域是位于太湖和洞庭湖周围的湿地。开垦这片土地的关键技术是“圩”田（虽然“围田”和“柜田”采用了相似的方法）。人们建造了很大的一圈堤堰来阻挡水，水的高度超过了它们围绕的田地，堤上的水闸控制流入灌溉田地的水量。圩田也许在先秦时期就存在了，但是它们似乎只在唐代被广泛使用。这样从湖泊和河流中开发的土地面积在 9 世纪和 10 世纪有了极大的增长，到了 12 世纪，圩田已经遍布了整个长江三角洲。这代表了技术上的重大进展，大量的闸门能够在需要的时间里精确地释放需要的水量。圩田中有一些是由政府资助开垦的，其周长达到 45 公里，但是大多数 135
规模较小，并且属于私人地主。

如果土壤过于潮湿以至于不能被排干，农民们就建造“架田”，这是被泥土和水中的植物（通常是菰）所覆盖的流动木架。种子被种植在木架顶端的土壤中，随着水面上升下降，据称这样不会受到洪水泛滥的困扰。郭璞在作于 4 世纪早期的《江赋》中描述了这样的田地：

> 标之以翠翳，泛之以游菰。
> 播匪艺之芒种，挺自然之嘉蔬。

虽然关于梯田的清晰记载直到宋代才出现，但在一些唐诗中提到了似乎是灌溉梯田的情况。[25]

在多山的区域，农民们建造了蓄水池储存降水，并改变溪流的流向以浇灌他们的田地。聚集水的石坝在唐代被引进福建省的高山峡谷，它们最终遍布南方的山坡地。除了根据不同的地理环境改良堤堰和土地灌溉方法外，唐代的水利设施还包括沿着主要湖海岸边修建的起保护作用的堤岸。于是，唐代成为中国历史上长江下游地区洪涝问题最少的朝代。[26]

这些新技术和原有技术更为广泛传播的结果，就是中国南方可耕土地的数量和其产量的巨幅增长。太湖和洞庭湖周边的土地均可用于耕种，而且其范围更进一步向南边和西边扩展。苏州周围的地区，在南朝时大部分仍未开发，此时已成为农业生产的一个中心。多山的福建也被开发了。不仅这些灌溉工程的数量和分布比之前更为可观，而且私人工程的规模也比之前大得多。[27]

排水和灌溉都得益于一些设备的引进，它们可以帮助引水，其中
136 最简单的是戽水车。戽水车有一个水轮，在轮周处绑有竹管，当底部浸入水中时，底部的竹管就装满水，当轮周转动，装满水的竹管到达顶端时，水就会从竹管里倾出，流入连接戽水车的木槽里。戽水车只有在山地才能发挥作用，那里的溪水能够以足够的水流速度推动轮子。在别处，农民们依靠活动性和适应性更强的脚踏龙骨水车，它以人（或者有时为役畜）的力量来转动轮子，将竹管或托盘从溪流或池塘带入渡槽。所有的这些设备都是唐代发展起来的，虽然它们直到10世纪才被广泛地用于农业。[28]

唐代雕版印刷术的发展也对农业革新做出了主要贡献，印刷的农书有助于新的农业技术在受过良好教育的土地所有者中传播。唐政府制作了第一本印刷的农业手册，后来宋朝资助印制了《齐民要术》和《四时纂要》，是到那个时代为止最重要的两本农书。较新的农书也被写作出来，在宋代还给它们配上了插图。地方官员给他们附近的农民们分发较简短的手册，通常配有插图，以便宣传最新的农业技术。[29]

这些手册主要对文化修养高、生活富足、在“安史之乱”之后发展起来的众多大庄园主有好处。在这些庄园中农业生产的规模鼓励了地主积极进行实验，他们也能够积累资金从而引进新技术。于是，尽管中国历史学家倾向于将唐代的土地集中描述为一种消极的发展，但很可能正是这种集中使得开始于晚唐结束于宋代的巨大农业变革成为可能。

长途贸易和商业化

9世纪后，农业生产不断扩大的市场使农民们放弃了自给自足的想法，他们集中精力于某个地区长势最好的庄稼，以使产量增加到最

大限度。这种对更高产量的追求使劳动力和资金方面都有了可观的增长。对于新出现的庄园而言这尤为真实，它们拥有充足的资金和分布广泛的土地，因此比不得不为自己生存而操心的个体农户更适合于商 137
业生产。[30]

市场的专业化在南方达到了顶峰，诸如水果、茶叶和糖之类非粮食作物的生产在唐代后半期成为可观的经济活动。没有任何地方的专业化能够超过福建，它生产了众多的产品用于在中国的其他省份销售，也用大量土地生产荔枝和橘子以对外出口。其他地区则集中于高蛋白大米（用于米酒）、甘蔗、农场养殖鱼、木材、纸张和漆的生产。

地区的专业化通过来自帝国其他地区食品谷物的平衡流动而得以维持。到 12 世纪，福建的沿海县和太湖周边的橘子产地都要依靠来自长江三角洲的稻米输入。[31] 谷物的大量运输反过来要依靠中国水路交通网络在运输能力方面的巨大进步，尽管兼有商品运输和政府信息传递功能的陆路也是必不可少的。唐和宋政府都努力维持并改进帝国的主要陆路通道，改善那些因为贸易运输的增加而遭受严重破坏的夯土路。在 8 世纪时，对连接广东和江西的道路关隘进行了重要修补，增强了商业运输的承载力。唐代政府也在车辆进出四川的木制桥梁和栈道的维护上花费了大量的金钱和精力，因为森林持续减少，这个任务的难度越来越大。在唐代后期，主要道路的交通网扩展到了南方，福建、湖南和江西更为便利地联结在一起。到了宋代，曾经孤立的边陲小镇也成了重要的商业中心。[32]

官方的道路体系有助于传达帝国各地的天气、干旱和同一商品在不同地区的价格等信息。这样就进一步推进了中国农业的商业化和区域专业化程度的提高。在 8 世纪晚期，使用政府传驿系统来采集商业信息的官员们被描绘如下：“他定期花费大量金钱以雇用送信人，建立驿站以互相联系，其任务是观察和报告各处商品的价格。所有的消 138

息从遥远的地方到达当局只需几天时间。控制商品价格的力量完全掌握在他的手中。”

“安史之乱”后，东北部地区半独立的节度使和南方地方长官开始继续在首都设立进奏院。通过进奏院，信息、指令和请求就可以双向传递了。这些办事处的负责官员私下复制出重要的政府文件，并发送到他们各省的主子手中，这些文件既有涉及有关地区的，也有涉及整个帝国的。这种做法逐渐发展出了宋代政府发行的官方公报（邸报），也就是世界上第一份“国家的”报纸。同时，这些信息交流的途径也方便了纸币的流通。[33]

不过真正改变唐代及随后朝代的中国的是大规模的、以水运为基础的商业运输业。从事运输的通常是船只数量超过 300 的巨大船队，它们沿着大运河航行，不仅仅给首都而且还给西北的边境地区提供给养。7 世纪末，一位观察家宣称，在全中国每一条适于航行的河流中都可以发现商业船只。一个半世纪以后，李潮写到，东南部的郡县都不乏水路运输，全国的贸易都依赖船只。他还描述了在诸如三峡那样的危险地带，当地的船夫是如何发展出躲避浅滩和礁石的技术的。在 10 世纪和 11 世纪，新式运河船闸的发明使这种发展更进了一步，这样船只就可以在没有当地劳工的帮助下，完全回避掉危险的水路。这种可以安全穿越以往难以通过的河段的能力，将中国断开的航道整合在一起，这样在晚唐和宋之间，一个广阔的帝国市场就出现了。

根据水上航道的不同特点，内河船舶使用帆、篙、拖缆、橹或长短桨。明轮船在港口作为拖船使用。大部分船只由船家掌握，正如诗中描写的那样，行商的家就是他们的船。小船附属于大型船队，从事定期的联合行动。赞助个人探险活动的伙伴关系出现于晚唐，到宋代
139 发展成为复杂的投资形式，众多有一定财产的人共同投资雇用一名管理人员，并赞助个别船只甚至整个船队。一种负责组织这种船队的新

式专家出现了。与此同时，中间商在大的河流及运河沿岸的城镇建立了仓库，在那里他们买进并储存船只带来的货物。他们也和船长及船队协商以携带商人的货物，并以其对船主的了解和船运方面的专业知识从商人那里获得酬金。[34]

唐代区域间贸易的基础是地方城镇市场的网络系统，这使得农民们将他们的产品带入商业流通领域并且可以购买必需的商品。在唐代早期的法规下，市场必须设在行政中心（等级最低的是县），因为更小的地方没有官员来收税，保证重量和数量的准确，核查商品的质量并且管理价格。然而，地区首府距离太远，所以对于大多数农民而言经常去最近的官方市场是不可能的。

因此，从唐代早期开始，有了定期的乡村市场，北方称为“草市”，南方称为“墟市”，其重要特征是它们的暂时性。这些短暂的市集的产生缘于农村社会的需要，不受政府控制。人们在便利的场所聚集，建造稻草的棚屋，与其他生产者交易，然后分散，留下空荡荡的场所，这也是它们名字的由来。宋代的资料表明，市场按照一个固定的日程表运作，在唐代可能也是如此。最大的可能性是，地方商人开始按照这个日程表安排行程，这样他们就可以将商品从一个临时的市场移动到另一个市场。他们还提供娱乐消遣的机会，这使农民们原本枯燥无味的生活变得富有生气。[35]

这些周期性的市场逐渐发展成永久性的固定市场。它们中许多出现在路口、桥梁和渡津处。另外一些则在寺庙周围或重要的庄园附近，有时还伴随有乡村集市。还有些出现于为旅途中的商人提供服务的小旅馆或者路边商店的周边。除了提供食物和住处之外，这些固定市场还提供保管货物或看管牲畜的服务，有时还出租马或骡子。它们中的一些还受到那些旅途中定期停留于此的商人们委托，为他们出售
商品。由于沿着所有主要运输线路而建，这些固定市场同时吸引了旅 140
程中的商人和附近的农民，他们可以与对方交换商品。[36]

唐代乡村市场的贸易状况只有通过将宋代的资料往前推，才能做初步的推测。当地的农民大概带来谷物、蔬菜和家畜进行交换，交换对象或是其他地区生产者提供的鱼、木柴或炭，或是那些当地不能生产而由商人们带来的商品，例如盐、茶、腌制食品、一些工具，或是可作为副业的手工艺品制造所需的材料。如果商人沿着固定的路线移动，那他们不仅将各地的市场相互联结起来，还将他们自身与作为更高层次的商业中心的城市联结起来，这些城市有时在城墙外开设定期的市场。于是，晚唐的市场网络就成了代表中华帝国晚期地理格局的初期形式，即由城镇、小城市和大城市组成的遍布全国且层次分明的复杂体系。[37]

在一些地区，间隔很长时间会举行大致与西方集市类似的特殊市集。因为经常于重要的宗教节日时在当地寺庙举办，于是被称为庙市或庙会。庙宇和寺院为中国人提供了新的公共空间，并且通过引进与宗教相关的新节日改变了中国人的传统日历。由于与节日相联系，因此对于当地的艺人，包括杂耍者、说书者、卖唱者、卖艺者来说，庙市非常重要。除了庙市之外，还有一些一年一次的买卖特殊商品的市集，最出名的在四川。例如，为了给军队购买马匹，政府组织了马市，还有药市和蚕市，这些组成了一系列的当地集市，在四川的 15 个市镇举行。[38]

在许多省份，尤其是北方，当地的节度使鼓励新市镇的成长，不同于已经建立的县和州，市镇不受帝国朝廷的管理，因此节度使可以很容易地指定新市镇。在唐代晚期、五代和宋代早期，许多这样的市镇常常被称为“军镇”，成了重要的市场中心，地方长官在那里征收贸易税。[39] 因此，市镇不仅对乡村社会商业活动的逐渐增长做出了贡献，而且对政府从以农业作为收入来源向以商业作为收入来源的财政转变做出了贡献。

茶叶和糖 141

虽然唐代最重要的商业作物仍然是稻米，但这个朝代非粮食的“消遣”食品的出现也是值得注意的。这些食品对于农民的生计而言并没有贡献，但它们被卖到城市以满足城市消费者日益增长的需求。它们伴随着新的消费方式或潮流一起出现，人们以此定义自己的身份以及所属的社会群体。这些非粮食的“消遣”食品中最重要的是茶叶和糖。

茶是唯一一种起源于中国并在世界范围内流行的作物。茶树种植首先出现于中国，这已经形成了广泛的认同，并且一般认为中国是第一个加工和浸泡茶叶作为饮品的国家。除此之外，因为不断变换的名称，饮茶的早期历史是很难追溯的，最初这种植物的名称还同时被用来称呼几种带苦味的蔬菜，并且药用茶叶的术语也在变化。清代学者顾炎武通过研究石碑碑文证明，直到 9 世纪“茶”这一现代名称才固定下来。然而有资料表明，在战国时（前 481—前 221）四川已经开始种植茶树，并把茶叶加工成一种饮料。还有一则汉代的资料，内容是在一个城市买茶叶运输到另一个城市。到 220 年汉代灭亡为止，种植和消费茶叶已经扩展到了长江下游，在南北朝期间，饮茶已经与南方联系到了一起，这与成为北方特征的乳酪饮料形成对比。这段时间草药的记录也表明茶叶可入药，经常与诸如葱或姜之类的其他植物一起煮沸。[40]

但是只有在唐代茶叶才成为一种全国范围内的饮品，与一系列文化活动相联系。饮茶文化在北方的传播出于许多原因，与其在佛教寺院的使用紧密相关。僧侣们不应该在午后食用固体食品，于是他们依赖于液体，茶叶对于帮助他们在坐禅时保持清醒和专心特别有好处。《圆仁日记》证实了，旅行者经常留在佛寺中，茶水的招待也成为欢迎他们的一种标准方式，并且给客人上茶成为殷勤好客的一种表示，逐渐也在世俗信众中流行开来。由于最好的茶叶生长于山坡，那里坐落着许多僧院，佛教僧侣开始自己生产茶叶，作为他们众多的经济活
142 动之一。

饮茶很快从佛教寺院扩散到整个中国社会。考虑到佛教在北朝的威望，看起来至少朝廷是知晓僧侣们饮茶习惯的，在那里茶有时用于典礼而非饮乐之物。更为重要的是，茶在僧侣和文人的社会交往中作用显著，如同诗赋中所清楚描述的：

茶
香叶，嫩芽，
慕诗客，爱僧家。
……

元稹在开头一行用了一个字，第二行用了两个字的对句，第三行用了三个字的押韵对句，以此类推，按照这样的原则完成了这首宝塔诗。关于茶叶的主题是如此之多，以至于一些人甚至单独将“茶诗”用作一种文学体裁。[41]

有关茶的第一部伟大作品是出版于8世纪60年代陆羽的《茶经》，它也为我们提供了关于当时如何种植茶树和制作茶叶的大部分知识。陆羽幼时就成了孤儿，在一座寺院里长大，他死后被埋葬在佛塔边，佛塔里放置着抚养他成人的和尚的舍利。根据同时代的人叙述，他的书引发了对于茶具和其他用具的一股热潮，到唐末在作为城市娱乐活动新场所而涌现出的许多茶馆中，他已经作为神被供奉了。这本书的内容包括：茶叶名称和质量、茶叶的挑选和制作过程、相关的器具、烹煮的艺术、饮用的艺术、历史考据和每个地区最好的茶叶。[42]

实际上，茶叶的区域特点对于其作为商业产品的开发是至关重要。散布在南方的超过40个道州县都有丰富的茶叶产量，对于哪里出产的茶叶最好有着持续的争论。竞争使得每个地区都将第一批新茶进贡给朝廷，于春天的清明节在帝国的宴会上使用。来自江苏和浙江

交界处的茶叶在唐代特别有名。晚唐的皇帝甚至通过赠送特别挑选的茶叶作为对官员的奖励。饮茶的游戏在朝廷发展起来，茶叶也成为科举考试时应试者的首选饮品。茶叶生产帮助现在的湖北、湖南、江 143
西、安徽、浙江和福建等省重塑其区域经济，在这些地区是一种很有价值的作物。[43]

首选的茶叶加工方法是将其做成茶饼。其步骤如下：在特殊的器具里蒸煮叶子，在一个臼里用碾槌连续地敲打，并且将它们压入一个铁模子里，然后在烤炉中烘干。接着用绳子将茶饼挂在一起以便储藏和运输。购买者烘烤茶饼，等它冷却后，将其中一部分磨成粉末，并把它放进过滤网里，然后将热水通过过滤网注入一个特殊茶壶里，使其没过茶叶。茶上的泡沫被认为是其精华所在，现在它仍然是日本茶道的重要部分。相对不太常用的方法是，可以在一个壶里浸泡松散的叶子以此来加工茶。在出售之前，松散的茶要经过炒制，正如刘禹锡（772—842）在《西山兰若试茶歌》中所写：

自傍芳丛摘鹰嘴，斯须炒成满室香。[44]

作为一种商业作物，甘蔗对于唐代经济没有茶那样重要，只有在宋代才得到了其应有的承认。[45]6 世纪的《齐民要术》描述到，大概不早于公元前 3 世纪，它从印度或者东南亚被引进到中国南方，但是在唐代之前甘蔗仍然是一种南部的专有植物。甘蔗汁液和非晶糖（煮成没有明确晶体结构的团块）的生产成为印度佛教寺院的一个主要产业，在那里果汁被当作一种午后饮品。糖在制药和一些佛教仪式中也扮演了重要角色。当各种各样的糖通过佛教朝圣者引起唐朝廷的注意后，太宗在 647 年派使节去印度学习制糖的工艺。皇帝接着在现属浙江的某地方建造了一个制糖设备。那里生产的非晶糖被送到朝廷，通过朝廷对糖的使用扩展到其他社会精英成员。

及至唐代晚期，帝国的九个县，包括几座寺院，都向朝廷进贡甘蔗或是糖制品。蔗糖制造业已经在北方地区发展起来，远至敦煌，在那里发现了唐代制糖技术的唯一记录，但是似乎只适合在当地使用。
144 在寺院和朝廷之外，城市对糖制品的需求似乎主要是在长安、洛阳、江都和番禺的阿拉伯人和波斯人社区中，他们将糖加入酱汁、饮料和油酥点心中。某种程度上，中国城市居民享用糖，如同在享受具有异国情调的菜肴。甚至在 8 世纪晚期，代宗皇帝还将 20 根甘蔗当作“罕见而奇妙的礼物”。[46] 只有在宋代蔗糖才成为一种城市消费者熟悉的物品。在唐代它仍旧是具有异国情调的产品，但是正因如此，它可以作为异国情调和异域风情在唐王朝发挥重要作用的象征。

第 6 章

外部世界

在中国与外部世界的联系方面，汉代是一个发现、探索与军事扩 145
张的时期，而南北朝时期则与之相反。南北朝时期，异族大举进入中国北部地区，以佛教为代表的异域文化也随之而来，从而改变了中国人的生活。隋唐则融合以上两个时期的特点，在向外拓展的同时也接纳了大量外族人民与他们的文化。可以说隋唐时期是中国古代最为开放和国际化的时代。

在 6—7 世纪，隋唐两代都希望继承汉代雄风，为此投入大量时间与资源来恢复汉代原有的疆土。因而隋唐两代向越南北部扩张，同突厥进行战争，占领中亚地区的绿洲国家，并且派遣军队收复汉王朝在辽东和朝鲜半岛的属地。隋炀帝恢复汉代疆域的想法导致隋朝因入侵朝鲜半岛失败而亡，而唐太宗也几乎遭遇了相同的命运。就像唐代无法避免要融合诸多在分裂时期慢慢演进的制度特点一样，唐帝国恢复汉代疆域的梦想也不得不屈从于新的世界秩序。

在汉代，中国边界向北拓展到游牧民族的居住地，这些人的文化、社会、政治结构与生活方式与汉人完全不同，并且遭汉人歧视。
匈奴部落联盟曾经侵略并占领中国部分地区，但他们的政治依然不稳 146

定，没有能力管理定居的农业人口，也绝不会挑战汉人的文化优越感。坚持“华夷之辨”成为汉代文明观念的重要特点。然而，汉朝灭亡以后的几个世纪中，伴随着内附的外族征服北部中国，华夷之别逐渐模糊。在隋唐时期，情况又发生了改变，中国只是许多国家共同创造的东亚世界的中心，而不再是唯一的统治者。

唐皇室及其最密切的支持者与当时突厥统治的西部和北部草原地区民族有着强有力的文化纽带，文化上的相似使一个以共同的外交、军事、血统以及意识形态（双方都信仰天）为基础的汉—阿尔泰（突厥）体系得以形成。在这个体系里，唐统治者利用突厥帝国的内部分裂，通过世代的庇护关系和外交礼仪把突厥人和其他较小的部落纳入一个更广阔的帝国体系，并把突厥盟友编入唐的军队。这种对外族军队的严重依赖，有助于唐朝在 7 世纪获得安全，但最终导致了安禄山的叛乱。

在东部、南部和西南部，不同于之前朝代，唐代面对的外族人民被组织在采用唐代制度的新国家之中，尽管它们的规模比较小。这些国家的统治者有相似的思想意识，效仿中国中央统治方式的主要元素，韩国、日本、越南和南诏（现在是位于中国西南的云南省），还使用中国法律，用汉字处理政府事务。虽然向唐王朝朝贡，它们却是独立于中国控制之外的，被视为即便不完全平等也是受尊重的邻居。甚至从 7 世纪晚期直到 9 世纪中期一直是中国强大军事对手的吐蕃，也是借鉴了中国主要政治特征的农耕（而非游牧）国家。同时，由于佛教的巨大影响，作为佛教发源地的印度和中亚国家由此获得了极高声望。中国边境的这些变化为一种新形态的外交关系设置了场景，这种外交关系在宋代形成了“中国与周边平等”这一概念。

也正是在唐代，中国将中亚“输给”了伊斯兰文明，放弃了九个
147 世纪以来对该地区政治控制的尝试。中国统治西域（现代新疆）的计划始于汉代，在北朝时陷于停顿，又在唐朝统治的第一个世纪得到恢

复。吐蕃强大后开始了在中亚的外交和军事斗争，所有环绕新疆的势力都卷入其中，在这场斗争中伊斯兰军队第一次进入中亚。他们对唐朝的胜利，随之而来的“安史之乱”后唐王朝的衰弱，意味着甚至在9世纪中期吐蕃崩溃后唐朝也从未成功地在西域重建权威。直到18世纪满族人建立清朝，中国君主才重返该地区。

同时发生的东亚中国化和中亚伊斯兰化引起了中国与外部世界关系的一个永久的再平衡。唐朝放弃中亚及“丝绸之路”，这与中国在南方定居点的增长，以及与中国化的国家（即现在的韩国和日本）更密切的接触一起，刺激了在唐代开始支配国际交流的海洋贸易的一个重大扩展。直到宋代，大部分贸易都由外国人掌握，中国与周边国家的贸易发展为以大规模丝绸瓷器贸易为主的海洋贸易，这使得中国成为一个更大的通过水路交通联系的世界体系中的一部分。

产生这种状况的原因和后果是，在唐代外族存在的特性和规模有了急剧的变化。在汉代，国内唯一的外族人是沿着边境定居的游牧民，但是到了唐代，国际贸易和佛教不断增加的重要性导致了数量巨大的商人、遣唐使和朝圣者的到来。这些新的外族人口大部分集中于主要城市，他们在借贷、酒、娱乐以及娼妓的互联贸易中扮演着主要角色。虽然帝国的国际性特点在9世纪衰退了，在至少两个世纪中，唐王朝对外族及其文化的包容是中华文明的一个决定性元素。

称“天可汗”的唐朝统治者

唐代国际秩序与之前汉代的第一个明确区别在于，构成关陇贵族
集团的唐代统治王室及其最核心的追随者，与非汉族通婚的惯例已存 148
在了若干世纪，吸收了许多游牧文化因素，尤其在军事技术方面。虽然建立王朝的李氏家族的出身仍然不很清楚，但到6世纪这个家族中涌现了一连串令人瞩目的军人，他们属于一个汉—鲜卑—突厥的贵族

集团，该集团在北周及之后隋政权时一直主宰着中国西北地区。[1] 尽管唐的拥护者们试图掩盖皇室的出身，宣称其血统来自一个有影响力的汉代家族，但唐王朝对于重新统一大草原的突厥帝国的新外交政策，主要是基于统治家族与北部和西部非汉族游牧民的文化联系。

这项新政策始于唐代第二位皇帝太宗，此时唐王朝放弃了唐朝创建者李渊安抚突厥的政策开始代之以征服。通过军事、外交和传播唐文化等措施的综合使用，太宗试图在各个方向扩张中国的权力。然而，他外交政策上唯一的成功举措是通过征服和外交将突厥暂时地并入唐帝国，由于他和他的幕僚们对突厥政治和军事结构比较熟悉，使得这个政策成为可能。[2] 在以稳定唐朝统治的名义短暂地避免对外冒险之后，太宗逐渐构想出一个宏伟的二元帝国，将传统的天子称号体现出的中国统治与对突厥的支配相结合，后者的标志就是“天可汗”的新头衔。

突厥于 6 世纪中叶打败了曾经统治他们的柔然，建立了帝国。在一系列快速的征服中，首领阿史那土门建立了一个从里海延伸至满洲的游牧联盟。然而，如同大部分游牧联盟一样，组成部落仍旧归属他们自己的首领，首领与最高领主之间是主从关系。此外，突厥的领土被分成东西两部分，仅仅通过各自首领的亲属关系联结在一起。继承权在兄弟之间横向传递，当它从一代人传到下一代人的时候，并没有排除潜在继承人和规范继承权的制度。于是，每次从一个可汗到下一个可汗的过渡都意味着重大的紧张局势和潜在的暴力，代际的转移则经常导致内战。[3]

然而，突厥兴起之初，中国处于分裂状态。中国—突厥关系在 6
149 世纪构成一种复杂的外交博弈，每一方都想方设法加剧并利用另一方的分裂。于是，在木杆可汗时期（553—572），对立的北周北齐朝廷每年都慷慨地赠予丝绸作为礼物给突厥，希望取得他的支持。这些丝绸，按照地位高低分发给下级的首领们，或者与伊朗和拜占庭贸易。

581 年，隋朝在这一年正式建立，而突厥帝国则分裂为东西两个汗国，互相竞争的堂兄弟又进一步让东突厥分裂。东部的自相残杀使西部的可汗在 601 年得以宣称他的霸权，但是他在东方的征战只是给了不满的盟友们一个反叛的机会。

当隋朝在 618 年崩溃，新的分裂使中国人又一次成为突厥操控的牺牲品。中国叛军的头目派遣使者带着礼物去东突厥可汗那里，可汗转而授予他们头衔和少量的马匹。与可汗有姻亲关系的隋廷避难者，也向突厥寻求保护。唐朝创始人李渊写了一封私人书信给可汗，请求突厥和他联军对抗其他的中国叛乱者，或者至少签署一个和平条约并接受他的礼物。这封信的签名用语中，李渊承认了自己低其一等的地位，他可能仅仅是想要寻求突厥帮助的若干人中的一个。可汗答复说，只要李渊称帝，他将协助其镇压叛乱。突厥于是让中国竞争者们相互争斗以稳固自身的地位，收取礼物，削弱中国，确保不论是谁获得中国的权力都欠他们的人情。当李世民（唐太宗）于 626 年发动政变登上历史舞台，他向侵入首都地区的东突厥支付报酬以确保其地位。[4]

然而，就在下一年，统一和分裂的钟摆又摆了回来。突厥可汗开始雇用粟特人征集税收，这引起了隶属民族极大的不满。当灾难性的天气让马群死亡并且引发饥荒时，不断的征税导致了一场由另一个对立可汗领导的公开叛乱。在唐的支持下，属突厥族且隶属于可汗的薛延陀部与突厥决裂。薛延陀以及被称为铁勒突厥的其他民族在 629 年和唐军一起，在东部可汗正诉求和平时发动了奇袭，摧毁了突厥的力量，终结了东突厥汗国。[5] 据说在新近征服人民的要求下，太宗给 150
自己冠以“天可汗”的称号，并由此宣布了对中国和突厥的统治权。

太宗此时的成功部分可以归因于他个人深受草原文化的影响。作为王子，令他脱颖而出的战斗模式直接效仿了游牧的惯例（图 11）。拥有操纵马、弓和剑的娴熟技巧，李世民亲自率军作战，常

图11　敦煌壁画中描绘的一场战争场景，展示了唐代的盔甲和武器

常以身作则，冲锋陷阵。与北朝和隋使用的重甲骑兵部队相比，李世民指挥的骑兵部队更为机动灵活，通常被称为“轻骑兵”，意思是骑手穿着盔甲但是马匹没有。这似乎是效仿突厥为对抗在边境附近机动性很强的游牧兵而采取的措施。李世民的骑兵战术同样也是效仿突厥的。[6]

实际上，做皇子的时候，李世民就已与突厥盟友歃血为盟，誓为兄弟，在“玄武门之变”后，祭献马匹来获得合法性，也是直接来自突厥的习俗。这些从突厥借来的宗教礼仪，以及通过结为义亲来强化关系的做法，是大规模地吸引游牧文化模式的一部分，它强调一个极具个人魅力的领导者，以其在战争中的智深和英雄主义将自身与别的竞争者区分开来。甚至连李世民通过残杀兄弟而获得权力，也更接近草原而非中国传统的继承方式。[7] 煽动对突厥统治者的不满并操纵这些不满以稳固他自己的胜利，太宗在这两方面的技巧直接来源于他对草原文化的精通。

尽管“天可汗”这个新头衔主要是象征性的，但并非无足轻重，而且它证明了太宗的帝国理想既包含中国人也包含游牧民族，他认为这是自己特有的贡献。于是，他声明夷狄与中国人享有共同的天性，统治者的仁慈保护必须包括两者。他还说：“自古皆贵中华，贱夷狄，朕独爱之如一，故其种落皆依朕如父母。”[8] 这种平等思想实际表现为太宗任用非汉人官员，授予他们军事头衔，甚至赠予他们中许
多人皇室李姓的政策。从 7 世纪后期和 8 世纪开始，朝廷依靠胡人将 151
帅和军队为主要的军事力量。

“天可汗”的头衔可能是为了安抚新近征服的突厥和其他民族，他们也认为最高统治者是上天选定的。他们认识到，自身的政治传统是这个帝国的一个重要方面，他们愿意为唐朝而战也许与这种认识有
关。在 8 世纪，唐朝从绿洲国家和回鹘获得极为重要的支持，使其在 152
西北与复兴的突厥帝国做斗争以及平息“安史之乱”，这些支持部分

也是因为太宗的新头衔所象征的特殊关系。[9]

唐朝将游牧民作为军队和地方政府有机组成的措施在羁縻府州（羁縻府州，字面意思为“松散的军区和辖区”）的设置上体现得最为明显。投降的胡族聚集成日益扩大的县、府、州，以及在战略地区的都督府。这些组织部门并非直接在中央政府的统辖之下，而是隶属于效仿汉代治理西域的机构“都护府”。当地的部落首领或统治者大部分留下来以统领他们自己的人民。其所任之官职被给予中国头衔，但这些官职是世袭的。到 8 世纪早期，一连串都护府散布于中国边境：安西（西突厥、西域和吐蕃）、北庭（突厥诸部）、单于（统治东突厥）、安北（回鹘和其他的铁勒游牧民族）、安东（朝鲜、契丹、奚和靺鞨）和安南（现在为越南的外族人）等六大都护府。与严重胡化且听命于非汉族军事长官的唐代边境军队一起，这些都护府形成了唐边境防卫和治理的基础。[10]

将突厥人并入唐朝这一政策带来了额外的成果：对其他外族人的军事胜利。一支大部分由突厥人和薛延陀降兵构成的远征军在 639 年占领了高昌，于是使在中亚的第一个唐辖区和都护府得以建立。借助于一系列有利于自己的斗争，太宗在 646 年彻底击败了之前的盟友薛延陀，后将他们安置于边境的一个都护府。在接下来的 10 年，唐朝的游牧联军更远地推进到西域，击败了西突厥，并在 648 年首先占领了龟兹，然后是焉耆。649 年太宗去世后，西突厥再次反叛，但他们最终在 659 年被彻底击败。接下来的几年里，唐在这个地区建立了百余个都督府和州县政区，将它的疆界推进至波斯。这是中国所有朝代中深入西方的最远距离。[11]

然而，与这个时期被唐朝征服的许多其他民族不同，受中国统治
153 或重新安置于中国内部的突厥人并没有采纳中国的制度或文字系统。此外，太宗的死及孱弱的高宗的继位削弱了唐和突厥人之间的纽带。一个由皇帝宠臣或科举选拔的官员主导的政府崛起了，剥夺了外族人

获得政府职位的机会，并降低了军队的地位。[12]7世纪60年代，中国军队全神贯注于在朝鲜半岛的军事行动时，崛起的吐蕃政权征服了现为青海的吐谷浑。670年他们占领了龟兹，接着将大部分唐朝军队驱赶出了天山南麓。唐在青海湖的一次反攻彻底失败，678年另一支唐朝的远征军也被打败。这些军事失利使突厥帝国得以重建，并且在军事上威胁中国几十年之久。[13]突厥继续成为中国政治舞台上的主要参与者，甚至在745年他们的国家分崩离析之后，当唐朝在10世纪初衰落后，控制中国北部大部分地区的仍是突厥出身的统治者。

东亚的出现

除了对北方和西北游牧民族的新政策之外，唐代中国的外交关系还受到其他一些国家的影响，他们汲取了中华文明的重要元素，位处东方、南方和西南，以定居农业为主。朝鲜、日本和南诏（云南）是其中最重要的国家，尽管中国与后来的越南地区也有重要交流。

这些国家的出现是次生国家形成的典型例子，即政治的发展部分是通过向已存在国家学习而完成的，作为学习对象的国家既是挑战，也是典范。中国周边的国家通过一个册封仪式而建立，在仪式过程中，特定的地方首领会向中央朝廷进贡礼物，为此他们接受了王或公的头衔以及适当的官职。虽然中国皇帝宣称是世界的统治者，且仅将邻国看作属国，但重要的是，在许多情况下这些邻居也积极地寻求认可，希望成为中华世界秩序中的一员。

占据着朝鲜半岛北部的高句丽政权于公元32年向汉王朝进献贡品，其统治者从而获得了王的头衔。朝鲜半岛南部一个较晚出现的国
家百济，372年与晋朝建立关系，在386年它的统治者接受了来自中 154
央朝廷一个将军号和郡王爵。在3世纪，一个日本岛的女祭司酋长卑弥呼要求魏朝廷授予称号，5世纪有抱负的日本朝廷派遣了超过10

个的进贡使团，希望从中国南方朝廷那里获得头衔和支持。这些头衔将雄心勃勃的地方酋长与他们的竞争者区分开来，从中华帝国那里得到的认可给了他们威望和影响。[14]虽然这些外国统治者的称臣纯粹是礼仪性的，接受册封者常常会积极地反抗中国的影响和军队，但无论如何，东亚国家治国之道的文字和实践是源于中国的。

唐朝初年，朝鲜半岛分别由高句丽、新罗和百济统治（地图3）。对高句丽几次不成功军事行动的巨大支出导致了隋朝的衰亡，不过唐朝建立时这三个国家对新朝廷都进献了贡品。随着622年所有的战俘都返回中国，高祖同意承认朝鲜各政权的独立，只是在名义上仍是中国的附庸国。640年朝鲜的王族子弟与来自高昌（现新疆）、日本和吐蕃的王族子弟一起，在长安的国子监学习。

然而，642年一位高句丽大臣渊盖苏文叛乱，推翻了曾经在长安学习的国君荣留王，并分尸，立其侄登上王位。作为对这件事情的回应，太宗分别于645、647和648年率领军队远征高句丽，但就如同之前隋朝的攻势一样，这些军队陷入辽东泥泞的道路而无所收获。下一任皇帝高宗在位时，唐联合了采用中国文字系统和行政管理模式的新罗攻占了百济，并且利用他们在朝鲜半岛的新基地发动了一场对高句丽的战争。666年高句丽统治者的死亡导致了内乱，668年中国终于攻占并且俘获了超过20万名的战俘并带去长安。7世纪70年代，刚刚进行了中国化的新罗成功地兼并了朝鲜半岛的大部分领土，唐朝则专注于抑制新崛起的吐蕃的威胁，不能继续占领半岛。新罗仍旧是制度上仿效中国的唐朝名义上的附庸国。[15]

630年，日本派遣第一批遣唐使来唐，尽管日本太过遥远以至于未能引起唐朝的关注，但其领导者中的改革派渴望采纳中国文化和政治的模式。649年日本朝廷发动了一系列重要的政治改革，将日本重建成一个在法律、军事制度、土地所有形态和课税制度上都和唐朝相
155 似的中央集权君主制的国家。日本政府还在所有官方和文学活动中采

用了汉文书写系统，尽管他们需要改良汉字以适应完全不同的日本语言。中国精英文化中的其他因素，例如服装、诗词和音乐，也在日本平安一朝成为典范。随着佛教在日本成为主导性的知识和宗教力量，唐代中国也变为成千上万日本朝圣者的目的地，这些朝圣者在寺院修习，并且将雕像和经文的抄本带回日本。他们和日本贡使团成为许多中国城市常见的景象。[16]

264 年，在汉代被称为岭南的东南大部分地区被永久地划分为广州和交州两个区域，大概相当于今天的广东和越南北部。在分立的时期，以红河流域为中心的交州分裂为一个在很大程度上自治的区域，并于 541 年正式宣告独立。隋朝重新将其收复，但隋亡时该地区复又独立。唐朝征服了现在越南的大部分地区，并于 679 年建立了安南都护府来统治这个地区，直到 9 世纪末。唐代的大多数情况下，交州仍旧是帝国一个有秩序的地区，但是它的首府交趾（河内）随着贸易中心番禺（现广州）的崛起，持续不断地丧失其在国际贸易中的地位。当唐王朝在 10 世纪初期崩溃的时候，交州成了血腥权力斗争的现场，于 938 年终结。一个叫作吴权的人建立了一个最终成为越南的独立国家。然而，这个国家继续采用唐的书写文字、度量衡和货币制度。仿效中国，儒家文化也在那里繁荣兴旺。[17]

后来成为云南省的西南地区逐渐地并入一个叫作南诏的统一国家。这个出现于 7 世纪中期的王国，在唐朝对吐蕃的战争中左右逢源，它令每一方都视其为盟友，然后在 8 世纪中期开始支持吐蕃，但在这个世纪渐近结束时彻底转变并与唐朝结盟。它早期的国王们从唐朝廷处获得印绶和头衔，采纳唐的官僚体系和科举制度，但也吸收了吐蕃政治实践中的要素，例如禁穿虎皮这种反对奢侈的规定。[18]

尽管这些国家主要通过对唐代政治和法律制度的模仿而相互联 156
系，他们都信仰佛教（虽然南诏到 9 世纪晚期才正式改变信仰），共同拥有一个非字母书写体系。佛教与来自印度和中亚的佛教商人一起进入中国，再从中国传播到了朝鲜、日本和越南地区，于是新兴的东亚文化圈以大乘佛教为共同信仰。这种共同的信仰促进了人们大规模的迁移，以寻求教育和圣物。[19] 东亚文化圈的另一个特点是使用中文。非字母书写体系曾经帮助第一个中华帝国统一了语言互相不通的人们，同样，中国文字成为中国人、日本人、朝鲜人可以阅读和理解相同文本的通用语言，即便他们以根本不同的方式发音。更为重要的是，由于中文字符携带着固定的语义元素，引进书写体系的同时也带来了特定的词汇以及相关的概念。由此共享的书写体系推动了某些核心概念或价值观在东亚圈的传播。[20]

中华帝国总是通过一种人为的、基于宫廷的文化来定义自己，这一文化超越了国别，吸引了各独立国家中的精英。这一通过文学语言及文本来定义的跨区域文化，反过来提供了一种文明生活的模式，其价值在唐代传遍了东亚。以礼来规范社会行为，确定家庭的中心地位，重视等级制度，辨别性别角色，强调基于文本的学习的重要性，这个想法连同中国的政治和法律体系，被传到了朝鲜、日本和其他东亚新兴国家。[21] 它的重要性达到了这种程度：当代关于“东亚价值观”的宣传中的任何内容，都起源于这一时期传播的思想。

国际贸易重组

唐朝模式扩展到东方和南方时，将会导致中国放弃中亚，并且阻断了曾经是从印度向中国输入佛教的主要途径的贸易路线。这个变动的过程开始于 756 年“安史之乱”爆发之前。新罗对朝鲜半岛的统
157 一终结了唐王朝吞并朝鲜半岛的企图，东北部契丹的崛起使得看似已经随突厥一起消失的北方威胁又重新出现。很快突厥形成了他们的第二个帝国，并再次袭击中国边境。[22]

然而，最巨大的变化发生在西边。7 世纪 30 年代，对唐王朝名

义上表示忠诚的吐蕃势力崛起，并继续向北部和西部扩张。在摧毁了吐谷浑之后，他们开始威胁唐朝在西南的地位，在那里崛起的南诏王国与吐蕃联合。而在西北，吐蕃则扩张进入位于塔里木盆地的中国安西都护府。为了反击吐蕃的威胁，唐朝廷不仅派军队进入西域摧毁西突厥，而且与克什米尔、恒河流域及现在阿富汗的部分地区展开了一系列让人眼花缭乱的外交活动。沿着著名的朝圣者玄奘（596—664）开拓的路线，637—753 年间，唐朝廷派出五十多个外交使团到印度北部，寻求贸易和对抗吐蕃的盟友。[23]

“安史之乱”是标志着唐朝与外部世界平衡倒转的关键时刻。当唐朝的外族将领拥兵自立的时候，许多其他外国人也发布了类似的独立宣言。玄宗皇帝逃往四川短期流亡时，曾隶属于东突厥的回纥在挽救唐王朝的过程中扮演了一个重要角色。但是唐朝的回报没有满足回纥人首领的预期，他撤回了支持。趁唐朝衰弱之际，吐蕃人在 763 年占领了现在的青海和甘肃，并推进到陕西，掠夺了长安。在郭子仪的率领下，唐朝军队重新夺回首都，但一支由回纥和吐蕃人组成的联军在 765 年再一次攻占了唐朝首都。回纥将领的去世以及随后回纥和吐蕃关系的破裂才使得唐朝把握住了主动权，形成了与回纥的联盟并且重新夺回长安。

超过半个世纪，唐朝依靠回纥的支持来抵抗吐蕃不断的侵犯，这种依赖令生活于中国的回鹘士兵和商人在 8 世纪晚期和 9 世纪早期置帝国权威于不顾。[24] 只是回鹘的一次内部分裂导致另一支突厥民族黠戛斯从西北部对其发动进攻。由于渴望消除来自外部的影响，唐朝
与黠戛斯结盟击败了回鹘，令其在今天的新疆安顿沉寂下来。受到胜 158
利的鼓舞，唐朝实施了一条关于所有涉及“深色种族”的私人活动的禁令，从而终结了回鹘人在中国西北借贷业的主导地位。[25]

尽管与回纥结成了断断续续、摇摆不定的联盟，唐朝已经无力在中亚重新显示其权威。吐蕃继续控制现青海和甘肃省的大部分地区，

并且摧毁了安西都护府。779 年，吐蕃在西南地区发动了一次大规模的入侵，但由于不能维持与南诏的联盟，他们没有能够占领四川。802 年唐朝廷一次重大胜利终结了吐蕃的严重侵犯，但在 821 年中国与吐蕃签署了承认现有边界线的条约。此后，唐朝将军事和政治力量完全集中于恢复朝廷对东北部地区节度使的权威，正式放弃了其在中亚原有的领土。[26]

遏制了吐蕃在西南的野心后，南诏王国于 829 年入侵四川，并且到达了首府成都的郊区。尽管与北方的唐有着正式的友好关系，859 年南诏王将其注意力转向东方，迅速侵占了贵州，并且袭击了安南都护府。屡次进攻以后，安南都护府府治，即现在的河内，于 863 年陷落，超过 15 万名唐朝臣民被俘。当唐朝廷于 863 年重获安南时，南诏再次入侵四川并到达首府，不过无法占领。[27]

甚至到 850 年吐蕃王国崩溃以及南诏在 9 世纪的最后几十年进入长期的衰落之后，唐帝国依旧没有恢复其原本在中亚的地位。该地区落到了正在亚洲扩张和传播伊斯兰教的阿拉伯势力的控制之下。于 7 世纪摧毁了波斯萨珊帝国，并且吞并了许多较小的城市王国后，阿拉伯军队于 751 年与中国军队发生了第一次冲突，在怛罗斯之战中击溃了唐军。“安史之乱”的爆发和吐蕃对中国西北的征服使得阿拉伯人自由地推进到中亚。这次入侵的成功意味着中国失去了对敦煌以西的控制，直到 18 世纪满族对该地区的征服；还意味着中亚永远脱离了佛教世界和中华文化圈。[28]

159 被吐蕃人丢弃的塔里木盆地和准噶尔盆地的古老绿洲城市，由被黠戛斯人赶出故乡大草原的回鹘人占领。这个地区既多彩又复杂的文化，即一种印欧、伊朗、印度和中国影响的混合物，在突厥接连不断的猛攻下消灭了。随后的几个世纪中，一直到甘肃边境的这整个地区成了伊斯兰世界的边疆地带，而非中国文化和政治影响的一个前哨。佛教在中亚的消失以及同时期在印度的衰退，意味着在 9 世纪 40 年代中国排佛后，其自身的排外倾向不断增加，中国佛教不再将古老的印度视为灵感的源泉。相反，诸如禅宗和净土宗的本土宗派逐渐占据优势，佛教以一种真正的中国宗教的面目出现，通过每年的节日典礼和一些生婚丧葬的仪式渗入社会。佛教在朝鲜和日本的传播使中国成为一个新近构建的东亚佛教世界的中心。[29]

除了古老的“丝绸之路”外，一些其他的陆路对于唐代的国际贸易而言也很重要（地图 11）。满洲和朝鲜的产品经由辽阳的森林和平原，沿着一条成为明长城东边终点的山岭与海洋间的狭窄通道到达渤海湾的海岸。另一条横越大陆的线路，非常古老但是在唐朝之前很少使用，向南经过四川到南诏（云南），分成两条路通过当代缅甸的伊洛瓦底江峡谷，然后从那里进入孟加拉。中国发展这条路线的努力在 8 世纪因南诏的崛起而挫败，相较于唐朝，南诏对吐蕃更为友好。佛教朝圣者有时沿着困难的路线从中国经吐蕃至印度，沿着尼泊尔往下，但是这条山路太危险并且费时，因此不能用于贸易。[30]

唐朝的目标从中亚转移至东方，这既改变了中国与佛教的关系，也改变了与外部世界的贸易联系。当中国的文化和政治影响在中亚衰落并且割裂了与印度的联系时，它在东方的渗透更为深入了。佛教，特别是大乘佛教，越来越接近一种以中国为中心的东亚宗教。只有更像是中亚一部分而非东亚的吐蕃，将印度密宗视为其佛教来源，而密宗标志着印度佛教在波罗王朝（750？—1155）即现在的孟加拉的最后繁荣。因此，随着时间的推移，非佛教的商人逐渐控制了中印之 161
间的贸易。与“丝绸之路”相比，海上贸易变得更为重要，且国际贸易多集中于非宗教性的奢侈品和大宗货物，甚至那些在早期明显是从印度购买的宗教用品，包括神秘的仪式用具和天青石，最后这些也都是在中国制造。[31]不过在唐代，佛教对于国外贸易以及中国与印度及中亚西部的关系仍然有着重要影响。

进入中国的一条陆路，原本由粟特人、安息人、印度人主导，并

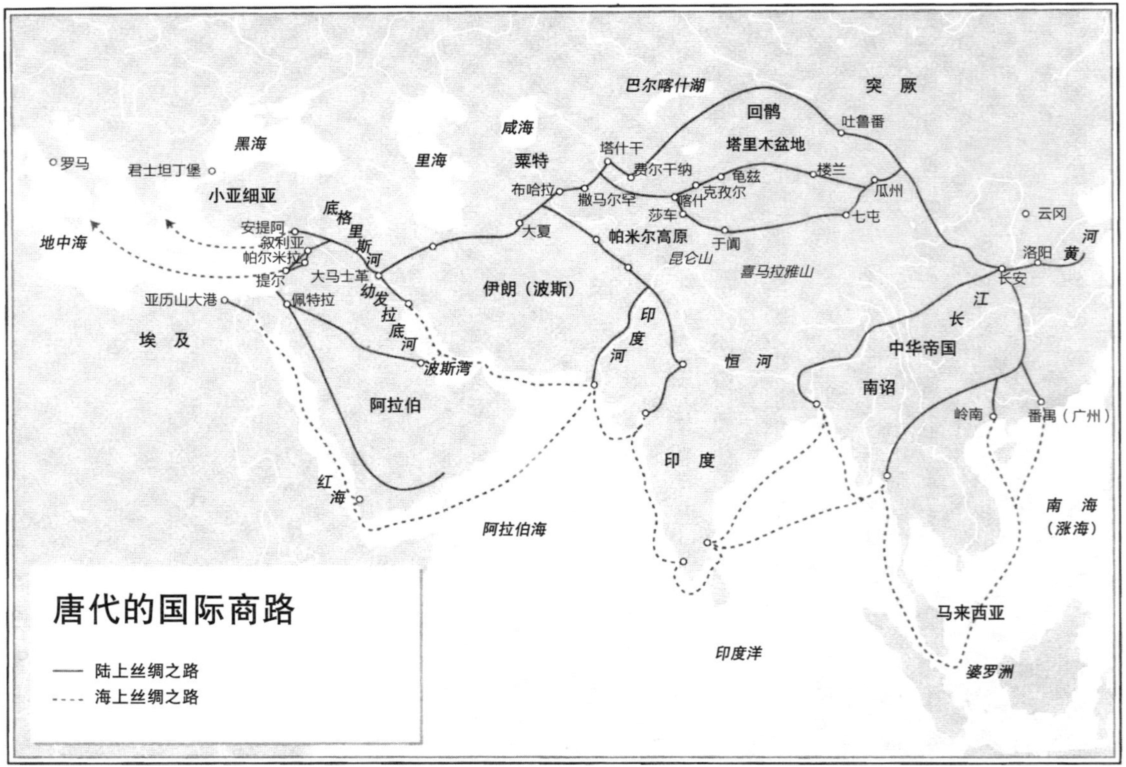
唐代的国际商路
陆上丝绸之路
海上丝绸之路
罗马
君士坦丁堡
黑海
小亚细亚
地中海
安提阿
叙利亚
帕尔米拉
提尔
大马士革
佩特拉
亚历山大港
埃及
底格里斯河
幼发拉底河
波斯湾
阿拉伯
红海
里海
咸海
粟特
布哈拉
大夏
伊朗（波斯）
阿拉伯海
巴尔喀什湖
塔什干
费尔干纳
撒马尔罕
喀什
莎车
克孜尔
龟兹
于阗
帕米尔高原
昆仑山
回鹘
塔里木盆地
楼兰
瓜州
七屯
吐鲁番
突厥
喜马拉雅山
印度河
恒河
印度
印度洋
云冈
洛阳
黄河
长安
长江
中华帝国
南诏
岭南
番禺（广州）
南海
（涨海）
马来西亚
婆罗洲

地图11

且经常于其上买卖用于佛教仪式的贵重商品，从中唐开始缓慢衰落，新的由穆斯林商人主导的海洋路线开始崛起。[32] 自225年萨珊王朝建立，波斯商人已经开始控制中国、印度、波斯湾和红海之间的海上贸易。因此，波斯语成了红海和中国东南地区间海上贸易商人的通用语。“所有的波斯人都是富商”的观念在唐朝根深蒂固，以至于“贫穷的波斯人”被视为矛盾的措辞。当阿拉伯军队7世纪征服了波斯之后，许多波斯商人皈依伊斯兰教并和阿拉伯商人合伙经商，不过直到宋代阿拉伯人在东亚地区成为重要的非汉人商人。

唐朝商人自身也依靠外国船舶。发掘出的印度西海岸的陵墓和东海岸的铜板法令显示了与贸易联系在一起的阿拉伯商人社区遍布印度。一位阿拉伯作家指出，当黄巢领导的反叛势力在879年占领这座城市时，无数的阿拉伯商人在番禺（广州）被杀。到10世纪晚期，穆斯林商人一直穿过或者绕过印度南部，将中国的丝绸和瓷器运至波斯湾，然后再反向运回香料和调味品。[33]

从8世纪中叶开始，经过阿拉伯海、孟加拉湾、中国南海的这些海路比日益危险的陆路更受欢迎。这种贸易受季风周期性的影响。从番禺驶出的船只在东北季风来临之前的晚秋或冬天出航，而在数千里之外，西方的船队驶出波斯湾，依靠东北季风他们跨过了印度洋。在 162
6月猛烈的西南季风把他们从马来亚往北经过中国南海送到华南目的地。这其中的规律是，无论去东方还是西方，冬天往南，夏天往北。

从7世纪到9世纪，印度洋是阿拔斯王朝保护之下安全和富有的一片海域，特别是在其从大马士革迁都到巴格达之后，距离波斯湾顶端要近得多。波斯和阿拉伯商人从波斯湾出海，在阿曼的马斯喀特逗留，然后或冒险走信德海盗横行的港口，或直接驶向马拉巴尔海岸，然后到达斯里兰卡，在那里他们购买珍贵的宝石。接着继续向马来半岛航行，通过马六甲海峡并且趁着夏季风往北到达交趾或番禺。[34]

技术的发展刺激了海上贸易的增长。早在8世纪，中国作家就描写过大型航海船只可以在装满货物的同时携带千人。这些所谓的昆仑船（用于指称从南方来到中国的深色人种以及他们出生地的术语）的船身是用椰子树树皮做成的绳子将厚木板绑在一起制成的。这种船也被称为“线缝船”，使用这些船只的既有阿拉伯商人，也有那些从南亚和东南亚来的人。没有唐代中国商人从事海洋贸易的证据，只有在宋代我们才发现由中国船只主导的海上贸易的记录，这些船有舱壁，以船钉加固船身，并使用磁罗盘和精确的航海图辅助航行。[35]

由于大型船只耗资合理，能装载大量货物进行长途跋涉，海事贸易的崛起改变了中国对外部世界销售商品的性质。在以前的朝代，主要通过陆路向印度出口丝绸，常常交换用于佛教仪式的珍贵商品或者一般的佛教用品。当伊斯兰化的突厥人将养蚕和丝绸生产的技术引进印度和中亚后，中国的丝绸出口在10世纪以后便衰落了。从那时起，瓷器成为通过印度转运的主要中国商品。很显然印度人自己并不使用瓷器，而是再次出口到波斯湾和红海以获得巨大利润，当地统治者通过从瓷器买卖中抽税而变得富裕。[36]只有当海洋贸易时代到来时，这样沉重易碎的商品才可能实现远距离贸易，并以一个相对低廉的价
163 格出售。在随后的朝代，瓷器的生产和出售将成为一个重要的世界产业。

中国贸易向南方海洋的转向改变了唐代的进口模式。代替贵金属、半宝石、珊瑚及类似奢侈品的是，新的海上贸易允许中国从东南亚大量进口种类繁多的香料、药品以及一些品种的木材。到10世纪和11世纪，其他进口的主要产品包括马匹、硫黄、象牙和朱砂。综合的跨区域贸易网络令这些商品的大量供应成为可能，该网络将产品运送到中国的任何一个城市，并且确保采购和海运的投入得到良好回报。[37]

海上贸易和大宗商品交易迈向了真正的世界经济即一个超越所有既定政治单元的完整经济结构的第一步。不同于国家和文明之间简单

的接触或贸易，一个世界经济体系只有当其各组成部分的社会经济秩序在参与到整体的过程中显著地发生改变时才存在。到宋代晚期，世界贸易由三大经济圈构成：西欧、中东和东亚。其中任何一个地区的贸易规模都大到足以改变社会经济秩序，因此普遍的劳动分工将所有地区联系在了一起。与现代的体系相比，这个体系没有一个单一中心，但中国是最大的出口国，因此也是不断增加的贵金属流的终端。尽管这个三分的全球经济结构在唐代还未出现，中国因之加入世界经济的东亚海洋贸易圈在那时就已开始形成。于是，以中国作为其最大参与者的前现代世界经济的基础，是8—9世纪穆斯林商人开创的唐帝国海上贸易。[38]

在唐朝的外国人

两个关键因素使得大唐帝国能够保持活力：折中主义（它吸收所有在之前几个世纪的历史上出现的文化流派）和世界主义（对外国人及他们多种多样生活方式的包容）。外国人和外来文化在整个唐帝国，尤其是在城市，自始至终都是一个显著的因素，对于其文化的形 164
成起了很大作用。其中最主要的几类外国人是使节、商人、艺人、士兵和宗教神职人员，他们分别代表了政治、商业、娱乐、军事和宗教的巨大利益。[39]

当越来越多的人开始寻求与东亚最伟大的帝国建立外交纽带时，使节们源源不断地进入唐朝。这种惯例开始于汉代，当时中国开始与西域建立联系，接着是南北朝时期，日本、朝鲜和其他国家派遣使者并进献贡品以换取中央王朝的承认。到唐朝的时候，各国访问的频率，各国使节觐见的先后顺序，以及觐见皇帝时的举止，都有详细规定。任何希望得到唐朝帮助或赏赐的国家都表达了名义上的臣服，以换取中国的爵位和官职。使者们定期访问唐朝首都，在那里他们获得特殊的信物（半个木鱼），并在到达朝廷时呈递上去。这些代表团都带着贡品，他们会穿着本国服装出现于朝廷上，献上有本国特色的珍贵物品。首都外来访问者的存在确实表明了唐皇室在世界范围内的影响。

7 世纪和 8 世纪早期，外国的贡使是宫廷画家笔下的一个流行主题，他们以某种屈尊俯就的好奇心描绘这些外国人。例如阎立本和阎立德之流的画家，因为描绘贡使团奇怪面容和异国风格服装的能力而在宫廷声名鹊起（图 12）。尽管只有几幅复制品流传下来，但我们从陶俑和墓葬壁画中发现，画家一般都会突出访问者尖尖的鼻子、络腮胡子、卷曲的头发以及本国的服饰（图 13）。[40]

贡使只有在通往首都的路途中才为普通中国百姓看到。到目前为止，唐朝最常见和最有影响力的以及最频繁地为这段时期的艺术和文学中所描绘的外国人是商人。除了书籍和地图外，这些人还带来了奴隶、矮人、艺人、野生动物、毛皮、羽毛、稀有植物、热带木材、异国情调的美食、香水、药材、纺织品、染料、珠宝、金属，还有多种
166 多样世俗的和神圣的物品。城市中的唐朝居民熟悉并喜爱这些外国商品，他们会把只知道中国本土事物的人看作乡巴佬。于是，至少在城市，唐代的国际秩序催生了一个国际化的唐朝。[41]

和贡使一样，外国商人独特的服饰和外表成为唐代文明的一个
167 多彩元素（图 14）。或许因为来自西域的人是最重要的外国商人，他们成了外国人最典型的形象。对外国人面貌公式化的描述是高鼻深目（图 15 和图 16）。于是，有关中国制度的不朽历史著作，以杜佑（735—812）编著的《通典》为蓝本的《文献通考》中写道：“自高昌以西，诸国人等深目高鼻，惟此一国，貌不甚胡（中亚），颇类华
168 夏。”同样的形象被改编进夸张的诗歌，例如陆岩梦在《桂州筵上赠胡子女》诗中赞美一个非汉族故人的女儿：

图 12　唐代绘画中的外国贡使团

图 13　唐代绘画中的外国贡使的服装和特征

图 14　骑骆驼的胡人陶俑

图 15　骑马的胡人陶俑

图16　胡人马夫陶俑

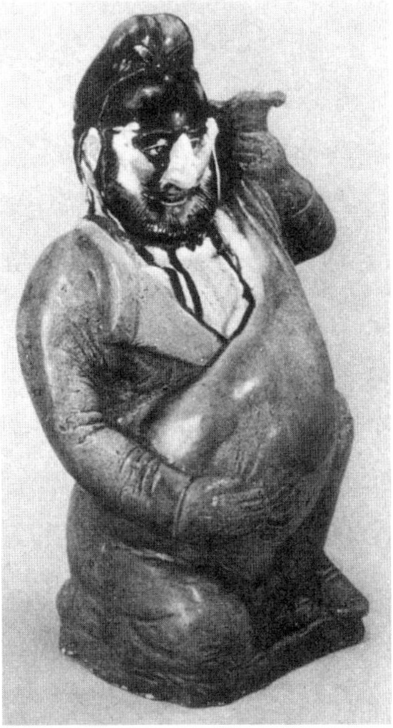

图17　抱着酒袋的胡人酒商陶俑

眼睛深却湘江水，鼻孔高于华岳山。[42]

与汉代形成强烈对照的是，唐代中国城市中的外国人规模大且持久，外国商人的分布则遵循着贸易的模式。在东北，海路主要掌握在朝鲜人手中，日本人发挥有限的一点作用。这些海员们常常沿着黄海北部的海岸到达山东的港口。7 世纪 60 年代，新罗战胜了高句丽和
169 百济并阻止了日本船队后，来自长崎的商人试图渡海直达长江口或者杭州湾，以绕过朝鲜的垄断。然而，这样做是很危险的，因此大部分日本朝圣者、商人和遣唐使选择乘坐新罗或者渤海国的船。于是，连接长江与黄河的运河沿岸的城镇，尤其是江都（扬州）和涟水，朝鲜商人形成了一个重要的外国人团体。如同所有唐朝的外国人团体一样，他们住在政府监管下的特殊地区，但享有各种治外法权，并且直接由来自自己国家的首领管理。[43]

在中国南方，最大的外商中心是番禺港，这是个充斥着蛮人和野兽的热带边远城镇。20 万名居民中很大一部分由印度人、波斯人、阿拉伯人、爪哇人和马来人组成。他们被允许居住在江南岸的外国人聚居区（蕃坊）。逐渐地，这些移民组成规模日益扩大的外国人社区，比起城墙中的中国居民要多得多。与唐代中国的其他地方一样，番禺的外国人居住区也是由一个指定的长者管理，9 世纪时是一个阿拉伯人。这个港口一直很繁荣，直到 758 年，一伙阿拉伯和波斯海盗集团洗劫了仓库，然后把城市夷为平地。在接下来的半个世纪，交州令其黯然失色，直到 9 世纪早期才有所恢复。番禺主要的贸易形式是以宝石、热带木材和药品来交换中国的丝绸、瓷器和被绑架而来的奴隶，他们通常是遥远东南部的土著居民。[44]

阿拉伯人和波斯人的社区较小，它们在沿着从番禺向北到长江和大运河交汇处的江都的沿线城市发展。不仅作为沿着运河的转运中心，而且作为遍及帝国的茶盐贸易中心，江都因此成为帝国的商业和

金融中心。负责以江都为根据地的盐业专卖的盐铁使，是 8 世纪晚期皇帝之下朝廷内最有影响力的人物，而盐商则是国内最富有的商人。无数的非汉族商人在江都建立店铺，在排外主义爆发初期，760 年一支叛军屠杀了这座城市成千上万的外国商人。不过，江都到 8 世纪晚期仍旧是东亚贸易的一个主要中心。[45]

在北方，最重要的外商中心是两都长安和洛阳，尤其是“丝绸之 170
路”和大运河终点的长安。因此，其国际人口不同于南方的港口，主要由突厥人、回鹘人和粟特人组成，与群集交州、番禺和福州的占婆人、高棉人、爪哇人及僧伽罗人形成了对照。不过如同东南部城市一样，长安也群集了许多阿拉伯、波斯和印度的商人，他们集中于长安西市周围。波斯人非常多，以至于唐朝政府在城市中建立了一个特别机构来照顾他们的利益。当一个人从长安向西行进，沿途城市都有大规模的外国人社区，地处河西走廊的城镇，诸如敦煌、凉州，外国人的数量要大大超过中国人。

到 9 世纪，回鹘人在长安对高利贷生意的垄断已经变得臭名昭著了，这些外国人因为傲慢自大和轻视中华法律而受到普遍的鄙视。在 9 世纪早期数十年，因为物价逐步上升，许多中国商人和官员沦为回鹘人的债务人，被迫向他们的突厥裔债权人抵押土地、财产、奴隶，甚至是文物或传家宝。当一个回鹘人在光天化日之下谋杀了一个中国商人，会得到来自首领的庇护从而逃脱，与此同时中国政府则毫无办法。这种状况变得极其恶劣，因此中国政府在 836 年禁止了所有与“各种深色人种”的私人交往。[46]

除了高利贷，唐代外国人还操控了对城市平民很重要的一些其他贸易。葡萄酒店铺普遍由粟特人或操吐火罗语的商人经营，娱乐和娼妓业有着强烈的异国风情。在外国人所有的葡萄酒店铺里服务的胡姬，与外国葡萄酒商一样（图 17），是唐代诗歌和艺术中一个普遍的主题。中亚音乐在城市中流行起来，在首都从酒馆和供官员娱乐的场所传播到每一个可以购买到娱乐和性服务的场所。到 8 世纪，中国的流行音乐简直与中亚绿洲国家的音乐没有区别。甚至在宫廷也是如此，玄宗皇帝和他的爱妃杨贵妃最喜欢的是一首改编自中亚的歌曲。
171 有时会在边地凉州稍加修改的龟兹国音乐尤其盛行，连皇帝们都会学习表演。此外，来自东南亚国家和朝鲜半岛的带有异国情调的歌曲也很流行。

异域舞者也是唐文化中重要的形象，唐代诗歌中常常提及穿着特色本土服装表演异国情调舞蹈的年轻男女。在胡腾舞中，来自石国的男子们带着尖顶帽子，穿着窄袖衫，披着长带，当他们旋转跳跃时带子末端自由地飘动。以靠近塔什干的起源地的名字命名的拓枝舞（石国又名拓枝）中，年轻女子穿多彩薄纱长裙，系银色腰带，戴缀着金铃的尖顶帽子，脚踩红色锦靴，翩翩起舞。当一舞终结时女子会罗衫半袒。最惊人的大概要算粟特胡旋女的舞蹈：着锦袖绯色长衣、绿色
172 缎子裤、红色鹿皮靴的女性在旋转着的球顶端舞动。唐玄宗和杨贵妃很喜爱这种舞蹈，在这时期的诗歌中，胡旋舞蹈的色情元素和异国风情被视为帝国腐败的一个标志和即将发生叛乱的征兆。正如白居易在《胡旋女》一诗中所写：

> 胡旋女，胡旋女，心应弦，手应鼓。
> 弦鼓一声双袖举，回雪飘飖转蓬舞。
> ……
> 禄山胡旋迷君眼，兵过黄河疑未反。
> 贵妃胡旋惑君心，死弃马嵬念更深。[47]

正如该诗所指出的，对唐朝最具威胁性的外国势力是在唐边境内的大规模雇佣军，这支军队主要从胡人中招募，以防御吐蕃、契丹和突厥。这些军队的规模逐渐增大，特别是李林甫任丞相之后，为了防止其朝廷里的对手获得军事力量，故而将边境的军队置于胡人节度使的管辖之下。一支由粟特人轧荦山（安禄山的字）统率的军队发动了

叛乱，这场叛乱几乎摧毁了唐朝，并且成了中华历史上一个急剧的转折点。

被看成异族的佛教徒

除了使者、商人、艺人和士兵，唐朝另一个颇为重要的外国元素是佛教僧侣和香客。印度和中亚绿洲城镇早已提供了博学多才的僧侣和学者，他们将密宗和其他教义引入中国，尽管这些宗教已不再像以 173
前一样具有影响力。更为重要的是，大量朝鲜和日本的佛教徒涌来拜访中华名刹宝寺，并在著名寺院学习。他们的游历使得坐落着许多寺院的农村和遥远山区也出现了外国人的身影。袄教（马兹达是其最高神）、摩尼教和景教的信徒，以及犹太人也以商人和传教士的身份进入中国，不过佛教仍是最重要的外来宗教。[48]

一个重要的问题是，唐代佛教在多大程度上保持“外来”宗教的性质？在过去几个世纪中，佛教已经与中国文化紧密缠绕，曾经在中国与外部世界的关系中促进了以中国为中心的新东亚文化圈的形成。此外，在唐代，在中国发展的本土佛教宗派开始成为主导，大部分民众庆祝佛教节日，以佛教形式祭仪死者。然而，在某些方面，与道教和儒教这些根深蒂固的传统文化相比，佛教对于许多人而言仍然是一种外来宗教。[49]佛教的起源就显示了它的外来性，一些艺术把佛陀和他的追随者们描绘为外国人（图 18）。反佛论者同样强调佛陀是一个蛮夷之人。最极端的反对声是道士傅奕在 7 世纪 20 年代提出排佛的呼吁表文《请废佛法表》：

> 碧海无夷之神……共遵李孔之教，而无胡佛故也……降斯已后，妖胡滋盛，大半杂华……儒士学中，倒说妖胡浪语。曲类蛙歌，听之丧本……劳役工匠，独坐泥胡……在西域胡人因泥而生，是以便事泥瓦塔像……封周孔之教，送与西域，而胡

图18 《佛祖之死》壁画局部，其门徒为胡人形象

> 174 必不肯行……然佛为一姓之家鬼也，作鬼不兼他族，岂可催驱生汉供给死夷？[50]

诸如此类的抨击遭到了来自佛教核心集团的反对、大多数朝廷官
175 员的蔑视和皇帝的否定。不过自从皇室家族宣称其血统来自老子并支持把道教列为首位，傅奕愤怒说出的一种弱化说法成为可被接受的朝廷学说。

这篇表文是将奉儒教为正统的中国和信仰佛教而非中古先贤教导的中亚外部领域对立起来的世界观的一个早期例子。借鉴中国宗教的基本分类法，傅奕强调佛陀并非可以从信徒那里任意得到供物的“神”，而是只能从其自己亲属那里得到合法供品的鬼魂或祖先。这个论点将适于中国人的信仰与适用于蛮夷的信仰区分开来，论证了虽然信奉佛教对于印度人而言是合理的，却不为中国人所接受。

一些儒士也攻击佛教，称其为一种野蛮的输入品。其中最为人知的是韩愈的《论佛骨表》：

> 伏以佛者，夷狄之一法耳，自后汉时流入中国，上古未尝有也……夫佛本夷狄之人，与中国言语不通，衣服殊制。口不言先王之法言……假如其身至今尚在，奉其国命，来朝京师，陛下容而接之，不过宣政一见，礼宾一设，赐衣一袭，卫而出之于境，不令惑众也。[51]

在这篇表文中，韩愈明确地将佛陀和充斥首都的外国贡使联系在一起，呼吁对佛教和那些久留长安的外国使节强行驱逐，这些使节靠唐朝供养维持着舒适的生活。尽管韩愈的语气与傅奕相比更为克制，没有民族仇视的用词，而是替换为由朝廷实际实行的约束异族出入的愿景，但将佛教定为一种外来信仰仍是其中心论点。

有些人强调佛教的外来起源，另一些人则强调其外来的教义和实 176
践。最显而易见和最常被谴责的是僧侣剃度的惯例。这违背了一项基本的儒家规范，即“身体发肤，受之父母，不敢毁伤”。剃度也将佛教与一些胡人联系在一起，尤其是突厥人，他们将头发全部或部分剃光（以后在清朝时也会由满族人强加给汉人）。在对佛骨圣物的公众朝拜活动中的严重而狂热的伤残身体行为，如焚烧或切掉手指，也类似于在非汉族的哀丧仪式中以严重自残方式表示悲伤。[52]

甚至佛教徒自身也常常接受这个宗教的外来特征。一些人将印度置于世界的中心，把中国降到边缘位置。其他人将佛教描述为与儒道平行的信仰，它们都在不同文化中表达了此类真理。尽管这些模式都认为佛教是优于或平等于中国思想和教义的，但他们也都接受佛教是外来的观点。重要的朝圣者，著名的唐早期的玄奘和唐晚期的义净和尚，也认为佛教是外来的。这些和尚经过长途的艰险跋涉到达印度，在异国待了数十年，因为他们相信佛教的终极真理可以在那里找到（图 19）。在某种程度上，如果他们途中的见闻在中国能找到一位听

图19　敦煌壁画。描绘了一位朝圣者从印度带回经书卷宗，身边还有一只老虎相伴

众，例如太宗皇帝对玄奘的热情接待，这是因为他们提供了外部世界的信息，而不是因为他们提供了关于佛教的信息。寻求佛教经文，建立与外国人的联系与实行中华外交政策之间的紧密联系再次确定了佛教的外来性质。

但是，佛教外来性质最明显的证据是胡僧的存在。非汉人僧侣在中国文学中变得令人瞩目，成了晚期帝国文学的重要主题。关于胡僧最普遍的描写刻画之一是“采花贼”，热衷于劫持、贩卖或者密谋引诱良家妇女。另一个刻板印象是外来僧侣们会法术，这个印象混杂了对胡人的猜疑与来自遥远国家的人拥有独特能力的想象，为许多文化所共有。一些故事强调了被正直的儒家官员揭露或挫败的僧侣法术的欺骗性。另一方面，在佛教徒的宣传中，一些形式的法术被当作领悟
177 佛法的证明。后来从印度来的一些密宗佛教徒，包括不空和金刚智，

通过为统治者和国家施法在朝廷获得巨大影响。其他的故事则将胡僧描绘为某种非人类生物，这也是对胡人的普遍描述。因为“胡”和“狐”都发“hu”音的事实助长了认为他们是狐妖的观点。在 813 年流传的一个故事中，一个亚洲内陆的和尚本是一匹骆驼。[53]

这样的书面攻击只与受过教育的精英有关。对于大多数人而言，178
僧侣的外来特质显示于他们奇怪的容貌和衣着上，正如在沿着佛教朝圣路线的主要城镇可以看到的那样。随着一个完全中国化的佛教和作为东亚佛教世界中心的中国的出现，越来越多的外国僧人以学生和香客的身份来到唐帝国这个圣地。饶有讽刺意味的是，正是佛教逐渐增加的中国特性使大多数人看到了佛教的外来性。

第 7 章

宗族关系

179 唐代通常被描述成中国妇女的一个“黄金时代”，和强调守寡殉葬、三从四德以及将缠足作为新时尚的后世相比，唐代妇女更加自主且更有权力。[1] 然而，这个结论只是部分正确，因为女性商品市场是唐代城市生活一个显著部分，并且以纳妾的形式将这个市场转移到家庭之中。这些变化都是中国妇女地位下降进程的一部分。

在唐代亲属关系的其他方面，更为中国化的佛教的兴起使得其仪式和节日融入祖先崇拜，也使更为广泛的联系在生者和死者之间建立起来。帝国后期变得重要的一种习俗在这一时期也能找到最初的清晰迹象，即安排生者与死者之间，或者两个死者之间的冥婚，以抚慰不安的灵魂。

不过唐代亲属关系最重要的变化是帝国范围内阀阅大族的“超级精英”最终消失了，这些家族通过修族谱、选择性的内部通婚和长期为官，以保持他们在社会中的显赫地位长达几个世纪。这种世家大族的消失一般被认为标志着从唐到宋作为从“中世纪”文化向近世或后
180 期帝国文化转换过渡的最重要因素。

唐代家庭中的妇女

唐代女性地位较高的形象在很大程度上是因为武则天、她的女儿太平公主以及韦皇后控制帝国权力超过半个世纪。但是这个中华帝国女性政治权力的高峰，仅是自汉朝衰落后开始的漫长历程的顶点。汉朝以后占领中国北部的游牧民族带来了具有游牧民族特性的男女平等。正如6世纪颜之推所描述的，北方地区的女性处理法律争端，介入政治，并代表她们的男性亲属向官府请愿或申诉。尽管北魏有法律强制限制皇太后在朝中的权力，但是这些命令并不能阻止这些女人在5世纪末和6世纪初掌控朝政数十年。

皇后经常充任她们丈夫政治上的建议者，这种模式在589年隋朝重新统一中国后延续了下去。隋朝开国皇帝杨坚的妻子文献皇后是他形影不离的伴侣和最信任的政治顾问。夫妻二人被称为“二圣”，尽管在皇后处死他心爱的一个妃子后两人有过争吵，但隋文帝仍然继续听取妻子对政治事务的判断。最终是由皇后而不是皇帝决定，将皇位继承权给她最喜欢的儿子杨广。[2] 和他父亲一样，杨广把他的妻子萧皇后当作终身的知心伴侣。她在向杨广介绍南方文化、塑造对南方的政策（无论好坏）上起了重要作用。[3] 唐朝创建者李渊在政治上不但有他的妻子，而且还有女儿平阳公主的协助，公主亲自参与了建立新王朝的战争。唐太宗同样也在长孙皇后的帮助下处理国家政务。[4] 从7世纪下半叶开始的唐代女主的权力仅是继续了女性积极参与国家政务的北方传统。

除了权倾朝野的皇后，唐朝也以众多公主参政而引人注目。除了帮助建国的平阳公主之外，太平公主也支持并且继承了她母后武则天的工作。安乐公主为705年以后控制了朝廷的韦皇后提供了相 181
似的服务。事实上，8世纪第一个10年的宫廷历史大部分是太平公主与她的两个主要敌人韦皇后及安乐公主之间的斗争。710年这场斗争结束于一场血腥政变，李隆基（未来的玄宗皇帝）率领一支军事武装攻入宫殿，杀死了韦皇后和她的女儿安乐公主。太平公主当场把傀儡小皇帝从龙椅上拉下并扶持她哥哥李旦登上皇位。“公主所欲，上无不听，自宰相以下，进退系其一言……趋附其门者如市。”只是因为太平公主草率地允许李隆基运用他新建立的威信在身边集结大唐忠臣，她的权势才开始衰落。经过几年的反复斗争，她试图发动的政变于 713 年宣告失败，她被逼自杀，也使得唐朝的女性统治时期走到了尽头。[5]

在与国外统治者建立政治同盟关系方面公主们也起到了作用。安排公主与外国首领通婚的惯例可以追溯到汉朝用于安抚匈奴的“和亲”政策。王昭君被迫嫁给匈奴单于的故事成为文学上一个重要的话题。[6] 汉朝时被送出去的许多女性仅仅是名义上的公主，而唐朝派遣的是真正的公主，虽然至少有一个例外，即为了及时送给突厥可汗而将一个投降部落首领的女儿冠以唐公主之名。频繁的政治联姻在唐朝要盛于以往各朝，尤其是在唐代早期，诸如太宗时文成公主与吐蕃国王松赞干布的通婚，使得这些公主在巩固同盟上扮演了重要的政治角色。

随着唐朝势力的衰落，在外邦居住的公主们的影响也减弱了。尽管没有实际被虐待的证据，但她们的生活中常常缺乏正常的必需品，例如可供阅读的书籍。最不幸的例子是太和公主，她于 821 年出嫁给回鹘的崇德可汗，结果在 842 年，叛乱首领劫持并强迫她向唐政府请求要求承认和支持。唐武宗在一封信中指责她没能保卫和平并且
182 将外族引至国界，当她最终回国后，宫中的其他公主们拒绝欢迎她。虽然唐武宗惩戒了这些公主的行为，但这个故事显示了一位公主遭遇的困境以及她们在宫廷里的行动自由。[7]

虽然许多唐代公主在国内外政治上并没有影响力，她们仍然在历史上声名狼藉，仅仅是因为对个人自由的坚持或是所谓的放荡生活，

后者是正统历史学家笔下所有独立自主或者有权势妇女的共同特征。公主们有时出家当道姑，并被奉为道教女仙，因此在首都获得了崇高的身份地位，使她们可以自由地追求自己的兴趣。但是即使是公主身份的道姑也被谴责有淫荡行为，这又是人们对独立自主女性的刻板印象。关于中国道姑的性幻想与所谓欧洲神父和修女所享的性欲并无不同。

许多公主蔑视她们的丈夫并公开羞辱他们，或给他们戴绿帽子，导致了许多不合惯例的离婚和再婚。这使官员们都设法避免与皇家结亲，如郑颢与举荐他和宣宗女儿万寿公主结婚的官员白敏中有长久的嫌隙。这仅仅激化了皇帝对高官们为娶显赫旧贵族的女儿而给予其丰厚聘礼的反感。在这样的交换中，社会上层集团的女儿们常常成为政治婚姻市场的代币，和皇家公主的处境类似。[8]

南北朝的大族越来越多地互相通婚，以维护他们的血统，保证门第高贵。但是，有时地位更加卑微的家庭，通过纳征“陪门财”，会被允许迎娶名门望族的女儿。颜之推在《颜氏家训》中如此描述这种现象：“近世嫁娶，遂有卖女纳财，买妇输绢，比量父祖，计较锱铢，责多还少，市井无异。”[9] 在 5 世纪末和 6 世纪这种情况变得十分常见，因此北齐朝廷颁布法令要求聘礼的数量应该由新娘父亲的品秩而不是新娘父系的声望决定，这项政策执行得并不成功。

人们重视门第胜过政治地位的情况一直延续到了隋朝，当时甚至是朝廷中最有权势的官员也要支付“非常丰厚”的聘礼才能让他们的 183
儿子与当时高门大姓的崔氏女子联姻。唐朝前半期，帝王一个接一个地抱怨，名门望族尤其是河北四大姓家族要求大量聘礼，而有权势的官员们无不应命。当时高门大姓鄙于和其他阶层通婚，这使得他们能向一些新贵要求高额礼金，而这些新贵也心甘情愿，因为他们想通过和有着持久社会声望的大族结成同盟来获取新的政治、经济权力。[10]

虽然批评者说这些家族在“卖女儿”，但制定高昂的婚姻价格似乎更多是因为这些家族极不情愿与其他阶层通婚，这种不情愿有时不得不屈于他们在经济上已经不再繁荣的事实。在这些情况下，一个适婚年龄的女儿可能是这个家族最大的经济资产。诗人白居易在《长恨歌》中提到杨贵妃地位提升所带来的政治权力使父母们“不重生男重生女”。然而对中国的高门大族而言，这种情况已经持续了几个世纪，很大程度上是出于聘礼或礼金的原因。[11]

随着唐朝的覆灭和大族显赫地位的终结，与婚姻相关的财产流动方向发生了逆转。宋代不再是男方家族出大量聘礼给高门大族来交换他们的女儿，而是女方家族开始提供女儿出嫁的嫁妆。这一变化的原因尚不清楚，虽然它可能与货币经济的发展以及巩固家族的新策略有关。[12]不管它产生的原因是什么，这种在婚姻财产方面的转变意味着宋朝女子不再因为能给家族带来巨额聘礼而受到重视，而这也导致她们在跨家族网络的形成中角色重要性的降低。此外，嫁女儿会导致家庭财产遭受巨大损失。长此以往，就导致了上层女子地位的下降。

除了政治活动和作为新娘的价值，唐朝是女性的黄金时代这一观点的另一来源是描绘女性的艺术作品。在墓室绘画中保存着许多上层女子和宫廷艺人的形象。有些描绘了骑在马上打马球或是在射箭的女子（图 20），另一些展示着穿着袒领罗裙甚至是异族男子服装的女
184 子，还有一些是或在花园里悠闲漫步或弹着乐器或下着围棋或向佛寺道观捐钱或与孩子们一起玩耍的女子形象。许多墓室中出土了以重要女性及其随从出游的队列为主题的绘画，最著名的是太平公主。墓中更为常见的是描绘在宫廷上表演的舞者、乐者的画作，虽然这些也许不是唐代女子的自由和影响力的最佳象征（图 21）。[13]这些唐朝墓室绘画中对妇女自由的大量呈现在之后的朝代中逐渐减少。

甚至从“女则”这个本来不太可能的来源中，也可以看出唐代妇女的相对自主权力。这种由汉朝女作家班昭（45—114）所创的写作
185 传统，坚持认为女性应该完全顺从她的丈夫。它反复强调的主题是丈

20　射箭（箭已腐蚀掉了）的女人陶俑

图21　墓室壁上的女舞者绘画

夫是一个女人的“天”，女性应该让自己保持沉默和隐形，同时敬慕丈夫，并无条件地顺从。一些作者在唐代继续了这个传统，著有《女孝经》和《女论语》。虽然这些书都是以班昭的《女诫》为典范写成的，但《女论语》也有自身的特色，它提供了对于家庭行为的详细建
186 议，也描述了女性不应模仿的举止：“莫学他人，跳梁可恶。咆哮尊长，说辛道苦，呼唤不来，饥寒不顾。”[14] 同样，帝国的法令也禁止了某些行为，这反而显示出确实有人是那样做的。法律上规定女性应该避免的行为包括：责骂公婆，马虎缝纫，大声谈笑，说三道四，偷吃食物，宴会醉酒。这显示出唐代有多少妇女确实有这样的举止。

虽然唐朝对于上层集团女性而言是一个有相对自由和权力的时期，但其他一些女性则成为城市市场中被买卖的商品。因此，在妓女与主顾在宴会上平等交流诗赋和以传统形式举行的假婚礼的表面下，赤裸裸的经济现实就是妓女们完全依赖于恩主的金钱。[15] 一名高级妓女在生活中的最好情况就是能够卖身为妾，以这种形式，女性作为商品越来越多地被引入唐代家庭。

妾作为家庭成员，以次一级的性伴侣的身份为丈夫服务，提供肉体的愉悦，并且在丈夫需要的情况下生下子嗣。这些妇女在法律地位上低于妻子，中国自古以来就有纳妾的传统，不过只存在于贵族或最富有的家庭中。在宋朝，纳妾现象仅仅出现在很富裕的人家，到了后来朝代则成了一般有钱人的惯例。[16] 虽然这个习惯在唐朝并不像后来那样普遍，但是有证据显示它已经对配偶关系以及家庭内部的权力结构产生影响。文学资料中的逸闻趣事显示了妾的存在，有一些为商人所有，还有一些文章认为富有家庭有很多妾是理所当然的。《目连变文》夸张地提到“妻妾满山川”。[17] 丧葬的碑文也提到了妾，相当多的碑文会提到除了正室所生的嫡亲子女以外的孩子的名单，但是并没有他们母亲的名字。这些累积的证据表明在文化精英中拥有妾已经是很普通的了。[18]

唐代法律道德准则非常重视妾与主人的关系、妾与妻子的不同， 187
以及庶出子嗣的地位。所有这些在传统礼学经典中都有讨论，但是在唐代法律准则中给予了详细阐述和充分的法律约束。[19] 接下来，这其中大部分被记录在了宋朝随后的法律中。虽然妾与妻子有某些共同之处，例如她们不能拥有主人的姓氏，与任何其他男子发生性关系将被作为通奸罪惩罚，但绝大多数习俗和法律约束都清楚地区别妻和妾的身份地位。

在法律条文中，刑罚根据罪犯与受害者身份地位的不同而有所改变，妾的地位介于正妻和奴婢之间。丈夫或丈夫一方的亲属杀死奴婢的罪刑低于杀死妾的罪行，然而当妾伤害主人的亲属时所受的惩罚要比正妻严重。正妻婚配的过程包括例行仪式和聘礼交换，但是妾和奴婢一样被简单地公开购买。正妻的亲戚成为丈夫家族的亲属，但是妾的亲戚则不能。法律规定一个男子只能有一个正妻，但是只要他负担得起，他可以购买尽可能多的妾。妾像奴婢一样，以谦卑的态度来伺候正妻。妾室的儿子与正妻的儿子享有同样的继承权，但是所有的儿子都必须视他们父亲的正妻为母亲，正妻可以要求并抚育任何一个妾的子嗣。当一家之主死后，她就成为孩子们的合法监护人。正妻成为寡妇后可以拥有家眷和财产，而届时妾则会被轻易地驱逐出家族。[20]

在唐朝，区分妻和妾对于婚姻制度和社会等级的认知都十分重要，混淆妻与妾就如同混淆主人和奴婢一样。正妻一般出自优良的精英家族，而妾则如同奴婢一样，出自较为低等的阶层。因此，在许多逸闻趣事中，当男主人公发现一个官员的妻子或者女儿降低到妾的地位，他会感到十分震惊，并且出钱使她可以体面地婚嫁。[21] 到了 17 世纪的清朝，这种情况已经不足为奇，女性的地位日趋降低，法律和社会对于妻妾之间的划分也没有那么严格了。

尽管唐代的行政人员和知识分子努力维持妻妾间明晰的法律划
分，但他们本身作为妾的所有者无论如何也不会承认这项制度威胁 188

到了正妻的地位或是她们与丈夫之间的婚姻维系。据礼法的描述，婚姻就等同于传宗接代和社会等级的维护，而婚配双方在情感上和精神上的联结并未被提及。在典型的上层家族中，妻子的职责所在就是生育家族继承人和管理家族，而丈夫与妓女和妾发生性行为或寻欢作乐是被允许的。如果正妻无法生育，由妾生育家族继承人在道德上也是合理的。虽然从理论上说这或许可行，但实际上也就意味着正妻必须忍耐存在于丈夫和其他女人之间的深厚情感与精神联结，同时也要求丈夫不能因为和其他女子维持长久的社交和身体亲密关系而改变他的行为。后者的难度在两个著名的唐朝女子身上得到印证：武后和杨贵妃。她们都曾以妃子的身份取代了皇后，并通过凌驾于统治者之上的权力影响了帝国的进程。[22]

法令要求妻子忍受丈夫对妾的需要，这项规定其实意义不大，很多时候妾主导了她和男主人的关系，并开始控制一家之主的情感和行为。这种法令就是自私的伪善，完全不提同一屋檐下和对手几乎不可能和平共处的事实，于是唐代文人有关“妒妇”的题材并不少见。这个朝代见证了“泼妇”题材故事的全盛，即女人用尽一切手段阻止丈夫纳妾。关于隋朝开国皇帝隋文帝之妻文献皇后对其丈夫之妾“蛮不讲理”的嫉妒心一直被反复提及，并且有记载说她杀了隋文帝的至爱。[23] 类似有关泼妇的传闻在帝制之前就已有记载，并且盛行于南北朝，但是在唐朝就以独立的体裁形式出现了，即关于该主题的整部文集。[24]

有一个极端的例子如下：“桂阳令阮嵩，妻阎氏，极妒。嵩在厅会客饮，召女奴歌。阎被发跣足袒臂，拔刀至席。诸客惊散，嵩伏床下，女奴狼狈而奔。”女性嫉妒的力量甚至被写入艺术加工的“妒妇津”传说中。当一个男子夸赞洛河女神的美貌，他嫉妒心极强的妻子
189 就自沉于河，并常常出没吞噬比她美貌女子的性命。此后，这条河附近发生的无法解释的事故和死亡都被归因为女子的嫉妒所产生的恶毒

力量。[25]这样的传说说明强烈的情感和集体的焦虑渗入了唐代家庭兴起的一夫多妻制。正如谴责所有有权势的女人都是荡妇的老生常谈一样，妒妇、泼妇的主题成为后来中国史学和文学中的陈词滥调，但作为中国精英家庭结构中的矛盾仅仅被轻描淡写。

祖先祭祀的变化

唐代中国的亲属关系也被埋葬死者和祖先祭祀方式的变化所影响。唐代以前，没有在居住在一起的家庭之外集体祭祀祖先的证据。孩子们在父母或祖父母坟前进献供品，但是更远祖先的共同后代并没有为这类的祖先敬奉而聚集，事实上这可以把他们凝结成一个有意义的社会团体。然而，在7世纪末期或8世纪早期的10年中，父系亲属开始在清明节（也称为寒食节）会面，在冬至日后第105天清扫四至五代祖先的坟墓，并为他们进献供品。

有关清明节墓前献祭的记录最早可以追溯到7世纪60年代。从732年的一项法令可以看出，这一做法已经广为传播，虽然经典中并没有论及在寒食节扫墓，但这已经变成一种习俗，并且受到鼓励："士庶有不合庙享，何以用展孝思？宜许上墓，用拜埽礼。"柳宗元（773—819）在流放途中，哀叹他周围皂隶庸丐，皆得父母丘墓，唯独他不能去祖先坟上拜祭。这个时期的礼仪书甚至包括节日拜祭祖先场合的书信模式。[26]

寒食节时聚族祭祀远祖增加了同一亲族内能够相认的后代数量。 190
这增加了形成更大亲属群体的可能性，这个亲属群可以一起聚会，相互提供协助。然而，我们没有证据表明唐代祭祖时聚集了大量的远亲，一些诗歌引文和散文显示日常祖先坟墓的照管仍然主要由个别家庭负责。[27]

在唐朝另一个对死者信仰的重要发展是每年的鬼节，即为不安的亡魂举行佛教仪式以确保他们获得更好的新生。这个节日起源于5世纪经文中目连救母的故事，故事讲述了佛教徒目连借助十方僧众的神力成功地救出了在地狱沦为饿死鬼的母亲的过程。这么做的好处不仅仅是拯救他母亲一人，而且拯救了“七世父母和六亲”，相同的套语也出现在许多祈愿碑上。这个故事成了俗人每年农历七月十五通过向寺庙献上一部分收成来确保已故亲人和任何不安灵魂幸福安康的原型。到了6世纪中期，这个节日在中国南方地区普遍流行，鬼节期间必然要装饰寺庙并且集体作曲奏乐。到了唐代，鬼节已经成了每年最重要的节日之一，很多历史文献和诗词中都有对它的描述。[28]

这个鬼节故事的起源是值得注意的，因为它强调了目连对母亲的献身而非对他的父亲。对目连母亲的强调已经成了经典描述的一个特点，但它崭露头角是在公元800年左右唐代一种名为“变文”的剧本故事中。[29] 这种新的文学类别通过散文和诗词的结合来娱乐市民，而这种变文由专业表演者演出，常常是女性。当表演者背诵富有诗意的段落时，口头叙述同时往往还伴有图片的展示。这种诗词、散文和图像的组合被称为“变文”，因为它涉及了佛、神以及主人公的不同表现，由此在娱乐中启迪民众。[30]

目连救母的故事几乎没有提及父亲的命运，而集中描述了他对母亲强烈的感情羁绊，表现为对她报恩的坚持，看见母亲在地狱遭遇的惊恐，以及愿意替母亲受罚的心情。几个世纪过后，目连救母成为中国最有名的描述母子关系的故事，也是葬礼表演中最为流行的主题之
191 一。[31] 它对以前消失在公众视野中的中国家庭之间有力并持久的联结纽带做了正式的表述。

鬼节及其创立的神话将早期佛教碑文和图像隐含的内容戏剧性地表达了出来：对于信徒来说，信仰佛教能够抚慰先祖之灵，因此也就能够维系家庭，庇佑家庭成员，并且维护其利益。传统的祭祖是为亲属准备祭品，只有国家才能把祭品献给非亲属。在由鬼节和相关习俗

所定义的新祭祀仪式中，献给先祖的祭品只有通过僧侣才能起作用。这使得佛教寺院成为亲族组织中不可缺少的因素。这一变化可以从目连救母的变文中看出，在地狱中受苦的人们悲叹传统的祭祖活动不能产生效力。

> 一掩泉门不再开，冢上纵有千般食，何曾济得腹中饥，号啕大哭终无益，徒烦搅纸作钱财，寄语家中男女道，劝令修福字冥灰。[32]

在另一段变文中，地狱中的人要求目连告诉活着的人，制作精美的棺材，举办昂贵的葬礼，加上演奏音乐和高唱歌曲并不能减轻死者的痛苦，只有将祭品交给佛教寺院才能缓解其痛苦。当目连最终与母亲在地狱会面时，母亲告诉他，自己的罪行之一是祭祖时“大肆杀猪宰羊以祭祀鬼魂”。尽管这样的言论从未引起对传统祖先崇拜的放弃，但推进了仪式的永久改进，以确保亡者能平安过渡到新的生存状态。[33] 虽然这些宇宙论和礼制中许多潜在的思想来自佛教，但到晚唐和宋，它们开始混合进入一种在正统佛教、道教和儒教之外繁荣起来的中国宗教中。

佛教影响最明显的例子之一是 7—10 世纪之间出现的负责在阴 192
间审判死人的冥府判官和阎王以及一套应付他们的仪式。如同西方虚构的炼狱，它提供了一个全新的方法，以此人们可以帮助死去的亲属。在阴曹地府，死者必须经受十殿阎王的审判，10 世纪的《十王经》给予了最好的描述。每个殿（参考了唐代真实的法庭）有一位统治的王，他作为法官审查每个人一生的记录，并且如果必要的话会刑讯逼供（图 22）。离开十殿后，死者将被决定转世后的新身份，有良好行为的人将会投胎到好人家，反之则更糟（图 23）。[34]

与十王的炼狱体系相联系的是，生人可以通过仪式帮助自己和家属顺利通过拷打和审判。这些仪式的要素自南北朝开始出现，建立了
炼狱的仪式应每七天执行一次，直到七七四十九天，以便与死者通过 193

图22　现代日本所藏敦煌卷轴的复制品所描绘的阎王审判死者的场面（太史文《〈十王经〉和中世纪中国佛教中炼狱思想的形成》，夏威夷大学出版社，1994年）

图23　现代日本所藏敦煌卷轴的复制品所描绘的死者被决定如何转世投胎的场面（太史文《〈十王经〉和中世纪中国佛教中炼狱思想的形成》）

审判的进程相一致的观念。然而，《十王经》包含着更多有关如果活着的亲人没有良好举止死者将会遭受更大苦难的详细描述：

> 百日亡人更恓惶，身遭枷杻被鞭伤。
> 男女努力修功德，免受地狱苦处长。

它也区别于较早的文本，那时仪式是由家庭自己或是宗教人士（不限于特定信仰）执行的。如果家庭忽视了对十王的祭祀，他们已故的亲人就无法如愿转世投胎，但是如果他们愿意付出大量纸钱和供 194
物，就会遂心所愿。这些支付很流行，部分是因为它们要比早期仪式中给佛教僧侣的供物便宜得多。僧侣和道士都发展出了类似《十王经》的复杂仪式，但是后者迅速在中国各个阶层传播开来，并且在随后的几个世纪中传到了韩国和日本。[35]

10 世纪炼狱十王模式的成功，意味着中华帝国晚期宗教信仰发展上的两个重要特色。首先，它强调了一个事实，即佛教的一些核心观念广为传播，它们因而脱离了明确的佛教背景，成为一个泛中国化信仰，甚至被那些并不认为自己是佛教徒的人所遵守。与此相关联的是唐代中国特色的佛教的出现。其次，十王的仪式是向一套明显带有商业色彩的、新宗教态度更为宽泛的转变的一部分。到 7 世纪纸钱开始被用于葬礼，到 12 世纪纸钱已成为给阴间判官的标准供物。在中华帝国晚期的宗教经济中，人们广泛相信一个人如果生前欠了阴债，他必须在死时或死前将生前债务全部偿清。冥府十王就是管理这些阴债的主要官员。[36]

唐代宗教给亲属关系带来的最后一个新习俗是冥婚。早期宗教信仰认为“阴阳相隔”，于是，男子与女鬼之间（很少有相反的模式）的性结合就成了一种危险的行为，一般会导致男性的死亡。在这种故事中，未婚死亡而不能得到子孙拜祭的女子变成强大、危险的鬼魂，她们未被满足的欲望将男子拖入厄运。与女神的性行为虽然不像与女鬼那样一贯得到否定，但也会威胁生命，和女鬼不同的是，通常也可以用合适的咒语避开女神。有的时候人们则积极地追求那样的奇遇。[37]

汉代以后，这种观念开始改变，出现了两个死者之间或生者和死者之间的婚姻。死亡的未成年人（尤其是女性）被安排与男子结婚，这是为了给其提供祭品，实现她们未被满足的欲望。虽然这种婚姻的
195 起源尚不清楚，但直至唐代一直在实行。然而，在留存的逸事记载中，有男子因与死去女性结婚而死亡，于是这些冥婚被正式认定为活人与死人之间致命的、非法的通奸行为。因此冥婚至此还没有完全与魑魅魍魉相分离。[38] 不过，鉴于很多家庭都举办过冥婚，冥婚可能已经成为可接受的社会习俗，即使没有正式被认可。

唐代有关与鬼神婚姻的故事也证明了与灵界的联系逐渐被商品化。这方面的一些逸事在主题上相互重叠，都是说一个凡人帮了神仙大忙，被回馈以巨大的财富，或是与非凡的女子结婚而获得财富或不朽的名望。在其中的一个故事中，主人公的财富来自作为礼物的一些蚕丝，他被告知如何可以卖个好价钱。在《任氏传》中，狐仙任姑娘使凡人情侣郑六富裕的方法是马，而非蚕丝。[39] 与非人类发生性关系而获得大量财富（常常是不正当的），成为中华帝国晚期的一个重要文学主题。

唐代大族

唐代亲属关系最重要的转变是大族的消失，大族在朝代初期就已经形成，是在整个帝国范围内以社会地位来定义的超级精英家族。有着极高声望家族的数量相对较少，对他们的认可在南北朝时期得到了发展，他们在唐代的显要地位通过与同阶层或者那些提供丰厚聘礼的对象联姻而得以加强。阀阅之家虽然仍然存在但已趋向衰落的看法也出现在唐代。因此苏冕在他于803年完成的典志类史书《会要》中

提到，所有的朝代创建者和在朝代早期能够做到高位的人都来自“贵族”。他观察到中国早期历史中从未出现过这样的阶层，但其地位在他的时代正在减弱。

宋代学者沈括（1031—1095）同样记录了唐代名门望族的存在以及他们随后的消失。他认为这种现象在中国历史上是独一无二的，他能想到的唯一类似的制度是印度种姓制度。当清初学者顾炎武批评 196
明朝君主专制过强并建议通过地方官员世袭的方式恢复封建制来纠正这一点时，他引用了唐代贵族作为一个范例。在 20 世纪，唐朝大族的性质和命运是当代中国学者研究的一个重要主题。

在隋朝之前几个世纪的分裂中，某些家族通过可追溯到汉朝或晋朝在政府任职的经历，建立了显赫的名望。这种地位由于从繁杂文本记录中查找家系传承的谱学的兴盛和士族的文学文化成就得到加强，甚至连短命朝代的统治者们也试图模仿。这些家族中最有影响力的大族的情形在隋朝重新统一中国后发生了改变。为了减少官员数量，提高行政效率并确保官僚服从朝廷，隋朝统治者废除了士族子弟世袭官职的制度，因此士族在官员竞争中渐渐处于不利地位。隋朝引进了一套新的官员选拔程序，既延续了汉朝的察举制，又开宋朝科举选官的先河。帝国的每个辖区都有推荐人数的配额，通常是每年三人，他们都会被推荐到中央。朝廷的高级官员对他们加以面试，并根据其才能和品格分等次。一些人会被授予官职，而另一些会接受进一步训练。到隋朝灭亡之前，检验候补者对于某一儒家经典的掌握或者他们总体文学能力的科举考试都在京城举行。[40]

隋朝的改革对于中国门阀贵族的影响是相当大的。他们威望的最根本来源是在朝任职的历史，这将他们与那些权力仅限于地方、财富集中于土地的富有家族区分开来。在这种新制度下，在首都的人最容易获得重要官职，而不需要考虑其家族历史。科举作为入仕的途径巩固了那些京城人的特权地位。

作为回应，名门望族中有抱负的成员开始在长安定居下来。那些留下的人则放弃了对政治地位的要求，并渐渐被排除在认证的社会地位的族谱之外。士族的族谱从来就不是笼统的亲属表单，而是有选择
197 性地列举了那些取得过政治成就而因此被认为值得纪念的人。两三代都没有出现官员的家族会被从族谱中删除，不再被认为是亲属。唐代的大族不允许情感干扰世俗优势的计算。只有通过为官或联姻的方式获得成功的人才被认为是真正的精英。

因此，唐代的家族结构成了政治等级在社会上的表现形式。士族成员能够轻易进入官场，但是能否长久维持士族身份则取决于能否获得高官。尽管士族中的很多成员基于土地所有权和大量仆役而维持着家族中的一些权力，但是许多无名小宗也可以提出同样的要求。考虑到分配遗产的惯例（把家族土地分给所有合法子嗣），财产必然会在几代内被分割，所以不能为家族的显赫地位提供持久的根基。只有同时在朝廷任职和编写族谱才能有足够的威望以确保社会地位。尽管大族并非彻底受帝王的命令的支配，但也陷入帝国体系之中。他们的生存取决于国家，当唐朝灭亡时，他们也就随之瓦解了。

唐代大族的维系主要依赖于在朝廷任职，而地方基础的重要性则在其次，这表露于他们变化的行为模式中。4 世纪时，中国北方被分割为几个敌对的割据政权，在东北部地区的山东崔氏家族依赖于他们在当地的基础，与东北部地区的其他显赫家族联姻，援助附近的亲属，有时也担任地方官职。随着 5 世纪初北魏重新统一了北方，崔氏子弟恢复了对官位的追求，大部分人获得了五品及五品以上的职位。自 6 世纪中期开始的内战中，崔氏家族内部就支持哪一位领导者的问题上产生了分歧，更为重要的问题是应关注他们在首都的职位还是保护他们在当地的基础。事实上，家族中所有能够在唐代显荣的人士都是在 6 世纪后半期选择在朝廷任职的家族成员的后代。[41]

在隋朝和唐朝初期，和大多数东北部地区的有记录的其他显赫家

族成员一样，崔氏家族的政治积极分子都离开了山东。不是所有的人都立即定居在首都，但是那里成了他们主要的目标。其他显赫家族也 198
遵循着同样的模式。在唐代，例来与崔氏通婚的东北部地区的大族赵郡李氏，放弃了一切重要的地方基础，把命运寄托在首都。大族抛弃东北部地区的旧家园而迁居长安的趋势由于 8 世纪中叶的“安史之乱”而更加明显。[42]

除了任职，士族将他们的威望转变为一种政治和经济资源。从 6 世纪开始，传记和碑文更多地根据整个家族几个世纪的显赫声望来评定个人的身份地位。一个人才辈出的精英家族支系的成员会蔑视其他支系的成员，或者宣称只有他们的支系才是值得尊崇的。随着隋朝和唐朝的重新统一，这种地位竞争模式发生了变化。最古老的家族渐渐将自身聚为一个团体，通过排外的通婚和索取大量订婚礼物的能力，成为有别于所有其他阶层的独特的显要阶层。他们获得的不仅是稳定的收入，还有与新兴家族的联盟。[43]

这里提到的“旧”与“新”家族揭示了唐代精英包含的几个阶层。最高阶层是为全帝国所知晓并公认为最杰出的少数真正有威望的旧家族，这个团体分为四个各自生根的地方小团体。这四个门第最高的家族是山东士族中的博陵崔氏、赵郡李氏、范阳卢氏和荥阳郑氏。在唐早期，这些家族排外地进行相互通婚，甚至看不上皇族的门第。更具有政治力量但缺少威望的是关中的士族。包括皇室李氏的这些家族，在 5—6 世纪的非汉族王朝统治下上升为显赫的家族，他们中的许多人与较早的皇室联姻，或者与中国北方游牧民族统治者的显赫家族通婚，并且吸收了他们的很多习俗和价值观。关中以北的士族是第三个主要的区域群体，即代北（现在的山西北部）的士族，他们也拥有相似的历史和地位。最后一个区域团体是长江流域的显赫家族，他们在南朝治下逐渐变得重要。[44]

在泛帝国的精英之下，是一个更大的富裕家族群体，他们的势力 199

仅在自己的州县。这些家族没有出现于正史中，但通过敦煌出土的由国家编纂的《氏族谱》片段，学者对他们进行了研究。这些片段包括敦煌突出的家族和整个国家显要家族的列表。一份编于 790 年前的手稿中列举了不少于 791 个家族，包括许多未见于其他历史资料中的姓氏。这些文本透露出形成唐代中国统治精英的更为广泛的群体，虽然他们可能仅占人口的 1%—2%。[45]

于是，唐朝的前几位皇帝面临着一个以门第划分家族等级的世界，但是这个等级没有考虑到新的政权。为了纠正这个问题，太宗皇帝在 632 年命令一群并非来自显赫旧门的官员拟定一份列举并排列帝国主要家族的目录。当最初的草案递交上去后，崔氏家族的一支被列在皇室的前面，表明了即使不是所有人都接受旧门第威望，但接受的范围也必然不小。太宗勃然大怒，他指责山东士族紧抓着虚誉，而实际的状态已经降低到了要靠卖女儿来获取利益的程度。他下令重新排列士族顺序，等级需根据唐代官员的品秩。这份修改后的纲要，被冠以“贞观氏族志”之名，于 638 年被提交。皇族被排在第一位，外戚次之，崔氏降级到了第三位。[46]

新排名体系没有立刻产生影响，因为唐初朝廷的许多最高级别的官员都来自高门大姓，其中包括被唐突降级的崔氏家族的主要人物。唯一重要的转变是把皇族和后族升到了最高等级，余下的大部分没有发生变化。然而，这个纲要的长远影响是重要的。首先，它承认了新兴的家族，许多是地方上重要士族以及有军事背景的人物，他们是唐王朝积极和忠诚的支持者。其次，它开始将古老家族与时代不可分裂地联系在了一起。虽然新原则没有过多地改变《氏族志》的内容，但
200 从根本上改变了其形式，在唐朝任职成了维系地位的前提条件。随着旧士族逐渐接受这一观念，他们与这个朝代也开始互相吸引，以有益于双方的形式互相依赖，但同时使得士族的存续和王朝的命运联结到一起。

659年高宗皇帝下令制定新的《氏族志》，更为严格地按照唐代的官职决定士族的地位。除了等级完全以官阶为基础之外，新的《氏族志》还包括了所有曾任五品以上官职的官僚家族，从而涵盖了许多地方官员和军事将领。通过设置如此之低的涵盖标准，它以一个非常宽泛的含义来定义王朝的政治精英，并根据官阶对其进行排序。

作为宪宗皇帝在“安史之乱”后重树中央权威政策的一部分，一个名为“元和姓纂”的汇编于812年在帝国之内广泛颁行。然而，这一汇编没有试图划分门第等级，而仅仅是按照人们所在地区的四声韵部分系姓氏进行了列表排列。因此，到唐代统治的最后一个世纪，家族等级的真正原则已经不再是争论点，至少已经不是国家所关心的了。[47]

族谱的重要性不仅体现在界定身份地位方面，也体现在界定族群方面，包括皇室族谱本身。如同汉人通过宣称来自古老的名门望族以获得地位一样，非汉族的个人或者家庭通过族谱把自己的世系追溯到汉人，特别是显耀的汉人先祖，以此来提高社会地位。最简单的方法是改变一个人及其祖先的姓氏，其中最明显的例子是皇族李氏自身。至少从女系血统（男系血统可能也是如此）来看，李氏家族是非汉人的后裔，但是他们构建了一个具有威望的汉族谱系，甚至宣称自己是老子李耳的后代。[48]

为了政治目的而改变姓氏、重新安排族群身份的这一举动，至少从汉代就已显著地形成了，当时非汉族人质和投降的匈奴可能会被给予汉姓。北魏的统治者拓跋氏采用了汉姓“元”，并将此姓赐给了他们的许多支持者。当北魏孝文帝在朝廷中推行汉化政策时，他令拓跋贵族也采用汉姓。唐皇室也将其姓氏赐予了内附的游牧民族。在唐朝，许多显赫的非汉族家族试图抹去其真正的祖先，他们所写的族谱 201
仅仅列举了任官的有汉姓的祖先，如此以与汉人非常类似的方式，即根据政治原则来编写族谱。他们省略了非汉姓及拥有部落职位的更远祖先，并且常常从最近的两代或三代跳跃追溯到虚构的汉代祖先。一份唐代的族谱声称独孤家族（一个帮助北周建国的胡人家族，其女性嫁给了北周、隋、唐皇族）曾一度拥有刘姓。

与上述方法相比稍显诚实且更为常见的策略，是宣称来自一个有名望的胡人大族，诸如北魏的皇室。大多数关中和代北精英都沿袭了这种做法。一个例子是，声称唐早期官员长孙无忌是皇族拓跋氏的子孙，而实际上他的祖先是较低级别的鲜卑族的拔拔氏。一个类似的策略是承认自身的部落出身，但是声称自己是来自大草原的统治阶层或贵族阶层。在重视人身地位的唐代社会，做一个部落贵族比拥有一个汉族谱系更有威望。哥舒翰，如同唐代几位显要的胡族将军，宣称自己来自一个重要的氏族，并且指出他一些同僚的低微出身，包括其对手安禄山。那些在半自治的胡部任职者也常常宣称自己的胡人贵族血统。考虑到这些人作为唐政权与部落联盟中间人的角色，他们的胡人谱系对其肯定是有益的。

另一个改变族谱的策略是宣称其始祖是被外族俘虏或者由于某些原因被带走西迁的汉族人。伟大的唐代诗人李白，几乎肯定是非汉族出身，就创造了这样一个族谱。出于这种目的而最常被选择的祖先是西汉将军李陵，他在公元前 99 年被匈奴俘虏。汉化程度较低的回鹘人和黠戛斯人常常声称他们的血统来自李陵，以此来帮助他们与汉人建立政治联盟。因此，唐武宗与一位回鹘的首领都宣称自己是李陵的后裔以此作为他们合作的基础。唐代的文人解释说，之所以在通常为金发或者略带红色头发的黠戛斯人中会偶然出现黑发，这是李陵的士兵与黠戛斯人的祖先通婚的结果。

202 最后一种跨越种族界限的族谱策略是胡人首领偶尔会将其家族起源追溯到传说中的黄帝或古代周王室。这样的说法既奉承了缔造他们的人，也奉承了唐朝统治者，后者可以因此而宣称他们祖先的统治范围更为广阔。至少在创作于战国晚期和西汉早期的《山海经》中，汉族人已经将自己与更遥远地区的民族通过二者的共同祖先远古圣王“三皇五帝”联系到了一起。[49]

大族的终结

当解释大族失势的原因时，大多数学者认为是由于科举的兴起所致。这是一个倒果为因的例子。唐朝初期，社会以族谱为基础进行分等，而在大约 400 年后的宋代初期，要想进入政府任职并获得相应名望得通过科举才能实现。然而，科举不能作为唐代士族衰落的原因，理由如下。

首先，整个唐代，科举只是通往仕途的众多路径之一，并且不是每一个通过科举的人都能获得官职，只有 10% 的官员是通过科举选拔出来的，成为官员最主要的途径是世袭。皇亲国戚被授予四品或五品官职进入官僚机构，五品或五品以上官员的曾孙、孙子和儿子会被给予七品、八品或九品的官职。通过这种特权形式进入官场的大约占了所有选拔者的四分之一。

此外，唐代统治者创设了一种可以拥有帝制以前的古代贵族头衔的世袭“贵族”。虽然这些头衔本身并不会带来实际权力或收入，但拥有这些头衔的人可以获得五品、六品或者七品的低阶官职。相反，大量科举候选人只能从最低的从九品做起。此外，唐代仍然维持着“清官”和“浊官”的区别。清官致力于仪式执行和政策制定，浊官负责实际事务。清官最常落入那些通过等级特权进入官僚机构的人之手。因此，与《氏族志》的编写原则类似，唐早期统治者尊崇家族地 203
位的观念，但也试图让家族的地位依赖皇帝的赐予。[50]

武则天为了与反对她的高门大姓的力量抗衡，设置了大量的新职位，这样她就能够奖励其追随者，或者通过卖官来征集资金。她也运用进士科考试作为获得高官的特许途径。逐渐地，有志于高官的年轻人都会参加这个很有难度的考试，“进士举”成了最受欢迎的入仕途径，因此到唐晚期甚至那些有资格世袭官位的人也常常试图通过进士科的考试。

不过，虽然进士举越来越重要，但它并没有导致旧家族的衰落。结果表明他们都娴熟地掌握了这种考试，以至于进士举成为大族确保自身永久地位的一条新途径，而非障碍。超过三分之一的唐代科举及第者（还有超过一半的主要大臣和高级官员）来自10个最显要的家族。[51]终唐一世，高门大姓持续占据朝廷高位，其数量在9世纪中期达到了最高峰。这种连续性是因为士族和科举制度自身的特点，这种特点既帮助解释了旧士族的演变，也说明了他们为什么最终消亡。

那些旧士族在科举中非常成功是因为他们一直有重视学术传承的传统，也因为他们为后代提供的一流教育。相反，在唐朝的第一个世纪之后，本就有限的公共教育却愈加衰落了。顶尖的学者集中在长安的三所学校，只有居住在首都的家庭才可以享用。根据法律，国子学为三品及以上官员的子孙服务，太学为四品或五品官员的后代服务，四门学为六品或七品官员的子孙服务，同时也保留了少量的位置给非官员的子弟。门下省和东宫附属的特殊学院留给皇族成员和三品及以上官员经过挑选的子孙。州郡的学校很明显要次于这些学院并且大部分被留给地方官员或大地主家族子孙。[52]于是，那些生活在长安的士
204 族相比其竞争者具有巨大的教育优势。

这些家族得以占据朝廷重要职位也因为科举的性质。和唐代最好的学校一样，科举也仅在首都举行。尽管有来自各地的应试者，且“安史之乱”后推举应试者成为地方政府的一项重要职责，但唐代并不像后来的朝廷那样，设有县或州举办的科举考试。因此，高官的子孙既能够接近最好的老师，而且离科举的场所也更近。[53]

不同于后来中国朝代科举以笔试为主、考官无从知晓答题人身份的规定，唐代的科举要求主考人和应试者之间、应试者们自身之间一

种广泛的、遵照礼仪的互动。在正式科举之前很久，应试者要遍游都城赠送他们的文章，有时大量地送给潜在的赞助者甚至是主考人。若有官员欣赏某位考生的文章，他就会积极为之活动，在某些情况下允诺嫁一个女儿与他。这个做法渐渐成为常态，因此潜在的赞助者频繁地公布他们感兴趣的文章题目。作品被盗，以及诸如温庭筠等著名文人据说卖掉过自己的诗文，这样购买者就可以把买来的作品当作自己的作品给人阅览。[54]

742 年，一位考官允许所有应试者提前数周公开提交他们的诗文片段，他因此而以公平而著称。更为常见的是，在特殊的应试者周围出现了派系和关系网，通过社会或政治关系来确保希冀的结果。在一些年中，科举及第者的名单甚至在考试开始之前就已经制定出来了。随着每年递交的文章数量越来越多，家族或赞助人的关系成了选择科举及第者的关键因素。[55]没有人批评如此取士在原则上是错误的，这表明在这段时期大家就是这样理解科举的。科举过程中强烈的社会因素总是优惠士族的子孙，尤其是身处首都的那些。

科举有利于士族的最后一个方面在于考试的内容。在唐代初期，进士举被要求回答时事以此作为对单纯解释经典的补充。681 年，进士举调整为三个方面的内容：儒家经典的知识、文学写作和时事文章。然而，及至唐代末期，文学写作实际上已成为科举的核心。考试 205
前传阅的文章完全是纯文学作品，有时除了诗歌别无其他。在唐代的第一个世纪，私人讲授代替了公共教育，主要是因为即使是首都的学校也不提供在文学创作方面的训练，因此无法为学生准备科举。进士举通常因其只专注于文学技巧而受到批评，但是这种攻击的失败表明进士举作为写作能力的测试而被广泛地接受了。[56]

这里需要解释一下为什么帝国最高的科举考试如此关注作诗的能力，特别是对于把官僚机构看作一种以最有效方式实现特定功能的理性政府形式的现代人来说，更是如此。南北朝时期，作诗以及和诗的能力成了一个新的社会精英阶层的标志，他们用美学成就来区分真正的士与仅仅是地主的那些人。虽然审美鉴赏力和政治权威之间的联系在南方最为明显，但是南方的文学艺术也受到隋炀帝、唐太宗以及随后统治者的推崇。纯文学在宫廷中的重要性通过文学娱乐活动展现出来，文人每次会以既定主题创作超过百首诗作，最好的作品会得到奖赏。[57] 进士举是对诗文作为精英活动中心的正式认可。

简而言之，唐代科举的社会和历史作用是它提供了进入一个由社会地位而非官职规定的群体的资格。科举仅仅是形成社会网络和社会关系的因素之一，作品的递交和座主门生关系的建立以科举及第为顶点。科举成功后随之而来的是一系列仪式，这些仪式在主考官和他的门生之间以及同年门生之间建立其终身联系的纽带。在王朝的后半期，科举及第者往往是精英家族女婿的热门人选，与王朝早年精英家族女儿们的状态类似。科举本身，加上考试前作品的传阅，延续了之前几个世纪通过文学创作技能来规定精英身份的传统。与其说科举仅仅是为政府挑选官员，不如说科举帮助创建了一个新的“特权集团”，
206 其特性和运作机制与旧的世家大族很类似，有时甚至完全一样。因此，传统的士族在新的社会结构中仍能保持引以为豪的地位，这也是意料之中的事。[58]

然而，旧精英在成功地将自己转变为这个新群体的一员时，也种下了毁灭自身的种子。唐后期士族的力量，连同这些士族自身的存在，基本上沦为一种概念。为了界定其身份的族谱和威望，唐后期的精英与科举及官职牢牢地捆绑在一起，这使他们仅仅是为国家效力的贵族，在政府之外无法生存。由于没有地方基础，他们发挥影响的范围仅为周围那些尊敬其门第和官职的人。不同于其他将地方权力与政府官职结合在一起的精英，他们没有王朝就不能生存，正因为如此，他们与其效力的唐朝政府一起消亡了。[59]

旧士族灭亡的实质原因是一场由于帝国官僚机构以外新势力的崛

起而产生的阶级斗争。东北部地区和中原的藩镇，以及南方的食盐专卖，都招募了军事、财政和管理的专门人员。甚至在朝廷内部，官员也被控制军事力量的太监和皇帝最信赖的学士边缘化了。由文学成就和社会网络来界定的唐代士族，逐渐成为通过军事和财政管理专长而获得权力的那些人敌视和轻视的目标。

在帮助推翻王朝的人中，许多人类似于起义军首领黄巢，他在科举中屡次失败，这使他对科举出身的精英的轻蔑最终变为了憎恨。当黄巢以前的部属朱温正式终结了唐朝，他的一位部下，另一名落榜的科举考生，受怂恿而杀害了唐政府的 30 名最高官员，他们全部都出身于名门望族，在 905 年 6 月被杀害后抛尸黄河，于是这些政治上的“清流”最终与“浊流”合而为一。旧的士族可能在这场大屠杀中幸免于难，但是他们不能幸免于这场革命背后对士族看法的根本性转变。

第 8 章

宗 教

207 无论是社会影响还是思想的声望，道教和佛教在唐代都达到了在中华帝国范围内的顶峰。由于皇室的支持，道教拥有空前的政治影响力，而在这一时期，佛教则作为一种真正的中国宗教出现了。朝廷还系统地修订了帝国的礼制和葬礼习俗。最后，唐代给我们留下了比早期更为丰富的民间信仰资料，并且见证了其他信仰的出现，其中最有名的是城隍神崇拜，它为中华帝国晚期的宗教奠定了基础。

唐代的道教

在中国不断分裂的数世纪中，道家与国家及文人的关联在南方和北方都曾经出现过。随着隋唐再次统一中国，各地区传统的信仰被统合在一起，并且得到了朝廷和世家大族的支持，形成了一个足以与佛教相抗衡的宗教。这个新近构建的信仰体系被称为道教，与佛教和儒教并立。它的教义起源于 5 世纪南方人陆修静（406—477）整理的最初的道家经典，并且在 6 世纪得到扩充。[1] 由于陆修静属灵宝派，这个学派提供了统合各种不同道家传统的框架。它在教义和仪式上也包含了佛教的主要因素，因此迎合了从朝廷及显赫官宦家族到乡间社区农民的各个阶层。[2] 208

唐代也是道教获得皇帝扶持的一个重要发展时期。道教和唐代皇族之间的联系始于唐建立之前。隋炀帝尊崇上清派王远知（528—635）为“王法主”。但是当皇帝无视其反对迁都到长江边的江都的意见后，王远知秘密地向唐代的建立者李渊传授道教符箓。这为李渊随后建立唐代确保了道家的支持。之后，他的儿子李世民（太宗皇帝）在诏书中嘉奖了王远知，并且鼓励朝廷大臣抄写《灵宝经》。[3]

由于道家的支持，也是对王远知建议的回应，唐早期的皇帝决定认老子为统治家族的先祖。老子被认为是《道德经》的作者，并且从汉代开始，就被奉为神明接受国家的祭祀。唐代皇帝对神化老子的关注开始于617—618年间老子不可思议的现身传闻，这预示着唐将要统治这个国家。620年高祖皇帝宣称老子是李唐皇族的“圣祖”，并且赐离首都南部很近的楼观台道观“宗圣宫”之名，那里在历史上就是老子信仰的中心。来自老子的帝王世系被太宗皇帝确认，625年及637年，道教被宣布为国家的最高信仰。虽然早期的南方和北方统治者向道家领袖寻求过法统来源，但唐代统治者更进一步，直接宣称神对他们的支持是与生俱来的。[4]

唐代对道教的支持一直持续到高宗皇帝和武则天统治时期。666年，高宗赐予老子一个甚至更为崇高的头衔“太上玄元皇帝”，并且在帝国的每一个县都建立了国家资助的道观，总数超过300座。这些道观在一年中主要的国家和道教节日举办称为“斋醮”的仪式。高宗还通过为他们创立法律条文，将道士与佛教僧人一起置于国家保护之下。675年，他下旨要编纂道家经藏，678年他将《道德经》列为科举考试的必读书籍。 209

朝廷邀请重要的道士和术士，如著名的潘师正（585—682）和叶法善（616—720），向统治者献策，提供神符，执行驱邪的仪式以及与神仙交流。[5] 叶法善曾效力的统治者不少于五位，还得到过来自玄宗皇帝题词的褒奖，赞扬他通过献策及法术为朝廷服务。皇帝甚至曾表示他的襄助超越了凡人的境界：

> 旁通幽赞，神变灵造……讨逆辅顺，功就佐时。[6]

皇帝对道教的支持在玄宗时达到极盛，他全力动员道教来巩固政权。玄宗在所有政府资助的道观中放置自己和老子的塑像各一，在长安和洛阳的太庙祭祀中使用道教仪式，并且命道士在政府资助的道观中代表帝国履行宗教仪式。743 年，玄宗竟然下令让所有道士交由宗正寺管理，使他们成为正式的皇亲。

玄宗皇帝还诏请潘师正的门徒、晋皇族后裔司马承祯（646—735）入朝。司马承祯本是官员，21 岁时转而信仰道教，后来成了中国历史上最著名的书法家之一。721 年，玄宗皇帝将司马承祯以三种不同字体书写的《道德经》刻于石上。同年，唐玄宗亲受法箓，并得到他赠送的神剑和神镜。玄宗还命其举行金箓斋的仪式，这是中世纪道教最盛大的仪式，目的主要在于抵御所有自然灾祸，维护国家稳定，并且延长皇帝寿命。最后，731 年，玄宗皇帝改祭祀五岳的传统仪式为道教仪式，以供奉据说居住在山中的真人。[7] 连同太庙中的仪式变化，王朝最重要的自然仪式的改革表明了道教被唐
210 代政府所采纳的程度。

“安史之乱”以后，帝国对道教的扶植逐渐减弱。然而，随着地方实力的上升，一些地方道教中心崭露头角。最重要的是四川成都的青羊宫，据说老子在启程西去前，在那里遇到了他的随侍尹喜。883 年，一位官员在祭献时发现了一块奇异的砖头，打击时会发出非凡的声音，而且不可思议的是，这块砖上刻有古代篆文，这暗示老子将为世界带来和平。这次发现之后，这座道观开始获得皇帝大量赏赐。[8]

道教对中国文人也有重要影响。唐诗中处处可见道教的宇宙观，与神仙的浪漫邂逅，元神飞越天界或名山洞府，以及道教的中心目标——追求长生不老和从世俗束缚中解脱。许多著名的诗人，包括李白和李商隐，都是道教的俗家信徒，并且为追求长生不老似乎做过许多的冥想、吐纳、饮食和性练习。不太知名的诗人，包括曹唐也有大量作品表达道教主题。许多文人也去拜访位于都城附近或茅山（现南京附近）的道观。[9]

唐代后期，道士渐渐开始迎合普通民众。他们用受密宗佛教启发的符咒在建造房屋时确保好运。敦煌发现的道教经书中也能发现风水的早期形式。道士收集了一些关于普通人的神奇故事，并且引入了“十方救苦天尊”，即一组帮助危难之中的普通人的新神。这些神初现于隋，不过在唐朝以更为明确的道教姓名再度出现。他们模仿了佛教的十方佛，并常常与地府十王混为一谈，在超度死者的仪式中扮演重要角色。[10]

杜光庭（850—933）的一生是唐代道教后期发展的缩影。科举失败并在天台山学道后，他于875年进入僖宗皇帝的朝廷，参与政事，起草法令，最终总管道教仪式。881年，黄巢的军队占领长安，
他与朝廷一起逃往四川，于885年回到首都，但之后再度逃亡。当 211
唐朝将领王建于901年建立了他自己的国家前蜀时，杜光庭被尊为“帝佐国师”。从前蜀退隐以后，他在生命最后几十年里致力于写作和校订道教经文。他收录在道藏中的文章，其数量前所未有。

这些作品是在道教地位受到动摇的情况下撰写的，它们提供了社会习俗信仰几乎所有方面的细致系统的描述。它们的主题涵盖范围极其广泛，包括神迹、圣人传记、仪式、圣地、碑文、释文、官方记录和诗歌。这些浩瀚论著中还有历史上唯一一部专门记录道教中女性活动的重要作品。[11]

道姑和女仙

像社会的其他方面一样，在道教层面上，对于杰出女性来说，唐朝仍旧是一个缺乏平等机会和承认的朝代。据杜光庭所述，他的主要目的是记载其他资料所忽视的道教女仙以及她们对道教各派（主要是他的上清派）的贡献，以此来证明实现道的方法有千千万。虽然没有明说，他的著作还是清楚反映出，他渴望能将各种（有很多女性信徒）地方信仰融入道教，并使其成为道教相对于佛教的优越性之一，很多女性的经历都能说明这一点。

杜光庭的传记作品中最能表现女性特点的是他对自己的早年生活如何导致他入道的叙述。他的作品描述了女性幼年在孝道和过早出现的宗教使命之间选择的焦虑感，有时起决定作用的是冥冥之中的神秘力量，或是道教经典中的那些不易为人察觉的影响。其中心主题是面对婚姻时的抉择，也就是结婚的必要与通过献身宗教达到自我完善的渴望之间的矛盾。一些妇女为了逃避婚姻而成为隐士或云游四方的道姑，另外一些人则进入了道观。驾崩皇帝的妃子和亡故贵族的妾经常被迫进入道观，有时一些女孩也被她们的父母送给道观，借此让她们远离疾病和饥饿。对于一些道姑而言，进入道观则是一个追求教育或文学生涯的途径。[12]

在皇室女性中，做道姑也是为了逃避不想要的婚姻或是为了能从
212 事主妇以外的其他职业。太平公主暂时做道姑就是为了避免嫁给吐蕃国王。而其他公主成为女道士则更多是宗教方面的原因。最有名的是711年睿宗的两个女儿出家。那次仪式耗费巨资，每位公主都被赐予她们自己的道观，离皇宫很近。在唐代总共有十几位公主出家，她们不在朝堂，却可以参与政治。她们到处周游，致力于文学艺术，根据敌视道教的儒生的说法，她们生活放荡。成为道姑也有助于洗清先前皇室婚姻的污点，例如杨贵妃，做道姑就是从结束先前与寿王李瑁的

婚姻到嫁给皇帝中间的过渡阶段。在白居易的名诗《长恨歌》中，杨贵妃死后成了蓬莱岛的道教女仙。[13]

在部分墓碑铭文中也描述了一些精英女性做道姑的经历，其中一篇讲述了一位8岁的尼姑在845年排佛期间被迫成为道姑的事例。同尼姑和尼姑庵住持一样，一些留存至今的道姑的墓志铭暗示，一名妇女能献身宗教是由于家族积累了超过百年的功德。[14]

女性善于创建地方教派，特别是在东南沿海地区。黄灵微（约640—721，俗称“花姑”）与其他人类似，在12岁时出家，花费数年时间找寻魏华存（252—334）的仙坛。魏华存是上清派的创始人，她的衣钵后来传给了杨羲（331—386）。黄灵微复建了魏华存的仙坛，在此地举行斋醮仪式，收女徒弟，她们延续她的香火数十年。882年，在地方官员呈给皇帝的陈情书中记录、赞颂了后来一位著名的道姑薛玄同之死。作为回复，皇帝下旨赞扬她的成就堪比魏华存和黄灵微，为当地和整个帝国增辉。在所有人中最有影响的人物当属祖舒（活跃期为889—904年）。在一些不同的道教门派下修行后，她遇见了一位神仙，神仙教她驱邪术和雷法，这些法术在宋代产生了巨大影响。因为具有这种法力，她被尊为清微派的始祖。[15] 213

许多对道教做出贡献的女性并没有被文字记载下来，然而我们可以从历史事实中大概猜测出她们的数量：玄宗时有1137座道观，550座尼姑庵。我们可以从唐诗中的习惯描写中了解她们的活动。诗人们描写了他们认识的一些通常和宫廷有些关联的女性，她们离弃世俗生活，进入道观成为新道姑。这些诗歌通常关注诸如剃发素颜之类的事，她们用道士装束取代了精致的宫廷装束：

休梳丛鬓洗红妆，头戴芙蓉出未央。
弟子抄将歌遍叠，宫人分散舞衣裳。

他们通常以具有象征意义的想象结束诗歌，即新道姑们在沉思中翱翔于天际。另一些人认为道姑出家的目的是得道升仙（这和佛教中的修炼成菩萨类似），运用法力来拯救众生。[16]

诗歌描写女道士的许多用语一般也适用于男性，然而诗人经常暗示他自己和他的描写对象之间的情愫。大多数的诗歌描写她们为优雅的女性大师，具有超凡的神赐魅力，她们不需要管理道观，她们的存在本身就会为道观带来威望。诗歌还描写了女大师们的曼妙年华、精神上的造诣，以及她们飞升的天界。还有一些诗歌则讲述了诗人四处旅行来找寻那些隐居在深山中的著名道姑。诗人们描述了女道士的苦修，例如斋戒，有助于使身体变得轻松和产生幻象。[17]

最后，在许多描写道姑的诗中，诗人把她们描述为爱人或伴侣，而她们和道观的关系则不明确。虽然许多女性保持独身，借此追求宗教的目标，但杜光庭认为婚姻也是升仙的一种途径。男女神仙之间
214 的婚姻是上清派的一种主要仪式，也被记录在经文之中。一些有关道姑成为情人的诗歌把诗人和道姑的风流韵事描写成同伴游天界。这首李商隐创作的绝句《月夜重寄宋华阳姊妹》就是寄给自己的道姑两姐妹的：

偷桃窃药事难兼，十二城中锁彩蟾。
应共三英同夜赏，玉楼仍是水精帘。[18]

诗人假想与姐妹俩分享仙桃和长生不老药，他把自己的卧室变成了琼楼玉宇。

最后，道教中的女神仙形象被用来赞美与宗教完全无关的女子的美丽。“女仙”作为情色形象的使用至少可以追溯至战国时期的诗集《楚辞》。作为典型的道教女仙的西王母，在其与汉武帝私通的故事里，同样成了一个充满情欲的形象。在唐代，文学传统被融入新兴的诗歌创作中，这些诗歌或描写名妓和舞女，或由她们创作。最引人注意的例子是一首关于女同性恋的诗歌，这首诗是关于三位成为名妓和著名歌

女的孤儿姐妹的故事。这首诗是由同为名妓、道姑和诗人的鱼玄机创作的。鱼玄机借用古典美女西施和西王母来称颂三位美人。其他一些诗歌使用相同的意象来描写舞女和娼妓，并使用了一系列可以同时描述性行为和得道成仙的词语。最能表现这种道观生活和风月场所重叠的，就是道教神祇西王母成了充斥在唐代的花柳巷中的妓女和歌女的守护神。[19]

中国化佛教的出现

虽然按照唐代的官方说法，道教是帝国境内地位最高的宗教，但佛教仍旧是中国信徒最多和最有影响力的宗教。佛教与道教一起成了中国政治经济的重要组成部分，国家也对它们进行资助和控制。在唐 215
代，佛教通过和中亚、印度教派的分离，以及建立新的本土流派，实现了真正的中国化，并让中国成为佛教的核心区域。[20]

从一开始，上层就把佛教作为一种精神控制武器。早期佛教传播的主要工具是遍布帝国各州的皇家寺院和由皇室成员在自己住处兴建的佛堂。皇家寺院居住着熟知清规戒律的文人，资金来源于国库。在佛教寺院中举行为国家祈福的仪式，包括庆祝皇帝的生日，为亡故的皇帝、皇后举行超度仪式，几乎所有的皇帝和皇后都是虔诚的佛教徒。在俗的信徒被邀请参加在寺院举行的盛大斋宴，据说在一次斋宴中有数以万计的人参加。寺院有时也会收殓阵亡的唐朝士兵的遗骸，并举行超度仪式。除了唐武宗在845年进行的不到一年时间的灭佛并大量没收佛家财产充公外，没有皇帝真正质疑过佛教在唐王朝的地位。[21]

寺院除了为国家和皇室宗族举行各种仪式外，佛教僧侣也对保卫帝国起到了帮助作用。当外族入侵对帝国造成威胁时，信仰佛教的皇帝会命令皇家寺院和庙宇唱诵《仁王经》。这部佛经大约撰写于5世纪晚期，诵读此经可以招来神兵神将保卫国家，人们相信它有抵御外敌的不可思议的力量。诵读时，菩萨和佛陀像被安置在平台上，用细长的三角旗和花卉装饰，有时候皇帝还亲自唱诵。765 年，回纥和吐蕃军队联合进攻唐朝首都，因为回纥统治者的突然死亡，入侵联盟瓦解，敌军撤退。佛教徒将其归功于讲诵《仁王经》的法会。[22]

另一些为国家服务的寺院坐落于五台山，他们是属于信奉文殊菩萨的宗教派别（图 24）。任何暗示文殊菩萨显身的征兆，如浓郁的香
216 气、天空中的光、突然出现的彩云等，都被当作祥兆。将之立即报告给朝廷，朝廷会给予寺院捐赐。来自日本的朝圣僧圆仁写到，7 世纪 40 年代的那次捐赐极其慷慨，尽管当时王朝在财政上很衰弱，而统治者又敌视佛教。[23] 五台山也是公认的道教女仙的居地，它是一个女性版的“桃花源”，“桃花源”的说法源于 5 世纪陶渊明的散文故事《桃花源记》。[24]

图24　五台山现存的寺庙

除了服务于国家外，寺院也为受国家资助或保护的旅者提供住处和临时的落脚处。最典型的拜访者是佛教香客，在朝圣的路上一座接一座的寺庙是对他们而言重要的落脚点。再就是云游僧人。受国家捐助的寺院为因邮驿或其他政府事务外出的官员提供住宿，寺院有时甚至为进京赶考的考生提供住处。许多寺院把提供住宿变成了生意。如圆仁所记录的，一些香客不能在寺院得到房间，因为房间全被付钱的旅客占用了。许多寺院坐落于风景如画的丘陵或山间，因此它们成为官员、文人用于养神的临时隐居处。在山间游历，栖宿于佛教寺院是 217
唐代诗歌的典型题材。[25]

根据反对佛教的官僚的记载，由于信徒的慈善捐赠，寺院也是唐代中国最大的土地所有者。在这方面，寺院与其他地主几乎没有什么不同，他们都使用奴婢（或是特别的寺户，寺院里经常充斥着罪犯劳工），或者把小块土地出租给佃户。很难估计寺院田产的实际规模，因为许多富有的家庭在人死后，把死者埋葬在寺院中，或者盖一个佛堂，然后“捐赠”土地以修功德。这些土地实际上仍然属于捐赠者所有，但是现在这片土地因为登记在寺院名下而得以逃避赋税。佛教寺院通常也拥有自己的水磨坊和榨油工具，他们将之出租给普通家庭，这些家庭则为寺院提供自己生产的面粉和油料。[26]

佛教寺院活动中比政治和经济活动具有更重要意义的是其在宗教和教育方面的服务。普通人除了在困窘时求助于寺庙外，他们也在重大节日来到寺庙，这种日子提供了举行庙会和乡村不定期集市的重要机会。一年中的第一个重要庆祝活动是元宵节，这个节日从农历正月十四持续到十六。首都的城门通常在晚上关闭，但在这时开放，以便百姓可以从一座寺庙到另一座寺庙观看丰富多彩的花灯和造像。

接下来的重要节日是农历四月初八的佛诞日，佛陀的造像被沐浴，然后在街道上进行游行。在特定的年份，释迦牟尼珍稀的遗物，最著名的是指骨舍利（现代被发现于西安近郊的法门寺地宫中），被运到首都展示，这会引起大众的狂热，有人焚烧自己的头和四肢作为献祭。873 年，一名士兵斩断他的一条手臂，用另一条手臂举着它参加这种游行。下一个重要的节日是农历七月十五的盂兰盆节，俗称“鬼节”，这个节日是为了纪念佛教弟子目连把母亲从地府中拯救出来。[27]

佛教徒也通过在都市和乡村讲经来影响唐代生活。这包括讲述故
218 事、逸事和寓言，使人们对佛教产生兴趣并产生觉悟。佛教徒和反佛士人的记述都显示了讲经吸引了很多听众，深深地影响到普通人。与讲经不同但同样流行的是口头引述流行佛教故事中的诗歌和散文，经常还配以图画。这些故事最终形成了“变文”，它对方言小说的出现有很多贡献。[28] 庙会在唐代农村经济中发挥了重要作用，庙会中的戏剧表演使佛教传说和教义成了农民精神世界的一部分。

佛教洞窟里的祈愿铭文和敦煌石窟里发现的资料提供了有关寺院扶植的在俗佛教徒团体如何影响唐代社会的证据。他们建造佛像，誊写经文，准备斋宴，召集虔诚的教徒吟诵佛经，安葬信徒。佛教寺院也经常与社会相关联，它们救死扶伤，赈济饥民，收养孤儿，赡养老人，广行善举。总之，佛教扮演着穷人守护者的角色，他们的作用在中国帝国晚期将会被富裕的宗族组织和缙绅所取代。此外，他们也铺设道路，修建桥梁，为航运拓宽河道。[29]

佛教也有游方僧人，他们到农村与村民交往以传播佛法，也经常遭到官方迫害。游方僧为村民们驱邪、施法和招魂。一份反对佛教的奏折提到一位游方僧声称某一口井的水可以治愈疾病，但前提是村民必须放弃吃肉和有刺激性气味的蔬菜。通过“神井”，他们向村民灌输佛教的饮食戒律。

有时候农民，经常是儿童，进入一种被其他灵魂附体的状态，在这种状态下，他们吟诵新的经文，并用奇怪的文字书写经文，后来被证明这是梵文或是一些中亚地区的字母。这些人和他们创作的经文成

为地方信仰的核心，有时还发展成小规模的宗教运动。佛教正统派用怀疑的态度看待他们。各类名僧传讲述了著名的僧人如何为中邪的人们驱魔。[30] 主流佛教的反对不能阻止这种与中国传统民间信仰交织而产生的“佛教”变异形式。

唐代佛教民间信仰的一个重要形式是三阶宗所创设的无尽藏。创建于隋代的这个教派宣称，佛法必然会在这个无常的世界中消失，所有宗教之间的差别，甚至包括僧侣和俗人之间的区别，都失去了意义。这个教派的信奉者离群索居，不与其他僧侣居住在一起，而是住在特定的寺院，与传统佛教不同，他们主张普遍地尊崇一切生命中的佛性。他们把这个传统上俗人的慈善职责作为他们的最高美德，并且创建了无尽藏，而且各地都有分支。在春节和鬼节，人们向当地佛教的无尽藏捐献金钱和动产，然后无尽藏用这些钱放贷并收取利息，用这笔钱维修寺院建筑和佛像，救济穷人。该机构在全帝国做慈善，直到 8 世纪中叶，它由于攻击正统佛教而被唐玄宗取缔。[31] 219

不断变化的国际秩序也对中国化佛教的出现起着同样重要的作用。佛教起源于印度，经由中亚传入中国，来自中亚的佛教高僧在几个世纪中一直充当中国佛教的导师。在佛教的世界观中，印度骄傲地处于世界中心地位，而中国则处于不重要的位置。这很清楚地表现在那些前往印度寻找经文并携带回中国的朝圣者的著作中。

因此，早期的朝圣者法显把当时北印度平原“Madhydesa”翻译成“中国”（Middle Kingdom），他声称这个国家的服饰和饮食与中国的基本一样。这段论述被收入了郦道元的《水经注》中。这些论述不是出自一位拥有实地考察经验的观察者，而是断言佛祖的国度作为佛教中心，应该与中国享有同等地位。这段论述为受到指责的佛教辩护，佛教被指责为野蛮人的宗教，真正的中国人不应信佛。虽然法显并不承认因为印度处于世界中心所以中国只能是边缘地区，但在婆罗门和佛教著作中，中国被看作和中亚部落一样的外国人和蛮夷。[32]

这个主题在唐朝伟大的朝圣者玄奘（600—664）的著作中更为
220 明确，他是一位亲自游历印度的人，那里不仅是佛经产生的地方，也是保留了佛祖的行迹和故事的地方，不仅可以知道佛祖说过什么，做过什么，最重要的是可以了解佛祖曾经是什么。玄奘的著作先是简短提及他到达的地方当时的现实状况，并经常关注预示佛法即将消失的种种迹象，之后就是对佛陀在那个地区的经历的详细描述。因此印度是可以最直接、最生动地了解佛法精髓的地方，对玄奘来说，佛法即最高真理。释迦牟尼度过一生并教化民众的那个地方，不仅仅是世界的中心，而且是宇宙的中心。

那烂陀寺的僧侣劝说玄奘留在印度，不要返回野蛮的中国（因为释迦牟尼没有选择在那里出生），玄奘只是简短地回应道："佛祖不会忘记那些还没有觉悟的人们。"在列举了一系列中国统治者的德行后，玄奘有些忧伤地结束谈话："你怎么能说佛祖是因为中国不重要而不去我的祖国。"在几乎同一时代，和尚道宣（596—667）通过计算，认为印度是世界的物理中心，宣称印度文明之所以高度发达是因为除了其他原因外，它有自己的字母文字。[33]

然而，在 8 世纪国际形势发生改变时，中国因为自己的力量而成为神圣的佛教国家，也成为在东亚传播佛法和佛经的国家。通过声称拥有佛祖舍利和其他佛教圣物，隋唐时期的中国成了佛教世界的重镇。舍利崇拜在佛教早期历史上就已出现，它与阿育王的孔雀王朝的传统交织在一起。作为一位理想化的佛教君主，阿育王在他的王国里建造了 8.4 万座佛塔，每座佛塔中都藏有释迦牟尼火化后的骨灰。这个故事在 5 世纪末的中国就尽人皆知。早期中国佛教徒认为，因为阿育王统治包括中国在内的整个大陆，因此只要辛苦探寻，再加上诸如夺目的光芒之类的神迹的帮助，就会找到佛祖在中国的舍利了。关于这种发现的最早记录可追溯到 5 世纪，19 世纪时的资料将其源头追溯到 4—5 世纪。这种发现在 6 世纪的华南地区也有流传。[34]

只能发掘阿育王时代的舍利，才能说明中国当时还属佛教边缘地区，但这种情况在隋代时发生改变。隋朝的建立者隋文帝在601年他六十寿辰时，命令在整个帝国范围内分发佛骨舍利。602年和604年又两次进行散发。根据隋代的文献资料，来自印度的和尚不远万里来到中国，只为见证这个仪式，并且对中国的佛塔进行了朝圣。一位印度和尚声称在印度的一个碑文中，已经预言了隋文帝将建造舍利塔。隋文帝还下令将描述自己作为的文献翻译成梵文，因此象征性地扭转了文献翻译的方向。朝鲜半岛的三个王国送请愿书到隋朝，要求可以分到舍利，尽管可能是隋朝要求他们这样做的。[35]因此，隋文帝把自己与理想的佛教圣君相提并论，认为中国与印度这个佛教王国一样具有中心地位，朝鲜甚至是印度的佛教徒都来中国朝拜。 221

中国人也在自己的帝国中发现了其他佛教神祇的圣地，最著名的当属供奉文殊菩萨的五台山。文殊菩萨被视为无上智慧和大慈大悲的化身而供奉，他因救人脱离罪孽、普度众生而非常出名。文殊菩萨居住在终年积雪覆盖的山中，其印度名字的原本意思是五座山峰，中国的佛教徒认为他就居住在中国东北部的五台山（位于现在的山西）。在一篇写于664年的文章中，道玄曾以经文为依据论证这一事实。五台山因此成为唐帝国的第一个重要的佛教圣地。在那里，虔诚的中国人不需要前往印度就可以遍访神迹。

7世纪和8世纪间，在武则天的资助下，来自中亚和南亚的僧侣游历了五台山，并著书立说，借此加强五台山作为神圣的佛教圣地的声望。李渊从五台山所在地区起家建立了唐朝，密宗大师不空借此声称，五台山的菩萨是唐朝的特别守护神。此后，只要五台山有任何菩萨显灵的征象，皇帝就会馈赠礼物。圆仁的日记描述了大量来自日本和其他地方的和尚到五台山朝圣，其中也记录了他目睹的菩萨显灵。来自尼泊尔的图画和用梵文、藏文以及西域文字书写的文献均显示，11世纪时，五台山与文殊菩萨的关联已经在中亚和南亚广泛流传。[36]

进一步支持中国已经成为新的佛教中心的证据是佛法即将消亡的
222 佛教教义。佛祖所授的佛法，像世间的万事万物一样，注定要腐朽死亡。在中国由于道教千年思想的影响，反佛教者详细论述了这种说法，并且在446年和574年两次试图以此为据抑制佛教。5世纪和6世纪时，人们普遍相信，佛教濒临灭亡。但是隋唐时期佛教寺院的复兴为这一预言提供了新的解读，印度濒临灭亡的佛教在中国生根，中国成为新的佛教中心。[37]

这一预言的另一个版本被女皇武则天所用，来使自己的统治合法化。她引用了难辨真假的经文，这些经文描述了弥勒佛，也就是未来的佛祖，在佛法消失后会从天而降，来到有城墙和塔构成的“神秘之城”，恢复真正的佛法。这些描述为在洛阳修建的明堂提供了模型，其中还包括了巨型的弥勒佛造像。武则天还赞助了《大云经》的翻译，其核心包含一个预言，即佛祖的一位女性追随者将会重生为一位虔诚的君主，统治整个大陆，这个预言明显指向武则天本人。新的译本被呈送给朝廷，它的一位作者描述女皇为弥勒佛的转世之身。690年，《大云经》被分发到帝国的所有寺院，两个月后武则天称帝，建立了自己的王朝。五年后她又将弥勒佛名字的意译“慈氏”添加到自己的尊号中，自封为“慈氏越古金轮圣神皇帝”。[38]

有现实的证据说明预想中的印度佛教的衰落是可能发生的。到9世纪为止，在恒河沿岸的这片佛教古老核心地带，佛教已经消失了，随着穆斯林的征服，中亚的佛教也消失了。然而在12世纪佛教依然兴盛于比哈尔、孟加拉和奥里萨邦。在这期间我们也目睹了佛教在知识上的蓬勃生机，其中包括密宗的成果，它又被传播到西藏，成为那里的核心教义。[39]然而，当北宋王朝花费大量人力物力翻译密宗经文时，中国佛教界对翻译的成果完全不感兴趣。这表明在唐代中国已经成了佛教中心，而且本土教派成为主导。

西方学者们提出了佛教中国化三阶段说。第一阶段，到约公元

400 年时，中国的哲学家试图依据自己的传统知识解释佛教，最主要的是玄学，它重新诠释了《庄子》《老子》和《易经》，从而为道德和政治权威提供了一种新的形而上的理论基础。在这个阶段，佛教被改造为符合中国既有的思想类别。第二个阶段，在中亚学者的带动下，试图从佛教经文本身来理解佛教，以脱离中国本土哲学的影响。这个时期从 401 年鸠摩罗什到达长安开始，当时的佛教徒们致力于翻译佛经，学习印度和中亚的佛教传统，以便理解佛经。第三个阶段，到 6 世纪末，中国的佛教徒开始拒绝国外佛教的传统解释和评论，并创立了自己的独立于印度佛教的知识传统。虽然许多学者基于大量理由对这种三阶段说提出批评，但它仍是唯一一个能全面解释唐代之前佛教在中国发展的理论。[40] 223

佛教的中国本土化传统在这种背景下出现了。之前两个世纪对佛经的翻译和注释使得唐代学者自信能够理解佛经。但是堆积如山的印度经文经过几个世纪的创作，其本身就矛盾重重，这也在佛教徒内部产生了危机，他们希望在经文中找到对佛法统一的解读。此外，佛法行将衰落的教义也导致信徒认为许多早期经文中所载的教义和教理不再适用了，新的时代要求的是新理论和新实践。

在隋唐时代，佛教最终分为了四个宗派：天台宗、华严宗、禅宗和净土宗。这些宗派具有一些相似之处：一位中国“掌门人”，他的传承基于师徒关系；他们强调实践重于理论；主张在生活中获得觉悟；可以通过自己的宗教实践经验自由地翻译经文，而不是拘泥于作者的原意。这代表了一种新的找寻佛教真谛和最终目的的方法，就是凭借个人或本国人宗教实践的方式，而不是以来自陌生世界的经文为依据发现真理。与这些中国本土宗派相关联的，是对在中国写作的经文日益增多的信任，这些经文满足了中国人自身的实际需要。[41]

有号召力的大师的出现，以及他们能够自由诠释经文的基础是“经文分类”学说。该学说主张佛祖的教谕分为几个层次，根据听众

224 的需要调整教义或阐明错误的理念让人们改进，并以此来解释经文中存在的矛盾。相类似的是，从 5 世纪开始，中国的佛教徒就认为不同的经文代表着佛祖在其不同传教阶段的不同教义。结合两种想法，唐代佛教徒以“时期”（从最早到最晚的）和“教义”（从最简单到最深奥的）为佛经分类。这种分类法最完备的形式是由天台宗和华严宗创建的，但是几乎所有的唐代佛教宗派在某种程度上都会给佛经分类，每个宗派都把他们偏好的经文当作佛祖最高等级的教义。除了这些理论外，实践方式也被予以评级，坐禅、冥想、祈祷和其他方法被相互比较，分出高低，各种实践内部也分为不同的优劣等级。[42]

新的教义是将重点放在实践上，从实践中而非经文中领悟佛法，华严宗的早期历史就是典型例证。华严宗公认的创始人杜顺（557—640）就生活在普通百姓中，用从冥想中获得的力量驱魔治病。以坐禅式的“观”，而不是纯粹的理论为基础，他把佛经中的“空”诠释为“理”和“事”，二者密不可分。这标志着一个重要的转变：对现象界（与理法界相对）的肯定。华严宗的第二代掌门人智俨（602—668），研究了关于佛教思想的全部主要著作，发现纯理论的思想因为其内部各种各样的论点和驳论，最终只会陷入绝望。即使在决定专攻《华严经》后，智俨还是在一位和尚的指点下，经过两个月的坐禅才领悟佛法，这位和尚神奇般地出现在他面前，随后又消失得无影无踪。[43]

和华严宗类似，其他新佛教宗派也发展出了宗师的世系传承。天台宗是这种实践的先锋，它将自身的教义一代代向上追溯，直到佛祖。[44] 但真正使师徒传承成为宗教实践基础的是禅宗。禅宗强调师徒传承是试图使自己从一个不重要的教派发展成为正统教派。根据《续高僧传》所载，在隋代皇帝的扶持下，五宗被引入都城。几个晚些时候发展成禅宗的地方教派一起创造了从菩提达摩到释迦牟尼的世系，
225 他们声称不见于经文的深奥教义来自师徒的直接传承。[45]

为了获得主导地位，刚刚兴起的禅宗内部各派都声称自己是真正的继承人，最终导致了一场内斗。最著名的例子就是南宗和北宗为是神秀还是慧能是合法的“第六代掌门人”而产生的分裂。因为这种互相的对抗，师承名录的编纂经过了几个世纪才最终确定。[46]

禅宗的另一个特点是，它宣称师徒之间可以通过意念完成超文本的传承，内容超出了现存的佛经。这可称为“毁经”或“屠佛”，它使禅宗从无足重轻的地位一举成了中国佛教思想的核心，在这个过程中形成了“反寺院的寺院”和“反经书的经书”。创造性的禅宗传承体系因此也戏剧性地迎合了以自我为中心的心态，以及在现实生活中获得觉悟的可能性，这个创造界定了唐代佛教。[47]

国家和地方的儒教礼仪

唐代三教中的最后一个是儒教，它是国家和地方的民间信仰，其特点是对国家经典不断精进的研读。这些领域的发展，与 9 世纪儒学思想的哲学复兴一起，有助于在中华帝国晚期思想上占主导地位的新儒学的兴起。

唐代没有引进新的国家典礼仪制，而是沿用自汉代已来就被接受的仪式。国家礼仪于 732 年最终编纂而成，称为《大唐开元礼》，它抛弃了自汉代就已经出现的道教和佛教习俗，即便这二者已被皇室和国家所采用。该书只收录了中华帝国早期的礼仪，包括即位仪式、京
郊祭天礼、祭祖礼、封禅礼、巡狩礼，还记录了祭礼的地点明堂和规 226
定祭礼时日的历法。然而，这些例行仪式的相关重要性和赋予它们的意义已经发生了明显改变。[48]

首要的转变是从强调王朝的血统到强调其公共的、普世的性质。王朝权势的来源越来越少地来自祖先的贤德，而越来越多地来自无所不包的天（皇帝是天之子）和统治者的政治品德。唐帝国典礼体现的

观念从“普天之下莫非王土”转变为“天下为公”。帝国不再是统治家族的王土，它被视为公共的美德，超越并否定了以家庭为纽带的本位主义。强调帝王是天之子，从而将汉代建立的超越地区文化和家族利益的境界扩展并且神圣化。

在太庙中举办的祖先祭祀已经变得越来越不重要。在汉朝，当皇子被确定为继承人时，他要去太庙中表示感谢，并且要在其登上王位时再进行一次。唐朝取消了这种惯例，取而代之的是南北朝的一种仪式，这种仪式意味着一个王朝将让位于下一朝。该仪式是效仿古代的禅让礼，据说当时的统治者并非将王位传给他的儿子，而是传给王国中最优秀的男子。通过这种方法，唐代登基仪式降低了继承的重要性而强调了美德或功绩。这就使选才任贤成为可能，或者至少可以排除能察觉得到的威胁。结果是长大成人并可能成为威胁的长子很少被选中。在太监开始支配朝廷之后，不再选择有才能的人，只有年幼、柔弱或者无能的继承人才会被选中。[49]

取代祭祖，在户外举行的对天地的祭祀成了最重要的仪式。祭天被引入即位礼中，祭祖则成为私人的、家族的事情。对天的崇拜通过从仪式中排除其他神明而得到进一步强化，天成了祭礼的主要对象。祭天礼在京郊举行，祭坛所在地为整个帝国所有，强调君王是人民的保卫者和化身。[50]

227 封禅仪式也发生了改变。秦汉时期，在泰山举行的标志着全国一统的封禅礼，在严格保密的情况下执行。皇帝单独登上峰顶并且单独执行仪式。刻有祷词的玉牒被放在一组盒子和柜子中，接着被埋掉以保证玉牒的内容只为皇帝一人所知。许多学者认为献祭是为了帮助皇帝长生不老。相反，在唐代，封禅成为与整个国家相关的公开仪式。许多官员陪伴着高宗皇帝来到泰山峰顶，在武则天时期，甚至后宫的所有女眷都出现于封禅礼上。现存的向天祷告的文本表明这个典礼是以百姓的名义执行的。封禅只在泰山进行的传统亦被抛弃，它也在嵩山举行，这是为了表明帝国内没有任何地方是有特权的。[51]

皇帝陵寝也强调了皇帝新的公共和宇宙的概念。不像汉代为皇帝在都城外建造的人工土墩墓，唐代的皇陵依山而建，这就不需要那么多劳动力，也显得更为威严。皇陵被数以百计的小坟墓包围着，那儿埋葬着高级官员、将领和皇族。陪葬墓在汉代就已经出现了，汉武帝宠信的将军们的墓地就在其墓丘的荫庇之下。但是唐朝的建筑群规模更为宏伟。太宗皇帝的墓地面积达到 4.5 万亩，并且有大约 200 个陪葬墓。死后能埋在这些墓地是一种莫大的荣耀，激励着人们对政权的忠心，并且将整个统治阶层引入了唐祖先祭拜之中。[52]

唐代还有一种对前朝“政治祖先”的献祭仪式。给上一朝创建者以荣耀的典礼在《礼记》中有文字记载，并且曾在南北朝时期实行。然而，唐朝大大增加了政治祖先的数量，到了 748 年他们向秦始皇、西汉创建者、东汉创建者和之后大部分朝代的开国皇帝献祭。这些祭品将整个帝国的过去都引入唐代的祭礼中，标志着唐代对于代代相传的法统继承的关注。他们也借此强调了统治的公共、宇宙和道德特性，淡化了血统继承的重要性。白居易在一首诗中提到，将早期朝代 228
纳入唐代礼仪中表明了帝国不是单一家族的财产。[53]

皇帝与天更紧密的联系，以及更具公众视野的帝国也改变了中国的历法。从很早开始，政权就与历法不可分割地联系在一起，它既规定了国家典礼的时间，也证明了统治者与神明的独特关系。从汉朝到南朝的每一个朝代最多只制定一部新历法，有些朝代直接沿袭前代。这使历法与王室明确地联系在一起。北朝改变了这种制度，可能是受了谶纬中术数的影响，有时会发布两三部历法。然而在唐朝，历法在对基于阿拉伯和印度天文学更为精确计算的不断探索中被修改了不下九次。这是为了强调历法与天的一致性，其代价是牺牲了对皇室的忠诚，这也再度证明了唐代皇帝对公共和宇宙的关注。[54]

帝王的新观念也使得“天”这个词被加入了皇帝的头衔中。太宗皇帝宣称自己既是“天可汗”，又是“天子”，高宗称自己为“天帝”，武则天称自己为“天后”。这些新的头衔将唐代的帝王与较早的统治者区分开来，强调了普天下的统治和宇宙力量。天授君权也反映在唐代的礼仪中，这在圆仁对登州地方官接受圣旨的记载中也有所描述。地方官躬身接受仅有他一人能接触到的圣旨，城镇的全体百姓匍匐在地，表示恭顺。[55]

除了改革主要的国家宗教，唐代也发展或者加强了新的地方宗教。其中最重要的是出现于分裂时期中国南部的城隍神。它与将文明城市和蛮荒之地分隔开来的城墙相联系，这些荒蛮之地充斥着由死于非命之人变成的愤怒、嗜血的鬼魂，动物精以及土地神。很多故事描述了地方官员与强势地方鬼魂的斗争，这些斗争往往以官员的失败而告终。[56]

与需要人类血祭和威胁地方官员权力的恶神相反，宽厚有人情味的城隍神是官员的一个帮手，并且如果它没能保护地方利益，将受到
229 官员的处罚。作为一个道德化或本土化的地方宗教，城隍神信仰将精英的准则、帝国的文化传播到边境和乡村这些原本排斥它的地方。这可能也和佛教的传播有关，佛教将一个与城墙和大门相关的印度神引入中国。[57]城隍神信仰上升到显著地位代表了朝廷成功塑造了自己的形象，即帝国本身就具有神力，它可以通过自己的能力支配其他神灵来维持秩序。

城隍神信仰也证明了帝国精英从新的城市阶层中获得意识形态支持的能力。唐代见证了从事贸易的城市人口的大量增加，随之而来的是一个自觉的都市商业阶层的出现。城隍神信仰主要兴盛于高度商业化的长江中下游地区以及东南沿海地区，它至少在一定程度上代表了一个有自我意识的都市群体的宗教表达，这些人将自己的生活方式和幸福安康与整个城市联系在一起。[58]

城隍神成了最重要的地方神信仰，并且可能是唯一一个以整个帝

国为范围的例子，而国家同时也支持信奉地区性神的信仰。文献记载中一个很好的例子是长江下游地区和杭州湾地区对伍子胥的信仰。伍子胥是公元前 6 世纪末至前 5 世纪初楚国、吴国、越国战争期间的一个代表人物。最早在汉朝，当地就有他的庙，3 世纪在吴地他被描述为“大众神祇”。唐代当地官员的碑铭记述了政府对修复其庙的支持。一段碑文提到百姓向他祈雨，他保证了丰收。另一段则将京杭大运河南段邗沟的开凿也归因于他的恩赐。这段碑文还描述了百姓怎样供奉他以避免其激起巨浪。唐代后期的碑文记述了伍子胥为杭州的“涛神”。钱塘潮涌潮时常有胆大艺高的游泳者下水，有的人就成了现实中的祭品。[59]

最后一个值得注意的唐代大众信仰与狐狸崇拜有关，它对后期的宗教和文学至关重要。这种神奇的生物至少从南北朝开始就因其能够穿越进入人类领地而著名，常常出没或逗留在人类居住地，与欧洲的闹鬼类似，有时居民定期向在附近出没的狐狸提供食物，这样就成了 230
一种信奉。虽然唐朝的记录很少，但《朝野佥载》中有段详细的描述：“百姓多事狐神，房中祭祀以乞恩，饮食与人间同之，事者非一主。时有谚语曰：‘无狐魅，不成村。’”[60]

许多故事都描述了新上任的官员和一直受到供奉的狐仙之间的紧张关系，这种紧张是更普遍现象的一部分，这个普遍现象就是体现当地信仰的动物精与朝廷代表以及城隍神之间的争斗。在一些故事中，如《任氏传》，狐仙为它们喜欢的人带来财富。超自然的赠予所带来的突然富足（可能与货币经济增长带来的偏见有关，由于经济增长，财富似乎魔术般地突然冒出来），成为后来中国流行的大众信仰的一个重要主题。人们从妖魔那里得到巨额财富，但这些财富常常是非法的，因此最后通常会迅速消失。最后，狐（因“狐”与“胡”同音）经常与非汉族人联系起来，在许多故事里狐狸的活动常常被与外族人，特别是佛教僧侣和富裕商人从事的活动联系到一起。[61]

儒教经典的重新解读

国家信仰之外，对儒家经典的研究在唐朝儒教中扮演了一个重要角色。在几个世纪的分裂中，这些经典主要由士族高门保存，他们自认为应当被授予官职，同时还要保有不可动摇的社会威望，这都建立在他们对汉朝创造的真正的中华文化传播的基础之上。许多士族通过阐释儒家经典和诗文写作来教育后代。这些知识传统，尤其是与礼相关的文献，直到唐代都继续塑造着世族的社会生活，尽管大部分精英在哲学或信仰上致力于佛教或道教的教义或修行。唐代的世族将儒教教义看作皇权国家和社会等级秩序的体现。虽然佛教和道教也许指导
231 了他们的精神生活和对生死的看法，但儒家经典仍旧是他们社会秩序观念的基础。[62]

代与代之间儒家典籍的传承在北方尤为重要，因为北方大族比南方更有内聚力，因而更关注指导家庭行为的礼。然而，当大族开始与国家以及贯穿唐代的科举制度联系起来时，这些理性探索的本质和社会角色开始变化。儒家经典涉及国家几乎所有的重要活动以及王朝制定的每一项政策，事实上，治理国家这一活动本身就可以追溯到经典的记录。儒家经典经常在讨论诸如对外族的管理、维护皇室的威望、祖庙的修缮等政治问题时被引用。它概述了指导从最高统治者到最低一级政府官员行为的政治道德原则。唐代的精英有一个基本的认识，即单纯的行政管理是远远不够的，为了避免国家陷入无序或暴政，政府的所有事务都必须符合儒家的道德观。基于此，儒家典籍在那些渴望踏入仕途之人的教育中占据了中心位置。

尽管有这样的社会威望和在专业上的重要性，唐代早期的经典研究和南北朝时期一样停滞不前。致力于保持与早期的连续性以及指导精英家族的仪式习俗，这样的研究很少对旧经典再释读以形成新的知识传统。大多数儒生研究典籍只是为了巩固自己的官位，或是执行在

家族或朝廷必需的礼仪。政府感兴趣的是提供经典的官方解读，并确保人们以符合王朝利益的方法来阅读。[63]

自建立以来，唐朝政府就采取措施以确保文本和阐释的正确性。630年，唐太宗忧虑“经籍去圣久远，文字多讹谬，诏前中书侍郎颜师古（581—645）考订《五经》”和《左传》。《五经》是指：《诗经》《尚书》《礼记》《周易》《春秋》。他这样做实际上是在继续进行始于 232
隋朝的一项工作。考订完成以后，颜师古在一次廷论中为这项工作辩护，通过引述原来各版本的文字以及他取自权威版本清楚详细的引用打败了对手。在633年这个文本被正式颁布。[64]

除了文本的正确性外，政府也追求阐释的一致性，以此作为帝国政令统一的标志，同时这也是为了新创立的科举考试。然而，唐朝并没有把官方认可的解释当作不容置疑的正统，这和其后的朝代迥然不同。有关官方阐释的争论是被允许甚至受到鼓励的，这样的思想开放还表现在唐政府允许道教、佛教和儒教三教并立。不过为了便于在一些经典的含义上达成一致，还是必须要调和并消除南北朝时期出现的分歧。

南北朝时期通常被儒家学者描绘成一个衰落的时代，政治分裂导致了南北之间的巨大分歧。“北学”延续了东汉经学的集大成者郑玄（127—200）主张的以历史为导向的传统。学者为难字或生僻的用法提供异文，补充制度、地理或者历史背景，还有基本的阐释指导。“北学”的一个主要关注点是对仪式和仪式用品的细节的阐释，以确保它们能被成功执行。与此相反，“南学”受佛教教义和玄学的形而上思想的影响颇深。南方文人认为语言永远无法完全表达其含义，因此否认了文本具体措辞的重要性，他们不考虑经典的具体文字，因为它们是公开的，因此是粗俗和暂时的。取而代之，他们利用阐释表达玄学形而上的主题和超越语言的智慧。于是，与北方相反，他们很少对宫殿、服装和仪式表现出兴趣。

南北朝时期的阐释传统的另一个重要发展是“义疏”的兴起。汉代主要有两种阐释方式：一种是简洁的“训诂”风格，即以语言学为导向的阐释，另一种是“章句”风格，它扩展了文本的意义，但因长篇累牍而令人厌恶。在 4 世纪后期或 5 世纪初期，一种阐释的新类
233 型出现了，在全面性和长短上它与章节阐释相似，但是在对结构的详细的、体系性的分析和文本的使用上不同于较早的形式。

新的类型是以一问一答的形式表达的，这似乎反映出此种解释形式起源于对话，弟子或对手提出问题，而后儒家学者回答。其蕴含的意义是精巧的。这种形式早在《公羊传》对《春秋》的阐述就开始了，但是其在南北朝的繁荣很可能反映了一种佛经阐述形式（读讲）的短暂流行，其中包括了在作为听众的学生面前或朝廷上，儒者与谈话者之间的公共对话。另一个影响是南方大族中“清谈”的流行，人们就设定的主题，诸如“声无哀乐论”，进行辩论，双方通过技巧性的言论或巧妙的应答以支持各自的观点。[65]

面对如此不同的阐释和方法，太宗于 638 年命令孔颖达（574—648）和其他学者对近期确立的《五经》经文做一个权威性的注解。对于每本经文，学者们都挑选一个现存的注解作为基础，以便在上面添加他们的阐释。为了准备这些，他们全面检阅了现存的文献，引用了数以百计的文献以证明他们作品的包容性，反驳了所有相悖的解释。完成于 642 年的初稿被批评太过冗长，因而返稿修改。孔颖达在完成这项工作前就去世了，刚病故的太宗皇帝的内兄，即先皇最宠信的大臣长孙无忌被指派完成这项任务。完成的作品即《五经正义》，于 653 年提交并核准，成为后世官方编纂的经典标准阐释的基础。

试图调和南方和北方阐释传统的努力在完成的注解中清楚地表现出来。由于皇室的主要兴趣在政策原则和礼法上，为了满足其需要，以训诂章句为主的北方传统提供了最清晰的指导。学者们删除了一些南北朝时期著名的对经典的神秘化解读，孔颖达明确提出了搁置佛

经注解的决定。然而，儒学和玄学的结合［隋代陆德明（560—630）在《经典释文》中有详细论述］，突出表现在一些疏中，尤其是著名玄学家王弼（226—249）对《易》的注解。[66] 因而在朝廷编纂的疏中也可以看出它的目的，即将中国南北方政治的再次统一扩展到经典解释的范畴。 234

《五经正义》提出了五个基本假设。第一，经书是圣人的作品，规定了道德典范的态度、意图和规章。第二，经书是上古理想境界的唯一记录，因此在本质上有别于其他早期的文本，如哲学家的著作或碑刻。第三，它假定尽管孔子及其嫡传弟子对经书的含义有着卓越且可靠的洞察力，唐代的知识分子却无法做到。不同于汉代早期的学者及其后的宋代儒生，唐代的文人苦恼于经典的传承被永久切断，其含义不能再被精准地理解，他们相信这部分是因为孔子有后来追随者所没有的洞察力，部分是因为秦始皇“焚书”对经典的传播造成了不可弥补的破坏，并且由于南北朝时儒学不振而更加恶化。第四，考虑到这种破裂，现代人只能通过前代所记录的注解接近经典的文本。最后一个假设是，作为一部伟大的著作，经书的所有部分都是同等珍贵的，每个章节、每句话、每组词、每个字都理所应当地得到仔细关注。

8世纪和9世纪时，这些假设面临了一系列挑战。其中最突出的早期批评并非来自经学研究本身，而是来自历史编纂学。710年，刘知几（661—721）在他的《史通》中对《春秋》和《左传》的优缺点做了评估。他的论据的一个重要基础是认为《左传》因提供了详细的历史叙述而优于其他同类著作，这与唐初多数人的观点不谋而合，即认为评注对于阅读经典是至关重要的，而《左传》是对经典最好的阐释。但是刘知几超越了大多数人对《春秋》这本帝国早期最具影响力的经典的评价，他认 235
为历史著作的优劣应该以历史写作的标准来判断。

因此，他认为孔子虽然记录了其他诸侯国，却只把鲁国载入编年史，而且省略了对人物和事件的细致描写，是一个严重的史学错误。

同样，刘知几批评孔子可能修改了历史描述或者省略了确切的事实来暗示其道德上的判断，传统上孔子的做法被认为是这部作品存在的理由和它最天才的地方，但从提供真实历史记录这一史书最基本的目的来看，它是部失败的作品。然而，刘知几没有把他对《春秋》的批评与他对唐代统治者和官员删改史书的猛烈抨击明确地联系起来。不同于他对《春秋》的批判，刘知几褒扬了相传为《左传》作者左丘明的成就，他含蓄地认为左丘明比孔子拥有更高的地位。隐含在这些判断之下的观念是，经典不是永恒不变的规范和超越时代的价值标准，而是一件文字作品，应该以与其他同类作品的相同标准来进行判断。[67]

从刘知己批评的基本特征和他写作时的时代背景来看，他都是非典型的。他的《史通》完成于 710 年，在安禄山叛乱后、中央集权国家瓦解之前，对朝廷支持的官方阐释的质疑更加普遍。8 世纪上半叶，对经典的讨论大部分集中于对文本和阐释的选择上，最多的是对大多数读书人将经典作为寻求政府职位的纯粹实用主义态度的批判。许多文人反对科举对学术水平的过低要求，因为这样考生只学习了文章的皮毛。

“安史之乱”后，中央权力减弱，地方势力增强，激起了更普遍的对官方确定的文本和阐释的质疑。在后期发展中最重要的是 8 世纪 60 年代啖助（724—770）对《春秋》所作的新阐释，并且由他的追随者赵匡和陆淳增补修订。这些人以东南地区为基础，远离朝廷和黩武主义的恶劣影响，他们的思想在经过短短几十年不受约束的发展后
236 传播到了首都。此外，他们都非出身于那些最热衷于研究经文的大族。而对《春秋》的关注也是意义重大的，因为它一直是卓越的政治经典，被认为是理解孔子的宗族理论和他自身作为汉朝的无冕之王以及汉代制度的先知的关键。[68]

对于这些学者来说，最重要的是思想的原创性。较早的《春秋》研习者继承了汉代建立的三种阐释之一，有时更改一下某处的阐释或

者结合几种阐释的不同特点。啖助却提议拒绝这三种权威阐释，直接回到经典本身，通过经验主义的分析来建立孔子采用的褒贬规则。他指出经文是解决唐代政治体制弊病之“药”，但只有通过对文本本身直接系统地研习才能行之有效，不受注疏层面的干扰。就像宗教改革旨在扫除神父，直接回归《圣经》原文，啖助和他的追随者抛开长期累积的知识的负担，用圣人自己的语言直接探寻他的本意。和主张宗教改革的文人们一样，他们通过原始经文证明自己的见解，还通过原始经文来发掘在这一时期发展出来的新思想。[69]

在某个层面上，刘知几的批评更为激进，因为他挑战了孔子作为根本准则的地位。但是刘知几并没有系统地详细阐述他的批评，他以《左传》为示范，依然采用了依赖阐释的早期帝国惯例。啖助的批评则更具历史意义，他要求回归原文只是按原文分析的有系统的计划的第一步。此外，他声称可以不用阐释直接理解经典。这预示了中华帝国后期的阐释方法，那时新儒家宣称凭借他们与生俱来的圣人本性可以直接理解孔子的原意。在圣人和普通人之间这种认识论分歧上的跨越，通过对诸如《孟子》之类先前被忽视经典的再评价，使这种知识上的壮举成为可能，这代表着中国思想史上一个划时代的变化。

这一新的阐释方法，旨在直接重获经文的原始意义，在主张“古文”复兴的杰出人物柳宗元（773—819）、韩愈（768—824）那里获得了充分的表达。古文派的代表人物柳宗元，其写作的黄金年代在9世纪的前10年。柳宗元年轻时曾师从啖助的追随者陆淳，研习 237
《春秋》的新释法，他嘲笑汉代大学者马融（前14—公元49）和郑玄等人是学究，他们体现了主导初唐时期经典研习的训诂风格。在柳宗元讨论时政的文章中，他清楚地说明了自己对经典阐释的看法。经典研究的目的是阅读文本自身以抓住“圣人的思想”和“道之源流”。柳宗元没有给经典做注疏，他在自己的文章中直接引用《春秋》来分析当时的政治问题。在几篇散文，特别是《非国语》中，他谴责了那些被认为是标准的阐释，认为它们散布了导致政治和道德混乱的思想，从而阻碍了处理叛乱后时代危机的尝试。如此，他跟从啖助贬低了前代学者的阐释，并且提倡直接阅读经典作为政治指导以恢复世界秩序。[70]

对儒家经典的全新解读在韩愈的作品中得到了淋漓尽致的体现。佛教徒对菩萨的看法启发了韩愈，使他形成了对“圣贤”的全新理解。他认为圣人与常人本质上是一致的（“彼，人也；予，人也。”），因此每个人都有慧根。[71]这一理论成了新儒学的根基。从这一理论出发，韩愈认为任何人只需持之以恒勤于诵读，便能把握古代经文的精髓，并且在他的行动中实现经典的意义。在给友人卢仝的一封信《寄卢仝》中他写道：

> 春秋三传束高阁，独抱遗经穷终始。[72]

韩愈认为，对经典的理解应自书内出，也就是在书中寻找关键段落，将它们置于一起比较，用一段来解释另一段。这种方法在认清作者观点层次的同时，否定了对篇章等量齐观的阅读方式，认为有些关键的章节需要学者终其一生仔细琢磨和仔细思考。在这一原则下，学者应探寻经文的“大意”。他进一步指出，任何古籍中都包含古代道的要素（这一点刘知几深有同感）。[73]因此学者不仅应考辨《五经》，
238 也应该推敲诸如《国语》这类早期的哲学、历史著作，甚至是像秦石鼓文这类碑刻和青铜铭文。关于这一问题，韩愈曾作诗阐述。

在这一体系中，韩愈开创了学术研究的新文体，诸如散文《读墨子》《读荀子》等。他的观点直接导致了宋代将《论语》和《孟子》并列为经典，对古文学（古代书写形式）和古典遗迹的新关注，以及在宋代兴起的对所有过去的记录全面批判性的审视，并成为中华帝国后期批判性学术研究的标志。[74]

印刷术

从起源上看，印刷术的诞生与宗教有着紧密联系。印刷术是经济、技术以及精神生活方面的变革得以实现的基础，这些变革成了晚期中华帝国的特征。[75] 除去前代所留存的印章、压印、印版和拓印，印刷术最早运用于雕版印刷中，所谓雕版印刷就是将一篇文章刻于木板上，然后将其印于纸上。雕版印刷术始于唐代，不过在其出现后手抄本在书籍传播领域的主导地位仍持续了几个世纪。[76]

现存最早的印刷品是保存于韩国和日本的 8 世纪佛教经咒样本。最古老的一卷于 1966 年出土于韩国庆州佛国寺石佛塔中。由于这些佛经中所涉及的人物有些是在武则天时期才传入中国的，同时这些经文于 704 年被翻译，出土于 751 年所建的寺庙里，所以我们推测这些典籍可以追溯到 8 世纪上半叶。在吐鲁番发现的《妙法莲华经》译本也包含武则天时的人物，这意味着这些译本与韩国出土的佛经时代相仿。另外，也有一些印刷于 764 年到 770 年之间的小型经卷在日本被发现。[77]

印刷小型经卷所需的雕版数量与印刷一本书的规模并不一致。现存最早的雕版印刷品可能是《金刚经》。1907 年出土于敦煌的《金刚经》其历史可追溯到 868 年。它使用七张白纸拼接成一幅 5.2 米—5.3 米的卷轴。第一纸为木刻扉画，末尾有详尽的题记（“咸通九年四月十五日王玠为二亲敬造普施”），通卷文字书法精美。正因如此，它比出土于韩国和日本的经咒品质更高。但我们还无法确定这是否代表着工艺的进步，还是单纯因为印刷一部更重要的经书所花费的巨大努力。其他出土于敦煌的印刷品包括经咒卷轴和一些历法。 239

现存最早的书籍主要是佛经，这一事实表明，印刷术最早发展是为了批量印制宗教著作，这是一个有意义的行为，可以为捐赠者和那些他们希望帮助的人祈祷。这种想法在《金刚经》的末尾有清晰的表达，出资雕印刻经者写道：“二亲敬造普施。”（“虔诚地印刷了《金刚经》来保佑我的父母，并且希望能够广泛地传播它。”）最后一句话暗示了对《金刚经》大量复刻的需求，而实现这个想法最佳的途径就是印刷。上述的印刷品在日本和韩国也被发现，这说明它们很可能不仅是为了阅读，也是为了传播，它们的用途等同于佛教舍利，只是用文字的形式表达出来。[78]

到晚唐和五代时期，印刷术已经超出了宗教范畴，传播到许多领域。9 世纪晚期的资料表明当时印刷的书籍包括占星、解梦、风水等方面的书，还有著名的道士传记以及字典和词典。后者的样卷在 865 年被一位朝圣的僧侣带回日本，一起带回的还有佛经和医药方面的书籍。[79]

现存最早的非佛教印刷品是日历。这引发了与帝国政府之间的冲突，后者认为私印日历挑战了皇帝作为天子的权威，应由皇帝规范天体运行和人事之间的关系。835 年，冯宿（767—836）指出：“剑南、两川及淮南道，皆以版印历日鬻于市。每岁司天台未奏颁下新历，其印历又满天下，有乖敬授之道。”881 年，当僖宗为避摧毁帝国的黄巢起义来到四川，他目睹了商家之间因官方日历和私人印制的日历有差别而发生的纠纷。到 953 年，后周政府不得不通过官方印制日历来与私人印制日历竞争。[80]

240 10 世纪出现了已知最早的道教经典的印刷本和僧人贯休（823—912）所著千余首诗的首部印刷诗集《禅月集》。在 932—953 年间，儒家经典首次被印刷，并且几年后陆德明《经典释文》的印刷版本也出现了。道藏的首个印刷版也在 940 年诞生。与此同时，一些作为印刷中心的城市也出现了，包括洛阳和生产了中国北方绝大部分印刷书籍的开封（不久以后成为宋的都城），成都、南京、杭州则承担了长江流域的书籍印刷工作。同时，长安也发展了印刷产业。[81]

因此，在 960 年宋朝建立时，由于印刷技术的发展，已经开始在帝国范围内形成了一种标准的学术语言，更流行的文学和文化也广为传播。宋朝政府利用这项新技术赞助书籍的出版，其范围包括数学、医药、农业、军事、药理学和中草药知识、带有注释的儒家经典、断代史、法典以及重要哲学家的作品——所有这些都是为了日益扩大的有文化的读者群。宋朝政府也印刷了完整的佛教经典版本，包括由国家赞助的密宗经典的最新翻译本，它们作为外交礼品被赠予邻国统治者。[82] 在新兴城市的市场中，私人出版商的启蒙教化类书籍减少了，因为书籍已经开始慢慢转变为大众商品。

第9章

写 作

241 唐代是中国历史上出类拔萃的文学朝代，以伟大的文人和卓越的诗文著称。这个时期最重要的诗人王维、李白和杜甫，几乎被公认为是中国最伟大的作者。[1]唐代的短篇小说在文学史上的地位虽无法与诗歌相比，却是第一批带有自我意识的艺术性虚构作品，它们将人的经历的重要方面引入中国文学中。考虑到小说在随后历史上的重要性，唐代小说，尤其是唐传奇，标志着重大的文学发展。

韩愈和柳宗元等人的散文成了随后此类体裁所有作品效仿的对象。散文创作背后的理念是：文学风格是哲学思想和道德秩序的基础，因此相较于其他任何作品而言，散文更清晰地体现了唐代的一种特殊景象，其中文学、思想和政治难以分割地纠缠在一起。

初唐诗的基调和辞藻

在汉代，诗歌是宫廷创作的产物，其内容或褒贬或揭露国家的道德状况。南北朝时期，这种说教功能在很大程度上被忽视了。起初，

诗歌通过与国家及其道德标准的分离而被解放出来。这一过程中诗人
发现了许多主题，精心创作了关于隐逸（脱离现实世界）、风景和道 242
教哲学的诗篇。然而，5 世纪晚期之前，南方的宫廷和贵族名流支配着诗歌，长期拥有文学教养传统的世家大族认为只有他们才有资格评论诗歌的优劣。大多数诗歌不过是优雅的消遣和精英们宴乐的一种方式，在那里儒家道德说教和隐士的遗世独立都是不可容忍的粗鄙。

隋和唐初的诗歌继续着南朝的宫廷传统，大部分写作于首都或者秦王府的文学馆里。创作以一种社交活动的方式出现，其中题目、措辞、结构和场合都受到严格限制，精英们比赛看谁能够最迅速地完成设定主题和押韵的诗，获胜者得到奖励，而最慢的那个支付罚金。诗歌创作的主题或是模仿有固定模式的乐府诗，或是赞扬廷臣日常生活中的物品或者某一特定事件。用词是有限制的，多使用典故，而日常用语的使用则被视为是粗鄙的。修饰部分更喜欢简明和间接的示意而非直率的表述，正如虞世南的诗《春夜》所写：

> 春苑月裴回，竹堂侵夜开。
> 惊鸟排林度，风花隔水来。[2]

韵律规则阐明了音节数量、对仗的运用，以及声调模式。

这些刻板的要求使诗歌变为可习得的艺术，任何受过训练的人都可以迅速地创作出应景的诗。然而，掌握这个技巧需要持久的学习，大家族的子弟在这方面具有优势。作为富有教养的一种标志，他们幼时就接受教育，学习如何写出精妙而得体的文章。诗歌的评价完全取决于规则运用的好坏，与众不同的表达并非优点。创作称颂上层的诗歌是迎合宫廷特别有效的方式。宫廷诗矫揉刻板的特点激励了关于诗歌知识和文学参考书目的百科全书的编纂，于是廷臣们可以快速地找到符合任何诗歌主题的词句和想法。[3] 243

因为诗歌与政治相关，统治者自身也参与到诗歌的评价和创作

中。南朝陈和隋的最后一位皇帝都是著名的诗人，学者指责他们对文学的嗜好，认为他们因此而不理朝政致使王朝覆灭。然而，即使是中国最进取的统治者之一唐太宗，也留下了大量的诗篇。作为一位来自西北部的军事家，他努力像那些有教养的官员一样写作文雅的诗。有时他还运用皇帝特权将大臣出色的语句纳入自己的作品中。之后的皇帝，虽然没有如此多产，也热心于诗歌的赞助和实践。[4]

初唐诗也写作于小酒馆或私家宅邸举行的宴会上，以送别友人或进行社交应酬。这样的“宴游”诗从 3 世纪开始就已经被创作并汇编为诗集，唐代此类的诗集不下百数。现在仅存的例子表明，那些有抱负的官僚写作的诗歌与宫廷诗很相似，只是较为朴素。[5]

诗歌写作的另一个场合是农庄或者田园，它为诗人在矫揉造作的宫廷诗之外提供了另一种选择。唐早期的诗人之一王绩（590—644），在田园中获得了诗歌的灵感。虽然作为诗人并不具盛名，王绩却是模仿隐士诗人陶渊明（365—427）的生活和诗歌的第一人。陶渊明放弃官职创作隐士诗，其内容有他在乡村茅屋的起居、对贫困的忍耐和田地里的辛勤劳动。这样的重新评价使陶渊明被冠以“南北朝时期最伟大的诗人”之名，也预示了盛唐将会改写中国的诗歌史。为了保持陶渊明的模式，王绩运用了宫廷诗所没有的简单遣词、直白句法和一种近似整体叙事的风格。[6]

680 年诗歌创作被引入进士考试，标志着唐诗从宫廷诗向更注重抒情风格的重要转变。通过考试和亲自挑选，武后提拔了一些出身卑微的诗人，这些人后来帮助了很多出身于地方精英家庭甚至是出身寒微的诗人。在这种广泛的官员群体的影响下，更多的流行体裁，尤其是七言律诗，在宫廷变得受人瞩目。

到 8 世纪的第一个 10 年，在地方官府度过的长久岁月也成了诗人
244 们创作更个性化诗歌的机会。最为人称颂的是“放逐”诗人，包括杨炯、王勃、卢照邻和骆宾王，他们被称为“初唐四杰”。他们运用宫廷诗的

技巧来表达个人苦楚，还吸收了带有强烈情感的更早期体裁，如《楚辞》等。骆宾王因将骈文的修辞和思辨的风格改编入诗而出名，如此使诗歌变得更长也更严肃。随着“边塞诗”的出现，诗人将边远地区的生活生动、戏剧性地表现出来。[7] 这些发展使诗歌更为私人化、情感化，并且具有道德的严肃性，由此为盛唐诗歌打下了基础。

为了减少皇室成员和宫廷女性干政，722 年玄宗皇帝关闭诸王王府，把诸王调离京师，这就封闭了贵族青年得到资助的主要途径。于是，他们中最有雄心的诗人不得不在朝廷之外寻找更广泛的新读者。他们创造的风格被称为“都城诗”，表明是由宫廷诗演变而来的，但其对象和主题更为宽泛。[8] 都城诗与先前的宫廷诗的不同，表现在对声韵的强调、对佛教和隐士主题的兴趣和诗歌的端庄感有所降低这几个方面，正如卢象的《同王维过崔处士林亭》：

> 映竹时闻转辘轳，当窗只见网蜘蛛。
> 主人非病常高卧，环堵蒙笼一老儒。[9]

与其说都城诗是一种高雅艺术，不如说它是一种举止文雅的社交谈吐，有助于在官僚和考生之间建立私人联系。正如宫廷诗较早的改进来自那些被流放到地方的人一样，一个完善的、自觉的诗歌艺术形式的出现也将会是局外人的工作。不过，盛唐诗歌的兴盛就有赖于之前都城诗的存在，其自由的形式和表达使得处在该运动边缘的诗人能够充分地发挥个人的见解，其流行帮助广大读者进行新风格的鉴赏。[10]

除了为诗歌创作和交流提供场所，长安和其他唐代城市也理所当 245
然地成了诗歌的重要主题。诗人们赞扬首都的宏伟，思索热闹人群中的个人孤独，描绘充斥在城市街头和酒馆中的英勇的年轻人和漂亮女人，如李白的《少年行》：

> 五陵年少金市东，银鞍白马度春风。
> 落花踏尽游何处，笑入胡姬酒肆中。[11]

城市也成为诗歌圈子相互竞争的中心，或者，就首都而言，在不同的地段，不同的诗歌团体相互之间独立地运作。控制北方大部的节度使们的治所尤其重要。出于声望或乐趣的考虑，他们的身边有很多出色的诗人，而节度使的幕府则成为与长安相匹敌的文学中心。一直到唐后期，诗歌创作在地理上的分散使得对其进行统一概括成为难题，因为每个中心都发展出了明确的风格和特色。[12]

也许最为重要的是，城市为诗歌与音乐的联结提供了环境，在风月场上的表演最为显著。尤其是歌妓们对词的普及的贡献，在王朝崩溃后的几十年间，词成了一种主要的文学体裁。后世辑录出版的《敦煌曲校录》共包含 545 首词，大部分是“通俗作品”而非文人作品，因此主要在娱乐场所或其他相关场合表演，主题涉及的范围从谈情说爱到历史政治。

女性也是帝国宫廷、地方政府机构和精英家族里乐器演奏和歌唱的主要表演者。玄宗皇帝创立了一所宫廷音乐学校，成百上千名乐师和歌手在那里学习表演新乐曲，包括通俗的和外国的乐曲。皇帝自己也创作曲子，并具有每行音符数量不规则的特点，这也许反映了外国曲调的影响。“安史之乱”攻陷首都后，在宫廷音乐学校受到训练的表演者们散落到南方的都市中心，在那里卓越的文人仍然为艺人们创作词曲。[13]

然而，这些为中国社会各阶层所欣赏的歌曲与文人诗作间的关联
246 仍旧不清楚。一些传统诗歌体裁，最突出的是四言诗和旧乐府诗被谱成歌曲。唐代诗人创作了一些被认为是歌词的作品，肇始于 9 世纪早期的一些诗人，他们为流行曲调谱写了新词。留存下来并确定可以被演唱的词中，有三分之二是 9 世纪后的作品，六位诗人（温庭筠、皇甫松、白居易、刘禹锡、薛能和司空图）的作品占了将近一半。迄今作品数量最多的是温庭筠，他对风月场的爱好似乎严重地影响了仕宦。有关他生活的描述表明他依靠作词谋生。

有迹象显示，虽然曲和词是唐代流行文化的一个重要特点，并且一些重要诗人也进行此类创作，这种行为在文人中仍然是不光彩的。直到940年后蜀朝廷编纂了《花间集》，词才被明确当作一种文学体裁。然而，被认可为严肃艺术的词局限于爱情浪漫主题，其形式也被标准化为两节的异律词（就是说，每行都有不规则数量的音节）。欧阳炯（896—971）作了《花间集》的序言，谨慎地区分了真正的文学作品与“不仅形式粗俗”而且“实质空洞”的流行词。于是，尽管风月场是唐代词的创作和吟唱的重要场所，它们对唐代诗歌的影响却不能被公开地承认。[14]

唐代最后一个能为诗歌提供灵感的都市场所是庭园。3世纪的隐士诗人曾经称颂过私家庭园，将其看作逃离朝廷和城市压力的特殊空间。中晚唐，都市庭园为私人玩赏领域的出现提供了环境，在庭园里就可以摆脱国家和家庭的常规结构。诗人白居易自称“中隐”，意思是介于隐于朝的大隐和隐于野的小隐之间，他深情地描述了他在洛阳的庭园。白居易将自己的庭园建设成一个唐代市民阶层的典型空间，有花圃果园相伴，培养人的情操。[15]与柳宗元一起，他还倡导了这样的理念：真正拥有一座庭园或者一块土地的含义不仅仅是出钱购买，还要审美欣赏，例如以其为题材写作诗文。在中华帝国的后期，在给 247
特定庭园题名或题写对联时，使用诗的情况非常普遍。[16]

盛唐诗对前代诗歌的继承

唐代摆脱了以往带有道德和政治色彩的诗歌批评，那些评论谴责近几个世纪文学作品的颓废，而唐代则发展出了一种审美的态度，认为过往的文人和风格为当代文人提供了各种各样可用的模型。这种转变既与宫廷之外诗歌创作的空间变动有关，也与诗人含义的再定义有关。

初唐诗的发展主要源自北朝和隋的一些作者，他们批评当时的骈文和华丽的诗体，而以经典和汉代作品为蓝本，倡导更为质朴严肃的语言。6 世纪梁朝的太子和大臣编撰的两本南朝诗歌选集之间的矛盾显著地突出了这个问题。更为古典的《文选》，把重点放在汉代及紧随其后的世纪，将其作品作为文学典范。更为当代化的《玉台新咏》，主要收集了近期的、其中很多是仍然在世的文人的作品，尽管其前言为集中于宫廷诗和其他浪漫主题的作品而致歉。同一个世纪里，杰出的文学理论家刘勰（465—522）在其代表作的开篇就提出文学主要服务于社会政治功能的主张，因此所有严肃作品必须以经典为典范和标准。无独有偶，裴子野（469—530）所著的《雕虫论》，也抨击当时的文学作品为空洞无意义的工艺品和点缀品。[17]

北方军事的胜利扩大了回归严肃文学的呼声，以此来维护道德和政治秩序，而不是为社会和审美的愉悦服务。这种态度最清楚地体现是在 584 年学者李谔给隋文帝的呈文中：

> 臣闻古先哲王之化民也，必变其视听，防其嗜欲，塞其邪
> 248 放之路……《诗》《书》《礼》《易》为道义之门……其有上书献赋，制诔镌铭，皆以褒德序贤……降及后代，风教渐落。魏之三祖，更尚文词，忽君人之大道，好“雕虫”之小艺。下之从上，有同影响。竞骋文华，遂成风俗。
>
> 江左齐、梁，其弊弥甚，贵贱贤愚，唯务吟咏……竞一韵之奇，争一字之巧。连篇累牍，不出月露之形，积案盈箱，唯是风月之状。世俗以此相高，朝廷据兹擢士。[18]

不过，这是一篇没有诗的诗评，没有举出实例来取代其所抨击的审美观。某些人物，包括唐太宗，赞同呼吁“复古”（即将汉和汉以前的文本认同为古代经典），不过仍延续了宫廷风格的写作。其他人，包括太宗的谏臣魏征（580—643），虽然非常认真地写作更为简朴的政治关怀诗歌，但最终止于仅仅陈述而非夸张道德原则的说教诗。这个试图创

作吸引人的诗歌的计划失败，导致了它在太宗朝之后的年代中被普遍摒弃，大诗人们此时则满足于在宫廷中娴熟地称颂太平。[19]

尽管有这些最初的失败，7世纪后半叶的诗人，特别是那些在宫廷圈子之外的，由于可以尝试更多个人表达方式，发展出了一种较为简朴、更加直接、有道德严肃性的诗歌语言。陈子昂（661—702），被誉为盛唐风格先驱的伟大“出世”诗人，将其对当代世界的否定发展为主要的诗歌主题，并且以一种被称为“复古”的新风格来表达。然而，他最富理想的诗作的典范并非《诗经》或汉诗，而是晋代诗人阮籍的诗作。阮籍的《咏怀诗》描述了对个人意义的极度痛苦的探求，同时受到4世纪抽象的玄学诗歌的影响，因此成了陈子昂《登幽州台歌》的范本： 249

前不见古人，
后不见来者。
念天地之悠悠，
独怆然而涕下。[20]

及至8世纪早期，甚至一些宫廷诗人已发展出了一种具有“古风”的诗歌，替代了对仗严谨、声调平衡的更为工整的宫廷诗。陈子昂被诸如宋之问（656—712）和张九龄（678—740）等重要宫廷诗人钦佩并且仿效。作为一个以仿效陈子昂的诗而为人所熟知的成功政治家和文学赞助人，张九龄模糊了内外的区别，将“复古”诗歌引入宫廷。因此，尽管一些盛唐诗人宣告“复古”以区别于他们作宫廷诗的前辈，他们共同具有许多技巧，完全远离了口号中隐含的道德说教。[21]

虽然盛唐最著名的人物并不支持反美学的“复古”运动，但他们也没有现成的诗歌历史模式可供选择使用。因而，753年殷璠提到王昌龄时说：“元嘉以还，四百年内，曹、刘、陆、谢风骨顿尽。顷有太原王昌龄。”[22]尽管王昌龄本人完全不支持复古，殷璠仍视其为汉代崩溃以来唯一有价值的诗人。相似的是，站在道德训诫者对立面的伟大盛唐诗人李白，在以“古风”创作的组诗中的第一首中重述了一个既有的观点，即《诗经》是古代诗歌的高峰，《诗经》之后的作品逐步衰落，唯一的例外是汉末以曹操家族诗歌为代表的最后一次复兴。在那以后，中国诗坛沦为一片不毛之地，直到李白时代诗歌再次复兴。[23] 道德说教的“复古”模式为中国诗歌提供了唯一的历史框架。

“复古”作为口号与作为一种真实诗歌形式之间的差异，可以从元结（719—772）的经历看出。通过文体风格的修改以及更为个人化的诗歌，李白等文人为他们重现古代的辉煌而感到骄傲，但同时代的元结谴责他们的作品“与歌儿舞女生污惑之声于私室”，并且开始用直接从古代诗歌中借来的古典用语写作道德说教诗。他还给自己的
250 诗作序以指出它们的道德意涵。但元结在 760 年将主旨相同的诗作汇编成一部选集后，他开始以一种不那么激进的古代风格写作，后来的生活中他转向了山水诗和隐士诗，放弃了自己一直主张的公共、政治诗。他从未被唐代的文人阶层广泛接受，这使他认为过分在乎名誉是次等诗人的证明，不被接受则体现了作品的真实和道德地位。如此，一方面几乎所有盛唐作者都拥护“复古”的口号，仅有的真正实践它的诗人却变得完全微不足道。[24]

理论和实践的分歧在“安史之乱”后很快结束了。8 世纪后半叶复古的说法减少了，其间出现了都城诗的复兴及对南朝诗人成就的新称颂。唐朝初期南朝诗人陶渊明的诗歌和生活已成为王绩仿效的对象，不过王绩并非是具有影响力的人物。更为重要的是王维（699—761），在汲取南朝诗人谢灵运、鲍照、谢朓和庾信长处的同时，他回避了复古的道德层面上的问题。在 8 世纪的二三十年代，他还支持陶渊明作品的复兴。作为一个神童诗人和重要家族的子孙，王维年纪轻轻已在朝廷中谋得职位，并且精通宫廷诗。他通过简化风格改进宫廷诗，借助其信奉的佛教，将宫廷诗对世俗情感的厌恶提升到了彻底的否定，以富含意义的简单叙述代替复杂的精巧构思，从而完善了对

仗的艺术，如他的《登河北城楼作》：

岸火孤舟宿，渔家夕鸟还。
寂寥天地暮，心与广川闲。[25]

于是王维成为盛唐诗歌最伟大的代言人之一，同时他在写作都城诗的社交圈中仍旧居于中心地位。

在社交活动中与王维有关联并且模仿王维诗歌的人们，支配了“安史之乱”后的文学界。他们建立了一个盛唐文人的派别，其中包括 8 世纪早期最重要的宫廷诗人（沈佺期和宋之问）、王维自己和他的一些追随者。独孤及（725—777），“安史之乱”后诗坛主流的一 251
个重要成员，在一篇序言中描述了他们的格调。他批评被作为“复古”运动效仿对象的 3 世纪的诗作过分“朴实无华的内容”和贫乏的修饰。虽然他承认南朝诗人犯了相反的错误，但是他把这种过分的修饰看作一种文明的标志。近几个世纪文学的矫揉造作代表了文化的进步而非道德的腐败，这是第一次有人提出了复古的另一种可能途径。[26]

王维对过往诗歌的重新评估以及独孤及的阐释在“诗圣”杜甫（712—770）的作品中得到了充分表现。元稹和韩愈首先对杜甫给予关注，认为他的伟大来源于对诗界前辈们的充分理解。在杜甫的墓志铭中，元稹列举了过往的重要诗人，并认为杜甫掌握了他们所有的风格并凌驾于其上：“尽得古今之体势、而兼人人之所独专矣……则诗人以来，未有如子美者。”[27] 像这样以对过往诗歌的吸收作为自我表现的基础，是唐代后半期诗人的特点，对于他们而言，早期文学的所有表现手法都是一个借鉴、模仿和重组的资源。从长远来看，这样受传统束缚会成为中国诗人的一个负担，但在“复古”运动的第一波浪潮中诞生了一些中国最伟大的诗，例如杜甫的《对雪》：

战哭多新鬼，愁吟独老翁。

乱云低薄暮，急雪舞回风。
瓢弃樽无绿，炉存火似红。
数州消息断，愁坐正书空。[28]

尽管盛唐开始了对全部过去诗歌的吸收，但直到 8 世纪后期，在活动于东南地区的一位诗人——皎然和尚（730—799）的作品中才出现了诗歌理论的系统阐述。皎然认为好的诗歌需要在“革新”与“复古”之间有所平衡，偏爱一方是有害的。他还维护南朝后期的诗歌
252 （“复古”诗作的大敌），并且谴责都城诗缺乏文学历史意识。在某种程度上，这是地域文化之争，因为他不仅是南方人，还是南方伟大诗人谢灵运的后代。不过，他的理论捕捉到了中晚唐最优秀的诗歌中体现的对过去诗歌的态度。[29]

对过去诗歌态度的改变导致了对唐代诗歌评价的演变。“安史之乱”后不久，文人们回顾过去，将玄宗统治时期看作秩序与力量的黄金时代。但是只有几十年以后，这段时期才被公认为，或者更确切地说，被神化为中国诗歌的黄金时代，直到后来才固定地把王维、李白和杜甫看作盛唐诗人的代表。8 世纪 60 年代之后开始创作诗歌的诗人们，发觉他们是在已然消逝的伟大传统的阴影下辛苦耕耘的后来者，纵然这个伟大的含义和本质还没有被具体说明。

8 世纪后半期主流都城诗人认定了一批诗人作为典范，其中包括来自初唐的诗人们，但是没有李白和杜甫。直到 9 世纪早期，韩愈和元稹才宣称这两位诗人代表了中国诗歌的最高峰，甚至在 837 年诗人姚合按他的个人品味编撰诗集时，仍然将王维的诗放在最前面。900 年，韦庄编了一本诗集作为姚合的续篇，他开始将杜甫、李白和王维放在一起作为三个代表人物，这种做法持续至今。韦庄将 9 世纪早期喜爱李白、杜甫的激进分子的趣味与偏好王维的宫廷精英的趣味相结合，为后来的中国文学史定义了盛唐。之所以可以这样，是因为保守精英们的社会网络和其基于宫廷的文化已经在摧毁唐代的大变革

中被清除了。[30]于是，唐代文化优势地位的神话，如同其政治优势地位的神话，作为对两个灾难性的崩溃时期的回应出现了。

不断变化的诗人形象

某种程度上诗歌是宫廷生活的一个方面，诗人只不过是廷臣或政治家的一个侧面。如同被要求写政令、奏折或策论一样，唐代朝廷的君主或大臣被要求会吟诗作赋。这一点在之前定义了当时重要文学体裁的《文选》中就有所体现。将看似个人的诗歌当作政治寓言来理解，和将 253
《诗经》中的诗当作政治隐喻的传统一样，都是思想论域的一部分。

将诗歌转换到新的背景和社会阶层，对复古的政治道德话语提出质疑，为唐代诗人刻画出一个新的社会角色。诗歌写作从单纯的个人修养和社交礼仪的一般范畴变为诗人人生中最为重要的事情。诗人成为性格鲜明的角色，大约介于怪人和欧洲浪漫主义时期被称颂的“天才”之间。作诗成为一种职业，诗人投入毕生精力以使其尽善尽美。也有些作家将诗歌创作描述为一份创造“财富”的“职业”，并且授予诗人对其作品的“所有权”。

这种新的景象在李白和杜甫的创作中有所体现。对李白而言，诗歌是一个天才之人表现其优势的手段。对杜甫而言，诗歌能够使一个人开拓出其历史地位：

> 文章千古事，得失寸心知。

在他的诗作《茅屋为秋风所破歌》结尾处，诗人以一位英雄的形象取代了统治者，他呼吁上苍看在他的分上建造广厦庇护世上所有的穷人。[31]对于杜甫、李白及其他后来者，诗歌并不仅仅是一个政治职业的附属品或蹩脚的替代物，而是具有了最高使命感。到9世纪与10世纪之交，一些人将诗歌创作描绘为一项几乎是神秘的事业，一种类似于禅宗修行（日本禅宗的中国先辈）的虔诚实践。它不再是一个人生活的点缀品，而是生存的最终目标，例如诗人孟郊（751—814）为此心甘情愿地奉献所有，正如贯休在《读孟郊集》中所写：

清刳霜雪髓，吟动鬼神司。
举世言多媚，无人师此师。
因知吾道后，冷淡亦如斯。[32]

虽然早在战国时期就有诗歌表达了作者心灵最深处意愿的观点，
254 但它因为道德或政治的固定标准遭到批判。只有到了唐代，诗歌中展现的个性才成为对其评估和认识的最终依据。这种个性的发掘随着对陶渊明的重新关注而出现，陶渊明的读者认为他的诗歌与性格合而为一，从其诗歌中就能明了其个性。然而，以自身个性来表现诗歌底蕴的典型代表是李白。[33]

现在杜甫被认为是中国最伟大的诗人，李白则被认为是中国最伟大的富有个性的诗人。以后的评论家建议人们效仿杜甫，因其卓越才华是可能被模仿的，而李白的伟大则与其为李白有着不可分割的联系。[34]从一开始，他的诗就展现了革新和夸张，一种令人震惊的离经叛道，这些似乎都直接呈现出其无与伦比的特质。作为一个可能来自突厥家庭、出生于四川的外来者，李白被虚构成了一个个人神话，即出身于一个被举家放逐到中亚的汉族家庭，年轻时做过剑侠和杀手，丢弃了一笔他几乎肯定没有过的巨大家产。他引起帝国秘书监贺知章的注意，此人开始将李白视为不凡之人，称他为“谪仙人”。742 年玄宗皇帝给李白翰林院的职位，其傲慢无礼很快成为逸闻趣事的话题。尽管那样的行为可能令人钦佩，但他的极端行为导致其两年后被解雇，并且在南方度过了生命中最后 20 年。[35]

李白同时代的人似乎将其看作一个使人惊奇的对象更甚于一个严肃的诗人。对其作品的关注出现于 8 世纪的最后几十年，此时以韩愈和白居易（772—846）为首的一批文人将他与杜甫一起视为先前时期两位最伟大的诗人。不过，即使是这些对其诗歌的赞赏，也往往变成一种个人描述，他的诗歌让人联想到他的传奇人生。于是李白与拜伦有了相似之处，其诗作中的英雄总是被阐释为作者自己，对于大部分读者来说作者的个人神话吞没了这些诗作。或是深思转瞬即逝的荣耀，或是描述蜀道的艰难，或是称颂剑客，李白总是显示出一种活力和夸张的鲜明特征。甚至其创作的以饮酒为主题的组诗也在酒徒中传颂，例如《月下独酌》其一：

花间一壶酒，独酌无相亲。
举杯邀明月，对影成三人。 255

相应地，他的不朽诗篇成为“自吹自擂”，例如《古风》其十九：

西上莲花山，迢迢见明星。
素手把芙蓉，虚步蹑太清。
霓裳曳广带，飘拂升天行。
邀我登云台，高揖卫叔卿。[36]

李白之后，在其诗作中发掘想象中的诗人以及通过阅读诗歌来感受诗人，成为中国诗歌阐释的惯用手法。正因如此，白居易对自身新奇荒唐行为的形容常常模仿李白的表达。更特别的是，白居易通俗、平易的写作风格，对他所宣称的“自然的”表现和创作与亲民的形象不无助益，据说他通过朗诵自己的诗歌给老妪听以检验其是否通俗易懂。[37] 这再次证明，作品风格与作者性格互为表里。以诗人的个性来解读诗歌的做法，促进了一种新类型的逸闻趣事的产生，它主要讲述诗人所处的环境是如何促使一首诗歌创作的。[38]

诗歌创作这个行业的从事者不知疲倦地致力于使其技巧尽善尽美，这种观念在唐代有好几种表现方法。一个显著的早期例子是孟郊，他与朋友韩愈一起，为中唐诗歌的形成做出了很多贡献。孟郊认为常常受到苦痛折磨是真正诗人的标志，是其道德优越的证明。忍饥挨饿是一种正面价值，完全反对诗人满足于财富和权势。他的诗篇突出了这样的诗句：“诗人苦为诗”“诗饥老不怨”“诗人多清峭，饿死抱空山”。孟郊困苦的生活体现在他的《出东门》一诗中：

一生自组织，千首大雅言。
256 道路如抽蚕，宛转羁肠繁。[39]

之后的一代人对诗人作为一种职业有着不同的看法。贾岛（779—843）和姚合（约779—约849）不再把困苦诗人当作道德模范，他们认为，诗人是对句孜孜不倦的收集者和润色者。与主张自律及苦行主义的禅宗紧密联系，诗歌成为作者为之奉献一切的生活目标。他们认为诗人应执着于艺术创作的理想体现在“苦吟”这一词中，按字面理解就是“反复推敲”，这是诗人最伟大的品质。[40]

与孟郊类似，贾岛也过着贫苦的生活，但是他最为人称道的逸闻突出的并非困苦而是其对创作的专注。在这些故事中，他在街上骑驴行走，完全地沉浸于一联诗句的推敲中，不料冲撞了高官刘栖楚，给关押了一夜。同样，又有一次他冲撞了诗坛领袖韩愈，韩愈却帮其完成了诗句。诗人热心于艺术而不顾等级制度，实际上这些人以陈述朴素的社会平等观而闻名。周朴在《赠大沩》一诗中勾勒了这些理想：

禅是大沩诗是朴，大唐天子只三人。[41]

这里僧人、诗人和帝王处于三个不同和相互独立的领域，各自投身于自己的事业。

晚唐将诗歌解释为一种需要通过无止境的苦干才能掌握的技艺。早期中国诗歌理论将诗作描述为个人对真实情景自发的、真实的反应。相比之下，晚唐诗人认为诗作是长期思索的产物，超脱于任何所谓的引起诗作的经历。这种创作模式最有名的代表是诗人李贺

（790—816），尽管早逝，他留下了二百余首诗作。李商隐（813—858），一位深受李贺影响的诗人，无论骑马去哪里都随身携带一个锦缎包，任何时候有了关于诗句或对仗的想法就匆匆记下放进包里。返回之后，取出这些想法的片段写作成诗。这则趣闻表达了一种普遍的看法，即诗人们“获得”一个创意，是通过刹那间的灵感或者一个透露出诗人几乎没有意识到的隐藏的想法的梦境。通过那样愉快的发现，作者得到了作为一首诗核心的绝妙的对句，然后再围绕对句艰苦地塑造他的诗歌，就像一位宝石商镶嵌一块珍贵的宝石。这些范例将一种印象和看法混合起来，即诗歌创作是一种博学多才的职业，以及诗人既拥有天赐灵感的工具，也拥有对诗歌创作“毒瘾”般的迷恋。[42] 257

在以诗歌创作为终身职业的观念下，诗人们收集并且编选自己的作品。通过谨慎的挑选和整理，除掉低劣的篇章后按顺序排列剩下的部分，这样就将一生的作品变为其个性和勤奋的精心表达。“唱和”诗作，特别是与其他诗人往来信函的列入，也展现了诗人社交的范围和自身的地位。像《白居易全集》那样的总集成了用诗写成的日记，可以如实描述、再现以及公开其完整的一生。事实上，根据诗人的诗集按时间顺序撰写他们的传记，这在中华帝国的晚期变成了一种传统。虽然这种方法唐代才刚出现，但当李绅（772—846）将其写于820年至836年间的作品汇编成集，而实际上其中大部分创作于836年至838年之间时，这种方法就充分地建立了。虽然诗歌应纪实性地描述生活，但李绅当时没有时间这样做，他用新的作品填补了820年至836年的岁月。[43]

与将诗歌创作作为终身职业的观念相联系的是，唐代“职业”诗人逐渐显现出利用才能获取财富的形象。从680年进士举以诗赋取士开始，诗歌写作成为获得高官厚禄的康庄大道，但也同时产生了不甚崇高的专业用途。据说温庭筠通过在风月场出售诗歌来养活自己。

王定保（870—954）在其《唐摭言》一书中说温庭筠“以文为货，识者鄙之”。[44] 然而，温庭筠可能不是唯一靠才华获得收入的人，许多有名望的诗人把他们的诗歌看作财富的一种形式，发展出了文学财产和作品所有权的新概念。最引人注目的又是白居易，他将自己的作品描述为一种可量化的遗产，他在《题文集柜》中写道：

破柏作书柜，柜牢柏复坚。
258 收贮谁家集，题云白乐天。
我生业文字，自幼及老年。
前后七十卷，小大三千篇。
诚知终散失，未忍遽弃捐。
……
只应分付女，留与外孙传。[45]

诗作除了是诗人创造和积蓄财富的一种形式，诗歌和审美鉴赏还成为文人宣称自己真正拥有一个物质空间的方式。王维在《辋川集》的一首诗《孟城坳》中提到：“来者复为谁，空悲昔人有。”但他通过在诗歌中对辋川的描述，使其成为属于自己的独一无二的财产。类似的要求，通过购买花园或小山并且在诗歌中描绘它们从而宣称真正拥有它们，成为唐代后期写作的一个常见主题。[46]

唐代传奇

20 世纪早期，伟大作家鲁迅指出今天被称为“传奇”的唐代经典短篇故事是中国最早的作者有意识创作的小说。实际上，这些故事里通常包含着重大事件发生的详细时间、城市的准确布局，甚至还有真实的人物，这说明当时的作者和现代的小说家不同，他们并不认为自己是在虚构故事。然而，从“小说”一词源于“设计”或者“制作”这一点来看，“小说”确实描绘了唐传奇的新意所在。与更早的“志怪”相比，唐代故事不仅仅提供了消遣和娱乐，还是一种需要技巧的文学形式，可以通过写作它们的方式对其进行美学鉴赏。[47]

文学文本创作中自觉的艺术技巧至少通过四种方式表现出来。第一种，唐代作家创造了一系列文学表现手法，使内容简单、熟悉的故事变得更为复杂、有趣。他们的许多短篇故事以前都曾被记录为奇闻逸事，所以在故事修订时作者专注于讲述的方式更甚于情节。这就突出了新故事是精心之作的事实。[48]

第二种，梦境在一些故事中处于中心地位，诸如《枕中记》《南 259
柯太守传》。这些都叙述了有抱负的年轻学子，梦见自己一生努力奋斗并获得政治成功，醒来却发现只是一个持续了几分钟的梦。这些故事是有名的《庄周梦蝶》的文学后继者，在这个故事里战国哲学家庄周梦见他是一只蝴蝶，只是不能确信是庄周梦中变成蝴蝶呢，还是蝴蝶梦见自己变成了庄周。除了对现实和虚构之间的区别提出质疑——这是梦境在18世纪中叶的中国文学《红楼梦》中扮演的角色——梦境还将怪诞的元素引入叙事而不失故事的现实基础。从陈子昂到李白及以后的唐代诗人，在不超出生活经验的情况下，在诗文中借用梦境引入精神旅程和其他虚构想象。梦境在短篇小说中扮演了相同的角色，尽管强调的是故事的技巧性。[49]

第三种，作家通过改编流传已广的故事来强调小说的文学性质。一个显著的例子是《任氏传》，它将已确立的狐仙故事改编成一个新形式——“人狐恋”。这在某种程度上是通过将故事的女主人公狐仙人性化并把她变为一个道德榜样而完成的。然而，改编已有的体裁对于故事的叙述也是重要的。故事始于一个男子在长安街上邂逅一位神秘美人，与她在其城郊的华屋中共度了一晚，第二天早上发现“屋子”是一块被遗弃的荒地，并且被当地的一个卖主告之美人是一个狐仙。这正是对经典的狐仙故事的扼要重述，而一般来说，故事到此就结束了。与以往不同的是，作者沈既济（一位8世纪后期的著名官方历史学家）将此仅作为一个逐渐揭示各角色个性的浪漫复杂的三角关系的起点，并以任氏的悲惨死亡为结局。无独有偶，《李娃传》表面上的现实主义之下，也蕴含着从人与妖精私通的传统故事中发掘出来的要素。[50] 因此，经典短篇小说的作者们批判地使用或解构早期故事的结构定式以创造他们的新故事。

唐代作家们突出其作品的文学特质的最后一种方法，是包含其他的文学形式——诗、信、史学编纂中的手法，以及公认的经典作品
260 中的引文。最为重要的是恋爱中的男女诗文传情，或者是插入充当旁观者角色的评论诗句。这已经是唐代经典短篇小说的最早作品之一张鷟的《游仙窟》的一个主要特征了，该作品讲述了一个与女神发生了性关系的男子的传统故事。然而，在这个传奇故事中，叙事只是为作者/主人公和女神之间频繁的诗歌酬答提供背景。最著名的唐传奇是元稹的《莺莺传》，书中大量“援引”两位主人公之间的诗和信，以及男主人公朋友们的诗，其中一首来自作家本人。[51] 这些精心制作的文本嵌入故事中的突出作用在于，它使得许多短篇小说成了文本表达的典范，或者让它们极具感染力。

将文学文本嵌入小说，也提供了指导角色行为的榜样，并赋予事件意义。对于莺莺而言这是特别真实的，在叙述的过程中，她几乎适用于中国文学传统中赋予女性的每个角色：清白的未婚女子，恪守妇道的女人，热情的女神，以及被遗弃的妇女。张生这个角色并非多才多艺，在他为自己抛弃莺莺的行为辩护时转而引用经典文章。为了操控故事的导向以便偏向自己，两个主角呈现了各自的诗文和说辞。此外，以叙事为中心进行创作的作者加入了自己对于故事的看法，这些看法衍生自早期对女神的诗歌描述。[52] 因此，《莺莺传》自身包含了三种不同说法。这种嵌进作者和观点的多样性突出了故事的文学特质。

之所以这些文学技巧出现于唐代，尤其在“安史之乱”后，是因

为重要的作家，包括韩愈、柳宗元、元稹、沈既济和白行简（白居易的弟弟）等人在内，开始运用小说来探讨自身的境况。同一时期，白居易、韦庄和其他重要诗人创作了涉及这些故事相关主题的长篇叙事诗，有时还配以散文或诗序来叙述同一故事。

不仅仅小说的作者是文人，而且男主人公，不论是虚构的还是真实存在的，也都是文人。现实中的诗人李益是《霍小玉传》的男主人公，这个故事解释了其声名狼藉的嫉妒心。而且，故事围绕文人阶层主要的经历展开：进京赶考，金榜题名，甚或状元及第。因此，故事主题都是那些唐代后期文人在日常生活中关心的事，从他们梦想实现的抱负到萦绕在他们梦魇中的恐惧。这些小说可能也有女性读者，最著名的是京城的妓女群体，《北里志》描述了她们拥有很好的文艺修养，出现在这些小说的妓女同样如此。 261

由于文人们既是作家又是读者，因此很显然故事中最重要的主题是爱情和性。专注于男女关系的做法没有在中国早期作品中出现，这种变化可以从几个方面来解释。首先，也是最没吸引力的解释是，人们总是对性感兴趣，和西方一样，小说在中国的兴起给予这种兴趣一个重要关注。明代学者胡应麟（1551—1602）揭示了性与小说的密切关联。他是最早系统研究小说的中国人之一，也是最早用经典词语“传奇”来称呼唐代小说的人：“心知其妄而口竞传之，旦斥其非而暮引用之，犹之淫声丽色，恶之而弗能弗好也。夫好者弥多，传者弥众。传者日众，则作者日繁。”[53] 胡应麟认为小说是黑暗和可耻的，等同于色情和肉欲的描写，人们对其进行道德谴责却又着迷地追求。实际上，段落中反复出现的文字暗示了作者像他的观察对象一样着迷于小说，这无疑也是唐代作家写作的动力。

其次，也是更为重要的是，爱情故事为文人提供了得以逃离事业和家庭约束的新的私人空间。在中国较早有关风流的描述中，有类似的情节：逃离世俗社会，邂逅女神、女鬼或者狐仙。对人类爱情故事的着迷相当于文人对园林的热情扩展。爱情故事描述了基于共同爱好和高雅情感的自由恋爱的原型，一个逃脱包办婚姻的梦想。这个梦想来自文人在备考的岁月中和妓女相处而产生的文学和感情上的联系，在他与宠妾相处时可能会重温这种爱恋之情。因此，虽然唐代爱情小说的许多女主人公并不明确为妓女，但她们的举止，她们被介绍给才
262 子的方式，以及短暂的关系，都仿照了文人阶层的作家和读者从风月场中所得知的情况。[54]

唐代短篇小说的另一个创新在于隐约透露出的金钱的力量。虽然激情爱恋中的情侣自愿选择平等相处，但是大部分故事也留意到经济状况使这样的“自由”选择只是暂时地成为可能。许多恋爱关系的重要转折点是由一方或者另一方财源枯竭而引发的，或者某件大事，诸如通过科举考试，改变了男主人公的前途。金钱的隐蔽力量常常随着来自男子家庭的压力而出现，他最终依赖于此。压力要求他屈从于安排好的婚姻，这就意味着短暂爱情的终结。家庭压倒性的力量，吞没了男子的意志并且拒绝接纳妓女，这也许还可以解释为什么在这些故事中与作家及其朋友面临同样情况的男主人公，一般都虚弱、顺从，没有个性，而女主人公则积极、果断，并且成为故事的情感中心。

与爱情和家庭之间的矛盾相对应的是，对于一个场所或对象的基于精神赞赏的真正所有与仅仅是基于购买之上经济拥有之间的矛盾。这两个主题中的普遍矛盾揭示出唐代对于风流韵事感兴趣的最后一个原因。中华帝国早期，感情被视为一个危险事物，统治者或文人控制感情以确保自身地位稳固，并且使生活处于安稳状态。虽然这种态度在南北朝时开始改变，将感情作为行动的依据仍然受到怀疑。但是，到明代为止许多作家认为“柔情”或“多情”可将有教养的人与未受过教育的粗野的人区分开来。虽然唐代小说还没有充分描写感情，但是开始尝试赞扬自由选择的爱情，一些小说谴责

了不忠的男性情人的薄情，这是中华帝国晚期文人普遍心理特征的雏形。[55]

散 文

经典散文（古文）被公认为是晚唐堪为典范的智慧成就和中国文
学的一个高峰。但是，古文只是在“安史之乱”后关于政治和文化的
散文诸多体裁中的一种，其他类型的散文包括文学选集的前言、个人 263
书信以及其他形式的杂文，古文只有放在这个更开阔的背景下才能被
理解。

唐代散文家在呼吁“复古”作为写作典范以及“安史之乱”后试图恢复王朝权力这两种思维方式的汇聚中逐渐形成自己的风格。在隋代李谔写给皇帝的奏折中，已经主张仿效古典著作和汉代作品，提倡简洁的写作风格，王通则试图通过效法孔子来复兴古典模式以书写历史。唐代早期的一些历史学家也提倡“文质相兼”这样更为古典的风格，尽管他们更多是出于政府行政效率的考虑，而非呼吁回归经典。刘知几将对陈旧风格的仿效谴责为落伍和过时的，但是他也呼吁一种更加“真实的”“纯粹的”实用风格。恰好写作于“安史之乱”前的一篇文章中，李华（约 710—767）将古代经典视为永久的文学之道和评价所有作品的标准。这为后来提倡古文奠定了基础。[56]

古文运动也在“安史之乱”后关于如何恢复唐王朝的讨论中得到发展。叛乱前的时代已经被追忆为黄金年代，恢复那时的秩序成为唐代文人关注的焦点。以权德舆（759—818）和梁肃（753—793）为代表的 8 世纪晚期和 9 世纪早期的大部分散文作家，拥有保守的“复兴派”的共识，其两个核心观念为：权力应该集中到中央政府；权威地位的获得应该通过精通文学来证明。[57] 地方节度使的权力、食盐专

卖的加强、宦官在军队中的新角色都挑战了这些观念。中央早已失去了各地的行政、军事、财政权力，因此商业和军事的专门知识和技术开始挑战文学技能，成为公认的通往权力的途径。甚至在朝廷中，文人的影响也被宦官所超越。问题是要证明，文学造诣可以促进中央再次集权并恢复唐代早期秩序。这就需要一个重新阐释文学和政治各自角色的新理论。

大多数复兴派提倡的文学模式是复古的变形。在这些模式中，文
264 学是文化的基础，也指引了文化的发展方向。然而，与经典作品的典范性和权威性相对的是，随后的时代见证了学术性与文学性写作的分离，前者因没有艺术性而丧失了影响力，而后者失去了所有道德规范和实质，或者是空洞的修饰对道德本质的逐渐胜利。过去两个南方王朝套路化的情爱宫廷诗，使得文学达到了最低谷。唐代早期官员的作品，通过将北方的道德严肃性与南方的文学成就再次结合，试图转变这种趋势。[58]

在“安史之乱”后的写作中，学者们指出，唐代早期并没有挽回南朝后期的文学颓势，相反继续强调修辞而牺牲了道德和政治目的。叛乱本身部分是朝廷文学流派代表的政治失败导致的。诸如李华（710—767）、萧颖士（706—758）和贾至（718—772）之类的散文作家认为，这种趋势只有通过采用经典作为文学模式以及减少或根除考试中的浮华辞藻才能彻底转变。他们的最终文学理想是“平衡”或者“完整性”。“平衡”结合了“理”与“文”，于是文学作品兼顾了道德的正确与有效性。“完整性”需要全方位地精通体裁和风格，那样写作就可以适应目前的需求。[59]

另一个观点，最初由梁肃提出并在白居易和刘禹锡那里得到进一步发展，即认为文学对人们产生影响，因为其中注入了作者自己的精神力量（气）。以后的作者认为，与普通人相比，文人有更为纯粹和充沛的能量，或是因为他们的文学修养，或是因为上天给予了他们特

殊禀赋。这个观点证明了文人入仕的正当性，并认为作家以精神的力量操控着他们的写作。[60]

复兴派政治纲领的重点在于仿效早年太宗和玄宗皇帝的统治，重建一个理想化的宫廷文化。以恢复中央集权为目标，他们坚决认为皇帝是秩序和价值的终极来源，但是由于几种原因，皇帝行使职责要依靠文人。第一，善政要求统治者与被统治者之间能够保持有效的沟通。这意味着文人既要通过诏书来宣布皇帝的决定，又要通过奏折、政治诗和搜集到的民谣向皇帝提供百姓的状况。第二，文人熟悉历史典故且有说服力，在提供意见和指导皇帝做出决定方面能起到独一无 265
二的作用。第三，文学作品是展示作者性格的有力工具，这也是科举取士的正当性所在，通过科举的人比宦官或财政专家更适合为官。第四，文学教育培养德行，使接受教育的人能够维护人民利益，因此与惯用暴力的将士相比，文人是更优秀的领导者。[61]

复兴方案的大部分与兴起于8世纪末的古文运动是重合的，但是后者提供了文体、复古、个性和与宫廷的关系等方面的新理论。以韩愈为代表的古文作家们，将实用或次要的写作形式，例如随笔、序言、书信、碑文等转变为主要的文学体裁，因此在中国文学史上备受称颂。在宋代，这种观念体现在当时的文人普遍认为韩愈“以文为诗”，而他的诗“只不过是押韵的散文”。这些评论想当然地认为，重要的体裁之间有清楚的区别，诗歌是最精练的语言、最纯粹的文学类别和自我表现的根本手段。韩愈希望通过使用一种道德严肃的语言，以重获古文的纯正和力量，他试图打破几个世纪发展起来的文体间的界限。他革除了不同体裁被冠以不同特征的惯例，将一种体裁的技巧用于其他体裁以重振前者。在韩愈的方案中，“古”不仅仅是可以被复制的另一套惯例，更是对当代习惯做法的一种根本否定，从而达到文体上的重大变革。[62]

关于这种变革最清晰的叙述出现在韩愈给举人李翊的书信中。为了答复李翊关于为文本质的询问，韩愈描述了他是如何塑造其写作风格及在此过程中的自己的。他宣称真正的道和体现道的文学已经衰落了几百年。因此任何人如果希望能比得上古代的大家，都需要长期的训练，在这一过程中他必须抛弃所有世俗功利的观念。韩愈自己花了二十多年阅读经典和汉代的作品，设法从思想中抹去累积的陈词滥调和近几个世纪的习语。他在《答李翊书》中写道：

> 始者非三代两汉之书不敢观……戛戛乎其难哉！其观于人，
> 266 不知其非笑之为非笑也。如是者亦有年，犹不改。然后识古书之
> 正伪……当其取于心而注于手也，汩汩然来矣。其观于人也，笑
> 之则以为喜，誉之则以为忧，以其犹有人之说者存也。

他宣称他会继续这个探索和净化的过程直到人生的终结。[63]

这封信说明了韩愈文学纲领的要诀。首先，他学习和背诵“三代两汉”的文章。进士举的生员为了准备考试，总是专心致力于研读主流选集中的经典诗歌，尤其是《文选》中收录的诗。韩愈对将考试作为学习目标的做法提出质疑，呼吁学生丢弃主流诗歌和他们的惯常用语。站在他们的位置，他推荐前帝国时期和汉代的作品作为“经典”，它们自由和灵活的修辞比几世纪以来用规定每行字数的严格对仗来规范诗歌要好得多。

不过，古文本身并不是一批用于模仿的文章。相反，正如韩愈在其《答刘正夫书》里的一场虚构的对话中所指出的，学习古代智者的文章，是为了“师其意，不师其辞”。古代作品之所以出色是因为“能自树立”，意思是“所有语句都来自作者自己”。相较于从古文中复制段落，韩愈提倡完全吸收古文直到将古圣先贤的思想内化，从而以旧的方式自然地写作新篇章。

通过旧式用语的重新发现，发展了一种新式用语，这与韩愈系统地净化诗歌语言的计划相并行。他首先革除了唐代文人认为是“诗的”所有事物，创建了一种风格，抨击同时代人的作品是“贫瘠的”

和“艰涩难懂的”。为了取代惯常的短语和联绵词，他运用对古典文章的全面了解寻找真正的、早期的个性化语言，然后重新组合，形成首创的短语表达。[64] 在经过许多次“失败”后，韩愈才逐渐发展出一种新的体裁，以此表达自己的特征和个性，虽然他的诗歌从未在美学上取悦于同时代人。[65]

韩愈有关其塑造自我的描述也引进了古代和个性的主题。对于韩愈，就像对柳宗元和其他人一样，“古代”不是一个写作文集，使学者能够通过模仿更早的风格而躲避汉代之后的发展，而是一个通过终生自我耕耘到达的“精神状态”。通过持久的学习和自我批评，革除导致政治崩溃的当世的堕落，使自己成为圣贤古道的化身。以这种方式使古代内化，既需要经常阅读古文，也需要通过写作训练重塑自我。正如韩愈所说：“学所以为道，文所以为理。”用这种“古典”方式写作，在古人价值内化的基础上取得了一种“风骨”，而不是仅仅跟从经典文章里的规范。这是与韩愈生活哲学观念并行的以便重获“圣人之道”的文学思想。[66] 267

个性作为一种清晰的思想和隐含的价值出现在韩愈和柳宗元的作品中。显而易见，韩愈及其追随者屡次使用形容词“奇”和“怪”作为好评。好的文学必须不同寻常，是通过持久学习培养出的特殊才能创造出来的。这种主张与摆脱常规的必要性是相互关联的。韩愈在《答刘正夫书》中写道：

> 夫百物朝夕所见者，人皆不注视也。及睹其异者，则共观而言之。夫文岂异于是乎？汉朝人莫不能为文，独司马相如、太史公、刘向、扬雄为之最。然则用功深者，其收名也远。若皆与世浮沉，不自树立，虽不为当时所怪，亦必无后世之传也。[67]

好的文学作品是富有特色和个人化的，这种主张延续了韩愈认为简单的模仿不能实现真正风格的看法。既然教育的目的在于塑造新的自我，从而产生自己原创的修辞和说法，真正的作家就必须发展出独一无二的个人表达。通过吸收圣人的价值观，作者成为自己的主人，从当代社会脱离出来并拒绝所有已经建立的模式。这个理想也是柳宗
268 元文学观念的中心，还体现在他对自己可以为师这一想法的否定，因为每一个学生必须塑造其自身的风格。[68]

韩愈坚持独特性势必影响政治的选择。这在他的散文《伯夷颂》中体现得最为清楚。公元前 11 世纪周叛商，伯夷和他的兄弟宁愿饿死也不苟活于叛乱统治之下，因拒绝变节而著名，尽管据称人们普遍赞成道德高尚的周统治者遵从天命消灭极其暴虐的商纣王。如同韩愈所写："士之特立独行，适于义而已。不顾人之是非，皆豪杰之士……若至于举世非之，力行而不惑者，则千百年乃一人而已耳。若伯夷者，穷天地、亘万世而不顾者也。"虽然伯夷否定了天和圣人——事实上他最终也错了——但韩愈还是赞扬了伯夷这一行为，因为它提供了依靠自己判断来决定价值的最高衡量标准，这对于拒绝为大众所接受的惯例是有必要的。政治的英雄主义只会从这种对天和整个世界的挑战中产生。[69]

肯定个性导致了这样的观念，真正在艺术和道德上优秀的文人，总是被社会忽视或拒绝。这种观念最著名的代表是韩愈的朋友，和他处境类似的诗人孟郊，后者在一些诗中坚称真正的诗人不可避免地被孤立，经常生活在贫困中。孟郊在《懊恼》中写道：

> 恶诗皆得官，好诗空抱山。
> 抱山冷殑殑，终日悲颜颜。
> 好诗更相嫉，剑戟生牙关。

虽然早期文人偶尔称颂被普遍否定的个性，但只有到了唐后期这才成为一群知识分子所共有的明确价值观，他们认为自己是优秀的精英，被一帮凡俗文人排斥。韩愈和他的朋友们因为在道德和艺术上与曾经导致唐政权垮掉的困顿价值观划清界限而被后来的一些诗人称

颂，他们发展出了一种近乎疯狂的“作为内在冲动的异常”的观念，269
使这些孤独的天才看上去像是欧洲浪漫主义时期的作家。[70]

除了文体上的改革、对过去的新态度以及对独特性的关注之外，韩愈周围的群体还形成了对统治者和朝廷的新看法。这种变化可能缘于这些人的经历，他们大部分在远离帝国中央的地方政府度过了许多时光。这促使他们坚持士大夫们的修身养性是良好社会秩序的基础，以及拒绝统治者的核心作用。韩愈在其最著名的《原道》一文中清楚地表达了这一观点。韩愈在这篇散文中将其文学模式修改为适用于政治史的论述，在政治史上古代圣王已经设立了一个理想秩序，该秩序从汉代开始就已经被道教和佛教所腐蚀。因为在孔子之前圣王就不再统治，士大夫的修身养性成了复兴政治和道德秩序的关键。韩愈反对儒教处理家庭事务和公共秩序，而道教或佛教则负责精神生活或宇宙观这一二元论的看法，作为替代，他提倡一种重新结合私人和公共领域的一体化的儒家道德观。[71]

柳宗元的观点也降低了统治者的重要性，他提出人和自然界是分离的，因此天与道德无关，不会运用诸如洪水或饥荒这样的自然现象来向统治者传达自己的意思。在经典理论中，天子与天相联系，所以异常天象被解释为上天表扬或责罚他的表现，天子要通过仪式来维持自然秩序。一些更为早期的文人，最著名的是公元前3世纪的荀况和公元1世纪的王充，他们否定了自然现象和人类行为的所有联系，但肯定这种联系已经成为中国皇权理论中不可分割的一部分。柳宗元至少在三篇不同的散文中否定了这种以统治者为中心的世界观。诗人和思想家刘禹锡，虽然对柳宗元的彻底怀疑表示异议，但是认同天并不能保证世间的道德。[72]

在另一项改革中，韩愈呼吁恢复老师的显要社会地位。虽然师徒关系在战国和汉代曾经具有重要意义，但南北朝时期教育已大部分成
为家庭事务，于是职业老师的社会地位被大大削弱了。在唐代，考官 270

和考生之间的社会关系，虽然在一定程度上与旧式的师徒关系相似，但也造成了职业老师的相对失势。在他的散文《师说》中，韩愈坚称所有古代人，包括圣贤，都曾经向老师学习，他们强化了社会秩序。可能是受了禅宗坚持通过口传身教形成一个门派的影响，在与年轻学者的关系中他也自称为师。但是，这个改革并没有被哪怕是诸如柳宗元之类的同时代仰慕者所追随。[73]

韩愈思想的最后一个方面是他对佛教的态度。唐代大部分文人将道教、佛教或者两者同时看作重要的研究领域或精神向导。然而，在《原道》和著名的斥责对佛祖指骨舍利崇拜的《论佛骨表》中，韩愈谴责宗教的广泛传播毁灭了真正的道，并且呼吁禁止宗教。在尝试创立一个主导的儒教以代替传统的三教分离方面，这期间唯一有可比性的作品是李翱的散文《复性书》。在文中，李翱试图将唐代儒学从与其渐行渐近的佛教教义中分离开来。[74] 当宋明新儒学构建他们的知识传承时，他们注视到了这两位作者。韩愈被赞颂为他们的先驱，但李翱则受到了谴责，因为据称他将佛教思想引入了他对儒家学说的理解中。对两者的解读都是与时代不符的，后者更是错误的。无论如何，这两个人的佛教观点都是唐代思想史的非主流。

最后，写作在唐代地位的新发展有几个共同特点，使得这个朝代历来在中国文学史上占据显要地位。所有的写作新形式都与一种特殊的都市文化的出现有关，都市既提供了写作的新环境，也提供了文学创作的新主题。新都市文化的出现将文学重心从自汉代以来即为文学中心的宫廷转移出来，从而促进了文学对社会政治基础的脱离。一个更加城市化、商业化的社会的兴起也促进了新的私人或半私人空间的出现，这为文学创作提供了空间和主题。有关金钱的
271 社会作用的主题，或含蓄或明确，以及有关文学财产的主题也在此新背景下浮现出来。最为重要的是，所有这些发展融合成一种作家及其社会地位的新模式。无论是通过作者的天赋或个性发现诗歌的

重要性，还是坚持几十年勤奋创造散文家独特的最终风格，或者是使年轻作家艰苦浪漫的文学创作成为一种小说新体裁的中心主题，唐代文学世界都将个人秉性和文学天赋转变为被社会称颂的对象。

结语

272 881年黄巢率军攻入长安，这不仅终结了唐帝国政权苟延残喘的局面，也终结了长安千年来作为重要战略中心和首都的地位。起义军在占据首都之后的几天里疯狂杀戮，洗劫有钱人的住宅，屠杀官吏。然而，如同中国诗歌中常常表现的，女性是战乱主要的受害者。韦庄在其不朽的诗篇《秦妇吟》中，描写了女性牺牲者的苦难，她们因为和被屠杀的大臣的关系而被卷入其中：

> 家家流血如泉沸，处处冤声声动地。
> 舞伎歌姬尽暗损，婴儿稚女皆生弃
> ……
> 西邻有女真仙子，一寸横波剪秋水。
> 妆成只对镜中春，年幼不知门外事。
> 一夫跳跃上金阶，斜袒半肩欲相耻。
> 273 牵衣不肯出朱门，红粉香脂刀下死。[1]

韦庄描述出被强暴的妇女和被烧毁的房屋所构成的末世景象，这景象象征着唐朝的灭亡。诗的最后描述了在普遍的混乱无序之中，只有南方“湛然一境平如砥”，这预示着中国未来的发展。[2]

在唐朝崩溃后，中国南北分裂，各自又分裂成为对立政权。如同更早更久的分裂时期战国（前 481—前 221）和南北朝（220—581）一样，这一被称为“五代”（907—960）的时期也经历了重大的变革。首先是统治唐朝政府和社会的大族的消失，世家大族确定了精英衡量自身风格和理想的标准。这些大族无可争辩的霸权之所以终结，是因为他们把自己的命运完全和唐帝国捆绑在一起。他们放弃了地方基础，举家迁入都城长安和洛阳，在那里购置自己的新产业，当灾难来临之时，他们无路可退。洗劫都城不仅导致了大族主要成员的死亡和他们赖以为寄的王朝的灭亡，同时也摧毁了他们的物质财富。

大族的衰落和消亡的第二个因素不那么显著，即几百年来的家族后裔数量的增加。唐朝后期和 10 世纪地方精英很大比例上，如同墓志铭所显示的，是出自大族中不那么显赫的房支，他们没有真正的地方基础。唐朝大族，如同其南北朝时期的前辈，撰写族谱时只记录在京城持续任职的房支亲属关系。仕途不成功的支脉被排除在外。然而，他们并没有消失，而似乎是通过投靠东北部地区的节度使或在南方担任地方官或经商找到了新的晋升途径。[3] 因此，虽然身为世家大 274
族后裔的自豪感到 11 世纪仍然存在，如同宋代撰写的史书所显示的，大族的郡望不再被用来区别帝国精英和地方精英。

一个相关的重要变化是新的伦理价值观的出现，即才能被普遍接受为社会地位的基础。在中国历史记录中，从以家世为标准到以才能为标准的转变，经常被描述为从唐到宋的变革的核心内容，但事实上这种转变在唐朝就开始了。科举考试把美德和才能的标准引入唐朝官员的选拔，尽管科举的特性以及与科举相关的礼仪更有助于维持特权 275
家族的地位。更重要的是，朝廷在招募南方地区晚唐的财政基础的盐铁使和东北部地区节度使幕僚班底时都看重才能。这些职位因此为出身寒微的才子提供了得以掌握实权的渠道。在唐朝最后百年里，他们的幕府甚至为最有名的诗人提供了可选择的入仕路径。

当敌对政权在各地出现后，对才能的强调在10世纪进一步发展。主要是军人出身的北方五代（后梁、后唐、后晋、后汉、后周）的统治者和南方十国（吴、吴越、闽、楚、南汉、前蜀、后蜀、荆南、南唐、北汉）的君主依据军事、财政和管理能力来选拔部属。当来自东北部地区的军队拿下如洛阳、开封这样的北方大城市并将其作为新都城时，藩镇士兵和官员涌进了这些新地方。923年，由沙陀突厥人建立的后唐占领洛阳，这使很多来自东北部地区的人才进入了洛阳新政权的官僚体系之中。在藩镇政权中掌权的人涌入原帝国的中心，改变了主要城市的行政文化，使之更注重选贤任能。柳开（947—1000）是一名来自东北部地区追随后唐王朝开创者到洛阳的官员，他对996年的一次葬礼有如下描述：

> 唐季盗覆两京，衣冠谱牒烬灭。迄今不复旧物，以冒姓古名家，已称后者，淆混无别，吾宁效乎？苟其材，负贩厮役，得时用为王公卿士，是须古名家子耶？其不材，纵名家子，今何谓？[4]

276

晚唐相互竞争的政治中心的出现不仅影响了统治者，也影响了精英的价值和行为，因为这些政治中心给他们提供了新的仕途机会。更高程度的地域流动性成了晚唐精英的新特性，当成功的家族成员迁进都城时而不显赫的支脉转向了藩镇，后者或服务于东北部地区的节度使，或去经济发达的南方谋出路。当家族定居于新地区时，那些在南方任官的人经常用俸禄购入土地或把它们转成贸易资本。很多南方9世纪的墓志铭关注的是死者的财产，显示出很多南方家族不再或者从来没有与政府相联系。这些墓志铭经常强调墓穴的风水可以增加家族的财富："其茔东临津界，西辅长堤，前倚朱神，后隈岗阜。茔安此处，万代千秋，后代子孙，早加荣禄。"[5]

10世纪众多地方政权遍布中国，各个新权力中心逐步控制了其直接治理地区的资源，以致精英成员经常不得不通过获得政权的官职来确保自己的地位。那些不能从一个地方统治者获得官位的人可能在另一处获得更大成功，因此家族会从一个地方政权的都城迁往别处以寻找更多机会。越来越多的地方统治者模仿北方节度使，直接任命他们的重臣，而非通过科举和其他有助于固化原精英群体的行政程序。通过诏令任命官员，使得高级职位有机会被授予那些被文学考试埋没的人才。因此，虽然唐朝科举制度至少确立了选拔官员以才能为基础的观念，宋朝科举将精英选拔的新形式制度化。但在10世纪时，选拔人才有意回避了科举制度。[6]

重视能力的价值观自其原本在东北部地区的中心扩展到全中国，改变了10世纪精英的构成。在墓志铭中，将士有自己的一套价值观，政府官员认可另外一套，而与官府没有关系的富有人家则持第三套。277
虽然多数唐后期的家族经常与自己同一个社会圈子的人联姻，但在10世纪他们开始采取多样化的策略。这包括教育子嗣从事不同职业，与不同类型的精英家庭联姻以延伸社会关系网，并让他们可以选择适合自己的政治社会环境。

王勖贤是一个典型的例子，他试图讨好一位节度使来为其子弟同时谋取文武官职："子潜，好学慎密，可任以事；弟子稔，有气节，可为将。"这种模式首度出现在东北部地区的军事文化背景下，当地文官武职紧密相连，也没有任何压制武将的传统。到10世纪军事政权肢解了唐帝国，并且君主的继任者通常是禁军将领，或产生于他的亲兵中，这种家庭成员职业多样化的情况在中国精英中变得很普遍。[7]

除了新的职业选择的倾向和精英阶层地域流动性的加强，唐朝后期和10世纪也见证了中国文明中心的持续南移。这一长期趋势始于4世纪，在南朝时期加速，在唐朝持续发展。在唐朝的头百年里，通过大运河以及地方河流把生产力最高的南方地区与北方市场连接起来，更有效的漕运得到发展，令有着肥沃土地和更充足降水的南方地区地位持续上升。“安史之乱”后，北方的残破和南方经济的繁荣加速了人口的迁徙。迁移没有导致北方人口的下降，相反北方人口继续增长，但南方人口的增长更加显著。742—1080 年间（两年中大量人口调查记录保留下来），北方人口只增长了 26%，同时南方增长了 328%。[8] 在这一历史进程结束的时候，中国人口的大多数生活在南方，这一地区的人口优势在之后的中国历史上继续增长。

278 唐朝后期南方经济的继续发展和北方的混乱，使得大族中不太显赫的支系，以及没有在朝中为官但仍有雄心的家族，选择迁往长江流域平原，寻找更大的机会。文献记载表明，人口从北到南的快速迁移开始于 9 世纪，加速于 10 世纪。墓志铭也显示精英迁移在“黄巢起义”后大大加快，这不仅是为了逃避北方的动乱，也是为了能够在新建的南方政权中获得官职。我们有证据证明南方政权的大多数官员是来自北方的移民。因此，10 世纪众多南方政权的短暂出现是精英迁入长江流域的另一个诱因，这加强了长时段的发展趋势。

最后一个重点是这些新的更加富有的移民倾向于把早期自南朝和唐朝初期就已南迁的大族从长江下游和大运河沿线的大城市中排挤出去，把他们赶到边缘地带。因此，9 世纪和 10 世纪的南方人口膨胀是一个填补更边缘地区的过程，而大城市周边已经发展的地区保持相对稳定。墓志铭资料证实南方精英大多数是更晚近的移民而不是长期定居的家族，后者逐渐出现在边远城镇。[9]

总之，再度统一的隋朝及初唐时期的土地所有制、城市规划和商业限制等在唐代逐步消失。10 世纪发生了多种变化，包括大族统治的终结、更注重才能的风气、中国人口和经济重心的永久性南移。这些变化不仅为宋朝，也为晚期中华帝国的地理、社会、经济和政治各方面的新制度创造了舞台。

致 谢

我对我借鉴的所有文章的作者表达诚挚的谢意，他们的名字已出现在了注解及参考书目中。我还要感谢“帝制中国史”丛书的主编卜正民，因为他对本书提供了许多适用的建议和大力的支持。我同样要感谢哈佛大学出版社的凯瑟琳·麦克德莫特（Kathleen McDermott），她是本丛书的发起者及负责人。感谢唐（Don）和艾伦·华莱士（Ellen Wallace）对初稿的修改建议，以及迪特·库恩（Dieter Kuhn）和另一位不知名的读者对第二稿的修改建议。图 4、5、6、7、8、9 和 17 取自葛德威的《中世纪中国的战争》一书。感谢爱默尔西（Reinhard Emmerich）帮助我得到洪堡基金会的资助，使我有时间完成本书及此系列之前的一卷。最后，我也非常感谢我的妻子克里斯汀·弗里克隆（Kristin Ingrid Flyklund），她为此稿的最终成形亦付出了很多。

年表和朝代

注释

参考文献

索引

年表和朝代

唐朝年表

581 年 隋朝在政变后建立

589 年 隋灭陈，统一中国

610 年 大运河开通

612 年 首次东征高句丽

613 年 二征高句丽，大规模叛乱的开始

617 年 唐朝的建立者李渊起兵太原

618 年 隋唐易代

626 年 李世民杀害兄弟，囚禁父亲，成为太宗皇帝

630 年 太宗称“天可汗”

636 年 府兵制正式重建

637 年 唐朝首部法典颁布

645 年 征伐高句丽失败；玄奘从印度返回

653 年 颁布唐朝法典和《五经正义》

655 年 武曌成为皇后

660 年 唐征服百济

664 年 武后执掌朝纲

668 年 唐征服高句丽

690 年 武后代唐建周

705 年 唐朝中兴；韦后、安乐公主、太平公主开始对朝廷七年的控制

721 年 宇文融开始搜括失籍逃户

734 年 李林甫成为宰相

737 年 颁布唐律最完整版本；边境地区开始完全转为募兵

742 年 边疆分设十节度；安禄山掌控东北部地区

749 年 废除府兵制

751 年 阿拉伯人在“怛罗斯之战”中击败唐朝，开始了伊斯兰教对中亚的征服

752 年 李林甫去世，切断了安禄山和朝廷之间的纽带

755 年 安禄山起兵，于 756 年 占据长安

763 年 “安史之乱”结束

780 年 两税法正式实行

781 年 和节度使的首次战争，于 786 年以承认藩镇权力告终

790 年 大败于吐蕃，结束了唐朝在中亚的统治

801 年 唐朝和南诏的联盟击败吐蕃，结束了西部长达 50 年的战争

814 年 和节度使的战争重新开始，于 819 年以朝廷占优势但发生财政崩溃结束

821 年 李德裕和牛僧孺的党争开始

835 年 “甘露之变”导致宦官专权

845 年 开始短暂的灭佛，次年结束

858 年 乱军与盗匪开始席卷南方

875 年 黄巢起义开始，后结束于 884 年黄巢死去

880 年 黄巢占领洛阳和长安，结束唐朝统治；藩镇节度使肢解中国

907 年 唐朝正式结束

中国王朝

商	约前 1600—前 1027
周	前 1027—前 256
西周	前 1027—前 771
东周	前 771—前 256
春秋时期	前 722—前 481
秦	前 221—前 206
西（前）汉	前 206—公元 8
新	8—23
东（后）汉	23—220
三国（魏、蜀、吴）	220—280
晋	265—420
西晋	265—317
东晋	317—420
南北朝	420—589
隋	589—618
唐	618—907

五代	907—960
宋	960—1279
北宋	960—1126
南宋	1126—1279
元	1279—1368
明	1368—1644
清	1644—1912

注 释

（注释中的页码皆为原书页码）

第 1 章　帝国的地理环境

[1] 原文常使用“东北”一词，实际指隋唐版图本土的东北部地区，即以河北地区为中心，不是今天的东北三省地区，但隋唐时期不使用“东北地区”这一词语，因此一概翻译为“东北部地区”。——译者注

[2] 萨默斯（Somers），《唐帝国建构中的时间、空间与结构（617–700）》[“Time, Space and Structure in the Consolidation of the T'ang Dynasty（A.D. 617–700）”]；王赓武（Wang），《唐代政治中的长江中游》（“The Middle Yangtze in Tang Politics”）；薛爱华（Schafer），《朱雀：唐代的南方意象》（*The Vermilion Bird: Tang Images of the South*）；薛爱华，《闽帝国》（*The Empire of Min*）。

[3] 魏特夫（Wittfogel）在其《中国的经济与社会》（*Wirtschaft and Gesellschaft Chinas*），特别是第 273 页中指出，中国帝国京畿经济特权特别强调水利工程。也可见冀朝鼎（Chi）的《中国历史上的基本经济区》（*Key Economic Areas*）。虽然这两本书年代久远，它们的基本论点仍然很重要。

[4] 《汉书》，转引自冀朝鼎，《中国历史上的基本经济区》，第 79—83 页。关于都城所享有的水利与交通投入的特权，也参见史念海，《中国古都和文化》，第五章。

[5] 冀朝鼎，《中国历史上的基本经济区》，第 84—88 页。关于郑国渠晚期的历史，可见伊懋可（Elvin），《大象的退却：一部中国环境史》（*The Retreat of the Elephants: An Environmental History of China*），第 122 页；魏丕信（Will），《清水对浑水：帝国晚期山西郑白渠灌溉系统》（“Clear Waters versus Muddy Waters: The Zheng-Bai lrrigation System of Shaanxi in the Late-Imperial Period”）；史念海，《唐代历史地理研究》，第 88—90 页。

[6] 冀朝鼎，《中国历史上的基本经济区》，第 89—95 页。

[7] 陆威仪（Lewis），《帝国之间的中国》（*China Between Empires*），第一章和第五章。

[8] 关于军人及其与武周统治者的关系，参见丁爱博（Dien），《西魏北周的军队的角色》（“The Role of the Military in the Western Wei/Northern Chou State”）；丁爱博，《西魏北周的赐姓：一个反文化交流的例子》（“The Bestowal of Surnames under the Western Wei-Northern Chou: A Case of Counter-Acculturation”）。

[9] 参见史念海，《唐代历史地理研究》，第 63—87 页；史念海，《黄土高原历史地理研究》，第 1–5 部分；史念海，《中国古都和文化》，第 277—285、439—443、537—540 页。英文著作参见伊懋可，《导言》（“Introduction”），载于《积渐所至》（*Sediments of Time*），第 16—17 页。

[10] 引自伊懋可，《大象的退却》，第 19 页。关于柳宗元，参见陈弱水（Chen），《柳宗元与唐代思想变迁（773—819）》（*Liu Tsung-yüan and Intellectual Change in T'ang China, 773–819*）。

[11] 伊懋可，《大象的退却》，第 24—26 页。

[12] 史念海，《唐代历史地理研究》，第 104—106、111—130 页；严耕望，《唐代交通通考》，第 1589—1628 页。

[13] 引自史念海,《唐代历史地理研究》,第 318 页。

[14] 史念海,《唐代历史地理研究》,第 470—490 页;陈寅恪,《论隋末唐初所谓“山东豪杰”》;陈寅恪,《唐代政治史述论稿》,第 176—196 页。这些坞堡可能影响了唐代的宗族模式,参见伊佩霞(Ebrey),《宗族发展的早期阶段》(“Early Stages of the Development of Descent Group Organization”),第 29—34 页。

[15] 葛德威(Graff),《中世纪中国的战争》(*Medieval Chinese Warfare*),第 161—163、171—178 页;薛爱华,《朱雀:唐代南方的景象》。

[16] 史念海:《唐代历史地理研究》,第 98—104 页;青山定雄,《唐宋时代的交通与地质地图研究》(《唐宋時代の交通と地誌地図の研究》),第 267—271 页。

[17] 班茂森(Abramson),《唐代中国的族群认同》(*Ethnic Identity in Tang China*),第 109—110 页;蔡涵墨(Hartman),《韩愈》(*Han Yü*),第 330 页注释 77。

[18] 作者认为诗句作者为杜甫,有误,应为王建。见作者所转引的原文,严耕望:《唐五代时期之成都》,《严耕望史学论文选集》,中华书局 2006 年版,第 210 页注释文字。——译者注

[19] 严耕望,《唐五代时期的成都》,第 207—211、236—239、240 页(引自杜甫的诗);严耕望,《唐代交通通考》,第四卷。

[20] 查尔斯·本(Benn),《中国的黄金时代》(*China's Golden Age*),第 182—184 页;伊懋可,《中国历史的模式》(*The Pattern of the Chinese Past*),第 131—134 页。

[21] 伊懋可,《大象的退却》,第 55、64 页。

[22] 伊懋可,《中国历史的模式》,第 132 页;《大象的退却》,第 55、64 页。

[23] 凡·斯里克(Van Slyke),《长江》(*Yangze*),第 19—24 页。

[24] 薛爱华,《闽帝国》。

[25] 查尔斯·巴克斯(Backus),《南诏国与唐代的西南边疆》(*The Nan-chao Kingdom and T'ang China's Southwestern Frontier*)。

[26] 薛爱华,《朱雀:唐代南方的景象》。

[27] 史念海,《唐代历史地理研究》,第 133—136、138—139 页。

[28] 同上书,第 139—140 页。

[29] 崔瑞德(Twitchett),《中世纪的寺院和中国经济》(“Monasteries and China's Economy in Medieval Times”),第 532—533 页。有关灌溉系统的地区性变化,参见李约瑟(Needham)、巴里·诺顿(Bray),《中国科学技术史》第六卷《生物和生物技术》第二部分《农业》(*Science and Civilization in China*, vol.6, *Biology and Biological Technology*, pt.2 : *Agriculture*),第 109—113 页。

[30] 葛德威,《窦建德的困境》(“Dou Jiand's Dilemma”),第 86—98 页。

[31] 伊懋可,《中国历史的模式》第二部分第十章考查了水路运输的变革。

[32] 关于运河,参见熊存瑞(Xiong)的《隋炀帝》(*Emperor Yang of the Sui Dynasty*),第 86—93 页;芮沃寿(Wright),《隋朝》(*The Sui Dynasty*),第 177—181 页。关于粮仓,参见熊存瑞的《隋炀帝》,第 175—180 页。

[33] 伊懋可,《大象的退却》,第 120、130—136、140、437 页。

[34] 引用自伊懋可,《中国的历史模式》,第 136—137 页。关于大量应用中的数量惊人的小船可以从不同史料中关于 8 世纪时被大火和风暴毁坏的船只数量的记载中得到证实。关于船只数量和速度,参见查尔斯·本的《中国的黄金时代》第 164—165 页。

[35] 崔瑞德,《晚唐的商人、贸易和政府》(“Merchant, Trade, and Government in Late T'ang”),第 81—87 页;伊懋可,《中国历史的模式》,第 136 页。

[36] 史念海,《唐代历史地理研究》,第 313—341 页。涉及通过扬州的各种道路的诗歌和历史,

参见 317 页。

[37] 陆威仪,《空间的构建》(*The Construction of Space*), 第 247—273 页;班茂森,《唐代中国的族群认同》, 第 119—121 页。

[38] 班茂森,《唐代中国的族群认同》, 第 220 页。

[39] 同上书, 第 109—114 页。引文出自第 110—111 页。

[40] 同上书, 第 114—119 页。引文出自第 118—119 页。

[41] 同上书, 第 141—149 页;陆威仪,《空间的构建》, 第四、五章。

[42] 同上。

第 2 章　从开国到内乱

[1] 罗吉伟 (Rouzer),《书写他人的梦:温庭筠的诗歌》(*Writing Another's Dream:The Poetry of Wen Tingyun*), 第 123 —128 页。第四章讨论温庭筠的诗歌史。关于李商隐的类似题材的诗歌, 参见宇文所安 (Owen),《中国文学选集》(*An Anthology of Chinese Literature*), 第 515—517 页;宇文所安,《晚唐:9 世纪中叶的中国诗歌》(*The Late Tang: Chinese Poetry of the Mid-Ninth Century*), 第 427—430 页。

[2] 关于项羽返回楚国的决定, 参见陆威仪,《早期中国的空间构建》, 第 176 页;陆威仪,《早期中华帝国:秦汉》(*The Early Chinese Empires: Qin and Han*), 第 19、60—61 页。关于隋炀帝南巡决策, 以及关中地区对李渊起兵成功的决定性作用, 参见陈寅恪,《唐代政治史述论稿》, 第 201 页。

[3] 英文论述见宾板桥 (Bingham),《唐朝的建立》(*The Founding of the T'ang Dynasty*);葛德威,《中世纪中国的战争》, 第八章;萨默斯,《唐帝国建构的时间、空间与结构》;魏侯玮 (Wechsler),《唐朝的建立》("The Founding of the T'ang Dynasty");魏侯玮,《唐太宗统治的加强》["T'ai-tsung (reign 626-649) the Consolidator"]。

[4] 葛德威,《中世纪中国的战争》, 第 162—165 页。

[5] 同上书, 第 165—178 页。关于预兆和仪式, 参见魏侯玮,《天子之镜》(*Mirror to the Son of Heaven*), 第 31—32 页;魏侯玮,《玉帛之奠:唐朝合法化的仪式与象征》(*Offerings on Jade and Silk*), 第三章。关于对道教的支持, 参见柏夷 (Bockenkamp),《周而复始:道教的劫运历史观和唐朝的建立》("Time After Time: Taoist Apocalyptic History and the Founding of the T'ang Dynasty");法索 (Seidel),《早期道教信仰中的完美统治者的形象》("The Image of the Perfect Ruler in Early Taoist Messianism")。

[6] 萨默斯,《唐帝国建构的时间、空间与结构》, 第 374—378 页。

[7] 魏侯玮,《唐朝的建立》, 第 168—181 页。

[8] 葛德威,《中世纪中国的战争》, 第 185—188 页;魏侯玮,《唐朝的建立》, 第 181—182、220—224 页。

[9] 魏侯玮,《唐太宗》("T'ai-tsung"), 第 189—200、231—235 页;葛德威,《中世纪中国的战争》, 第 195—201 页。

[10] 萨默斯,《唐帝国建构的时间、空间与结构》, 第 380—389 页。也见葛德威,《中世纪中国的战争》, 第 190—191 页;魏侯玮,《唐太宗》, 第 208—210 页。关于唐初朝廷以地区为基础的派别纷争的论文, 参见陈寅恪,《唐代政治史史述论稿》, 第 170 页;谷霁光,《安史乱前之河北道》。

[11] 崔瑞德、魏侯玮，《唐高宗和武则天》（“Kao-tsung and the Empress Wu”），第 273—287 页。

[12] 同上书，第 244—257 页（述论武曌掌权，包括未经考辨的恐怖事迹与丑化的材料）；吉素（Guisso），《武则天、唐中宗与唐睿宗的统治》[“Reigns of the Empress Wu，Chung-tsung and Rui-tsung（684-712）”]，第 294—300、303—304、308、315—316 页（此处当代历史学家接受关于年迈的女皇和两个少年兄弟间的绯闻记载，其中讲她性欲得到满足以致长出新牙），第 318—319、320 页。类似的诸如“淫荡”、“有野心”、控制丈夫的记载也发生在韦后身上，她是下一位皇帝的妻子，见第 322、325 页。 关于她统治的偏见，见吉素，《武则天与政治的合法性》（*Wu Tse-t'ien and the Politics of Legitimation*），第二章，附录 A。一个陈旧但又有可读性的历史故事，见费子智（Fitzgerald），《女皇武则天》（*The Empress Wu*）。近来的抱有同情态度的著作见丁淑芳（Dien），《小说和历史中的女皇武则天》（*Empress Wu Zetian in Fiction and in History*）。有关在政治方面的对于妇女的偏见，见杨联陞（Yang）：《国史上的女主》（“Female Rulers in Imperial China”）。

[13] 崔瑞德、魏侯玮，《唐高宗和武则天》，第 257—258 页；吉素，《武则天、唐中宗与唐睿宗的统治》，第 291—293、307、319 页。 崔瑞德和吉索接受传统中国认为女性倾向于迷信的偏见，他们认为武曌迁都是因为害怕被她害死的女人的鬼魂。关于洛阳经济进步和后来唐朝政治中心的回迁，参见崔瑞德，《唐玄宗》（Hs ü an-tsung），第 355—356、357、388、395、397、399—400 页。

[14] 吉索，《武则天与政治的合法性》，第七章。

[15] 吉索，《武则天、唐中宗与唐睿宗的统治》，第 309—311 页；崔瑞德，《唐玄宗》，第 349—351 页。所有自唐朝开创到武后统治结束的丞相及其任期的总表，见吉索，《武则天与政治的合法性》，附录 B。关于“北门学士”，见吉索，《武则天、唐中宗与唐睿宗的统治》，第 310—311 页；崔瑞德、魏侯玮，《唐高宗和武则天》，第 263 页；吉索，《武则天与政治的合法性》，第 134 页。 关于翰林院和玄宗时期的翰林学士，见崔瑞德，《唐玄宗》，第 378，450 页；毕索甫（Bischoff），《画笔的森林》（*La Foret des Pinceaux*）；丘慧芬（Chiu-Duke），《重建皇朝：陆贽的儒家实用主义与中唐之厄》（*To Rebuild the Empire: Lu Chih's Confucian Pragmatist Approach to the Mid-T'ang Predicament*），第 33—36 页；池田（Ikeda），《制度的主导》（“Sei Tō no Shuken'in”）

[16] 崔瑞德，《唐玄宗》，第 362—370 页；吉索，《武则天与政治的合法性》，第八章。

[17] 吉索，《武则天、唐中宗与唐睿宗的统治》，第 321—328 页；崔瑞德，《唐玄宗》，第 333—345 页。

[18] 这部分来自崔瑞德在《剑桥中国史》“唐玄宗”章节中的分析。

[19] 崔瑞德，《唐玄宗》，第 382—395 页；陈寅恪，《唐代政治史史述论稿》，第 170，199—200 页。

[20] 蒲立本（Pulleyblank），《安禄山叛乱的历史背景》（*The Background of the Rebellion of An Lu-shan*），第 49—50 页；崔瑞德，《唐玄宗》，第 384—387、395、397、399—400、419—420、445、447、449、457页；崔瑞德，《唐朝的财政管理》（*Financial Administration under the T'ang Dynasty*），第 12—16、27 页。

[21] 有关安禄山传记的翻译，参见李德瑞（Levy），《安禄山传》（*Biography of An Lushan*）；戴何都（Des Rotours），《安禄山史》（*Histoire de Ngan Lou-chan*）。也可参见蒲立本，《安禄山叛乱的历史背景》，第二章。

[22] 蒲立本，《安禄山叛乱的历史背景》，第四和第七章（第一章描述了李林甫专权的出现，第二章描述了他与安禄山的关系）；崔瑞德，《唐玄宗》，第 427—430、444—453 页。

[23] 蒲立本，《安禄山叛乱和晚唐藩镇割据的起源》（“The An Lu-shan Rebellion and the Origins

of Chronic Militarism in Late T'ang China”），第 40—54 页；崔瑞德，《唐玄宗》，第 447—461 页；葛德威，《中世纪中国的战争》，第 216—223 页。

[24] 陈寅恪，《隋唐制度渊源略论稿》。也可参见他的《论隋末唐初所谓“山东豪杰”》和《记唐代之李武韦杨婚姻集团》。

[25] 有关由一位唐军将领记载的远征军的组织和指挥的唐代文本，参见葛德威，《中世纪中国的战争》，第 192—195 页。

[26] 吉索，《武则天、唐中宗与唐睿宗的统治》，第 313—318 页；崔瑞德，《唐玄宗》，第 362—365 页。有关李林甫专权统治时期来自外部的困境，参考上书，第 430—447 页。关于行政单位的地理划分，参见葛德威，《中世纪中国的战争》，第 190—191 页。

[27] 葛德威，《中世纪中国的战争》，第 205—209 页；崔瑞德，《唐玄宗》，第 415—418 页。

[28] 葛德威，《中世纪中国的战争》，第 208—210、212—213 页。

[29] 同上书，第 210 页；彼得森（Peterson），《中晚唐的朝廷和地方》（“Court and Province in Mid- and Late T’ang”），第 464—468 页。

[30] 葛德威，《中世纪中国的战争》，第 211 页；崔瑞德，《唐玄宗》，第 366—369 页。

[31] 葛德威，《中世纪中国的战争》，第 211—212 页；崔瑞德，《唐玄宗》，第 369—370 页。

[32] 伊佩霞，《早期中华帝国的贵族家庭：博陵崔氏个案研究》（*The Aristocratic Families of Early Imperial China*）；姜士彬（Johnson），《中世纪中国的寡头政治》（*The Medieval Chinese Oligarchy*）。这些著作的书目包括中国和日本的主要早期著作，也可参见陆威仪，《分裂的帝国：南北朝》（*China Between Empires: The Northern and Southern Dynasties*），第二章；崔瑞德，《唐代统治阶层的组成》（“Composition of the T'ang Ruling Class”），第 83—85 页。

[33] 崔瑞德，《唐代统治阶层的组成》。关于沈括研究的译本，参见第 54—56 页，也见第 76 页。

[34] 魏侯玮，《唐太宗》，第 212—213 页；崔瑞德、魏侯玮，《唐高宗和武则天》，第 260—261 页；崔瑞德，《唐玄宗》，第 382—383 页；崔瑞德，《唐代统治阶层的组成》，第 62—66、73 页。

[35] 崔瑞德，《唐代统治阶层的组成》，第 67—68、73—74 页。

[36] 姜士彬的翻译和详细的介绍，《唐律》（*The T’ang Code*），第一卷“基本原则和唐律”（*General Principles and The Tang Code*）；第二卷“特别条款”（*Specific Articles*）。因为唐朝法令提供了早期日本国家的法律范式，日本学者特别积极地研究唐代法律。部分重要著作在姜士彬译著第一卷参考书目中列出。

[37] 韩森（Hansen），《传统中国日常生活中的协商：中世纪契约研究》（*Negotiating Daily Life in Traditional China: How Ordinary People Used Contracts, 600-1400*），第二至第三章。也可参见姜士彬，《唐律》，第二卷，第 464—466 页。

[38] 芮沃寿，《隋朝》，第 103—106 页；《隋朝》，第五章，特别是第 116—119 页。

[39] 法律之下的所有层级的法条只保存在日本人模仿唐朝的法典中。参见崔瑞德，《发现于敦煌的有关唐代水路部门条例的碎片》（“The Fragement of the T’ang Ordinances of the Department of Waterways Discovered at Tun-huang”）；崔瑞德，《敦煌碎片中关于唐律的记载》（“A Note on the Tunhuang Fragments of the T’ang Regulations”）；井上光贞（Inoue），《日本的律令体系》（“The Ritsuryō System in Japan”）。

[40] 魏侯玮，《唐朝的建立》，第 178—179 页；魏侯玮，《唐太宗》，第 206—207 页；崔瑞德、魏侯玮，《唐高宗和武则天》，第 273—274 页；崔瑞德，《唐玄宗》，第 354—355、414—415 页。有关描述宫廷诉讼的法律案例的早期收集，参见高罗佩（Van Gulik），《棠阴比事》（T’ang-yin-pi-shih: Parallel Cases from under the Pear-tree）。一个关于定案的例子，可见沃克（Wallacker）的《作为法学家的诗人：白居易和一个杀人夫妻的案例》（“The Poet as Jurist: Po Chü-I and a Case of Conjugal Homicide”）。

[41] 姜士彬,《唐律》,第一卷,第14—17页;马伯良(McKnight),《慈悲的性质》(*The Quality of Mercy*),第三章。

[42] 姜士彬,《唐律》,第一卷,第17—21页。关于偷窃,见《唐律》,第二卷,第6页,条款270—280。

[43] 姜士彬,《唐律》,第一卷,第23—29页。

[44] 唐律中的等级制度,参见姜士彬,《唐律》,第二卷,第9—11页。

[45] 姜士彬,《唐律》,第二卷,第4页。

[46] 戴何都,《官员律和军事律·新唐史》[*De La Nouvelle Historie des T'ang (chap. XLVI-L)*]。

[47] 关于唐代以前的政体,参见孔为廉(Crowell),《中国早期的政府土地政策和制度》("Government Land Policies and Systems in Early Imperial China"),第303—308页;熊存瑞,《隋炀帝》,第180—182页;芮沃寿,《隋朝》,第93—96页。关于唐代的系统,参见熊存瑞,《唐代中国的土地所有制》("The Land- tenure System of Tang China")。

[48] 崔瑞德,《唐代的财政管理》(*Financial Administration under the T'ang Dynasty*),第1—11页;崔瑞德,《导言》("Introduction"),第24—28页;崔瑞德,《唐代国家所有的土地》("Lands under State Cultivation during the T'ang Dynasty")。

[49] 崔瑞德,《唐代的财政管理》,第24—26页。

[50] 同上书,第2—34页。

[51] 同上书,第16—23页

第3章 藩镇与专使

[1] 彼得森,《仆固怀恩与唐朝廷》("P'u-ku Huai-en and the T'ang Court");彼得森,《朝廷和地方》("Court and Province"),第474—486、490—491页;达尔比(Dalby),《晚唐的宫廷政治》("Court Politics in Late T'ang Times"),第561—567、569—570页。关于仆固怀恩的外交角色,参见彼得森,《朝廷和地方》,第483页;达尔比,《晚唐的宫廷政治》,第567页。

[2] 马克拉斯(Mackerras),《回鹘人》("The Uighurs");马克拉斯,《唐代历史记载中的回鹘帝国》(*The Uighur Empire According to the Tang Dynastic Histories*);魏义天(de la Vaiss è re),《粟特商人》(*Sogdian Traders*),第215—225、306—309页;彼得森(Peterson),《朝廷和地方》("Court and Province"),第480、483—484页;葛德威,《中世纪中国的战争》,第221—222、227—228页;达尔比,《晚唐的宫廷政治》,第569、677—678页(关于吐蕃占据唐牧场和唐依赖回鹘的马匹交易)。

[3] 蒲立本,《安禄山叛乱和晚唐藩镇割据的起源》,第45、55页;葛德威,《中世纪中国的战争》(*Medieval Chinese Warfare*),第222、229页;达尔比,《晚唐的宫廷政治》,第566—567页。

[4] 达尔比,《晚唐的宫廷政治》,第567—568页;蒲立本,《安禄山叛乱和晚唐藩镇割据的起源》,第47—50页;彼得森,《朝廷和地方》,第484—485、493—494页。

[5] 达尔比,《晚唐的宫廷政治》,第571—574、576、578—579页;彼得森,《朝廷和地方》,第512—514页;葛德威,《中世纪中国的战争》,第233、243页。

[6] 达尔比,《晚唐的宫廷政治》,第574—576页;崔瑞德,《唐代的财政管理》,第三章、第六章;崔瑞德,《安禄山叛乱后的盐业长官》("The Salt Commissioners after the Rebellion of An Lu-shan")。

[7] 崔瑞德,《唐代的财政管理》,第二章,特别是第 34—48、157—164 页;彼得森,《朝廷地方》,第 498—500 页。

[8] 达尔比,《晚唐的宫廷政治》,第 582—586 页;葛德威,《中世纪中国的战争》,第 235—236;彼得森,《朝廷和地方》,第 500—507 页。关于陆贽的经历,见崔瑞德,《陆贽(750—805):皇家顾问和朝廷官员》["Lu Chih(754-805): Imperial Adviser and Court Official"];丘慧芬(Chiu-Duke),《重建帝国:陆贽的儒家实用主义与中唐之厄》(*To Rebuild the Empire: Lu Chih's Confucian Pragmatist Approach to the Mid-T'ang Predicament*);麦大维(McMullen),《唐代中国的国家与学者》(*State and Scholars in T'ang China*),第 239—243 页。

[9] 达尔比,《晚唐的宫廷政治》,第 586—589、598—599 页;彼得森,《朝廷和地方》,第 512—514 页。

[10] 达尔比,《晚唐的宫廷政治》,第 586—589、594—598 页;丘慧芬,《重建皇朝——陆贽的儒家实用主义与中唐之厄》,第 34—61 页。

[11] 彼得森,《朝廷和地方》,第 509、511—512 页;达尔比,《晚唐的宫廷政治》,第 593、594、600—601、633 页;彼得森,《重建完成:宪宗和藩镇》("Restoration Completed: Emperor Hsien- tsung and the Provinces"),第 153—154 页;萨默斯,《唐代的终结》("The End of the T'ang"),第 687、703、754 页。

[12] 达尔比,《晚唐的宫廷政治》,第 607—611 页。

[13] 彼得森,《朝廷和地方》,第 522—535 页;达尔比,《晚唐的宫廷政治》,第 611—616 页;葛德威,《中世纪中国的战争》,第 326—328 页;彼得森,《重建完成:宪宗和藩镇》;彼得森,《地方势力反抗中央政权》("Regional Defense against the Central Power")。

[14] 彼得森,《朝廷和地方》,第 499、526—555 页;达尔比,《晚唐的宫廷政治》,第 616—619 页。

[15] 彼得森,《朝廷和地方》,第 535—537、554—555 页;达尔比,《晚唐的宫廷政治》,第 619—620 页。

[16] 彼得森,《朝廷和地方》,第 535、544—545 页;达尔比:《晚唐的宫廷政治》,第 623、633—636 页。

[17] 彼得森,《朝廷和地方》,第 538—541、547—552 页;达尔比,《晚唐的宫廷政治》,第 636—638 页;赖肖尔(Reischauer),《圆仁大唐旅行记》(*Ernin's Travels in T'ang China*),第七章,特别是第 270—271 页;圆仁(Ennin),《圆仁日记》(*Ennin's Diary*),845 年,第 11—3 页。

[18] 这个题材在所有关于这一时期的中国记述中占主要地位。英文著作方面,参见达尔比,《晚唐的宫廷政治》,第 639—654 页;梅维恒(Mair),《唐朝卷轴介绍》("Scroll Presentation in the T'ang Dynasty")。

[19] 达尔比,《晚唐的宫廷政治》,第 640—641 页。关于考试和座主门生关系,参见何汉心(Herbert),《检查诚实,评价能力》(*Examine the Honest, Appraise the Albe*),第 27—31、91—106 页;麦大维(McMullen),《唐代中国的国家与学者》(*State and Scholars in T'ang China*),第 61—66 页。

[20] 达尔比,《晚唐的宫廷政治》,第 645—654 页。

[21] 莫欧礼(Moore),《唐代铨选之仪》(*Rituals of Recruitment in T'ang China*),第 91—100、141—149、161—163、181—182、198—218 页;莫欧礼,《感谢的仪式》("The Ceremony of Gratitude"),第 211—212、220—236 页;戴何都,《考试条例》(*La Trait è Des Examens*),第 198—205 页。有关碗和长袍的象征手法,参见柯嘉豪(Kieschnick),《佛教对中国物质文化的影响》(*The Impact of Buddhism on Chinese Material Culture*),第 103—112 页。

[22] 达尔比，《晚唐的宫廷政治》，第 654—659 页。

[23] 同上书，第 659—669 页。关于武宗灭佛，参见陈观胜（Ch'en），《会昌灭佛之经济背景》（"The Economic Background of the Hui'ch'ang Suppression of Buddhism"）；陈观胜，《佛教在中国》（*Buddhism in China*），第 226—233 页；温士敦（Weinstein），《唐代佛教》（*Buddhism Under the T'ang*），第 114–136 页。

[24] 萨默斯，《唐代的终结》，第 684—692、729 页；葛德威，《中世纪中国的战争》，第 241—242 页。

[25] 萨默斯，《唐代的终结》，第 695—700、727—750、756—762 页；叶山（Yates），《浣纱集》（*Washing Silk*），第 108—122 页。也可参见葛德威，《中世纪中国的战争》，第 242—243 页；王赓武（Wang），《唐代政治中的长江中游》（"The Middle Yangtse in T'ang Politics"），第 220—226 页。

[26] 萨默斯，《唐代的终结》，第 720—726 页；彼得森，《朝廷和地方》，第 543、559—560 页。

[27] 萨默斯，《唐代的终结》，第 702—712、714—717、730—741、744—745、748—750、754—755 页。关于晚唐朝廷和将领之间的猜忌，参见蒲立本，《安禄山叛乱和晚唐藩镇割据的起源》，第 54—60 页；葛德威，《中世纪中国的战争》，第 233—234 页；王赓武，《五代时期北方中国的权力结构》（*The Structure of Power in North China During the Five Dynasties*），第 17—19 页。

[28] 关于晚唐统治者的颠沛流离的生活，参见萨默斯，《唐代的终结》，第 748—750、754—755、766—781 页；叶山，《浣纱集》，第 17—35 页；葛德威，《中世纪中国的战争》，第 242—244 页。

[29] 崔瑞德，《地方自治的不同模式》（"Varied Patterns of Provincial Autonomy"），第 91—93 页。

[30] 同上书，第 94—95 页。

[31] 蒲立本，《安禄山叛乱和晚唐藩镇割据的起源》，第 53—56 页。

[32] 萨默斯，《唐代的终结》，第 762—781 页。

[33] 崔瑞德，《晚唐的藩镇自治和中央财政》（"Provincial Autonomy and Central Finance in Late T'ang"）；崔瑞德，《地方自治的不同模式》，第 98—99 页；葛德威，《中世纪中国的战争》，第 229—230 页。

[34] 蒲立本，《安禄山叛乱的历史背景》，第六章；蒲立本，《安禄山叛乱和晚唐藩镇割据的起源》，第 50—53 页；陈寅恪，《唐代政治史述论稿》，第 170—172、178—200 页；史念海，《唐代历史地理研究》，第 468—495 页。

[35] 崔瑞德，《地方自治的不同模式》，第 99—100 页；史念海，《黄土高原》，第 548—579 页；彼得森，《朝廷和地方》，第 494—495 页。

[36] 崔瑞德，《地方自治的不同模式》，第 100—101 页。关于长江中下游的区别，参见王赓武，《唐代政治中的长江中游》，第 194—195、203—204、208—220 页。

[37] 彼得森，《朝廷和地方》，第 497—500、509—510、516—521 页；王赓武，《五代时期北方中国的权力结构》，第 14—16 页。关于忠诚于皇室的地方不上缴赋税的内容，参见布目潮沨（Nunome），《中国历史》（*Chūgoku no rekishi*），第 333—334 页。

[38] 彼得森，《朝廷和地方》，第 514—516、540—543、552 页；葛德威，《中世纪中国的战争》，第 231—233、238—241、244 页。

[39] 布目潮沨，《中国历史》，第 324—332 页。也可参见麦大维，《祭祀齐太公和唐对于军事的态度》（"The Cult of Ch'i T'ai-kung and T'ang Attitudes to the Military"）。

[40] 王赓武，《五代时期中国北方的权力结构》，第 51—54、65—72、77、94—97、101—104、

143—148、158—164、169—171、187—188、205—207 页；龙沛（Lorge），《中国现代早期的战争、政治和社会》（*War, Politics and Society in Early Modern China*），第一章；戴仁柱（Davis），《宋代的朝廷与家族》（*Court and Family in Sung China*），第 8—9 页；沃西（Worthy），《宋朝的建立》（"The Founding of Sung China"）。

[41] 布目潮沨，《中国历史》，第 414—422 页；班茂森，《唐代中国的族群认同》，第 155、158 页。

[42] 彼得森，《朝廷和地方》，第 515—516 页；达尔比，《晚唐的宫廷政治》，第 593 页；萨默斯，《唐代的终结》，第 69、729、750—754 页。

[43] 崔瑞德，《唐代的财政管理》，第三章。

[44] 同上书，第 31—32、34、38、40、44—45、52、58、62—65、118、122 页。

[45] 同上书，第 49—62 页。

[46] 同上书，第六章，特别是第 109—123 页；崔瑞德，《安禄山叛乱后的盐业长官》。

[47] 崔瑞德，《地方自治的不同模式》，第 103—105 页。

[48] 郝若贝（Hartwell），《南宋的财政知识、科举和经济政策的表述》（"Financial Expertise, Examinations, and Formulation of Economic Policy in Northern Sung China"）；郝若贝，《750—1550 年中国的人口、政治和社会变革》（"Demographic, Political, and Social Transformations of China, 750-1550"），第 365—426 页。

[49] 崔瑞德，《地方自治的不同模式》，第 118—123 页。

[50] 达尔比，《晚唐的宫廷政治》，第 571 页；班茂森，《唐代中国的族群认同》，第 95 页；《文苑英华》，卷四九，第 2500 页。

第 4 章　城市生活

[1] 关于城市建筑的基本原则，以及在经典文献和风水之间的紧张关系，参见熊存瑞，《隋唐长安》（*Sui-Tang Chang'an*），第二章。关于汉长安城建筑不完全符合经典，参见陆威仪，《早期中华帝国：秦与汉》，第二章，第二部分。

[2] 关于主要的具有象征意义的和意识形态的场所以及城市结构，参见王才强（Kiang），《贵族与官僚之城》（*Cities of Aristocrats and Bureaucrats*），第 2—5 页。这一建筑理念表现已逝的过去开始在 6 世纪作为不令人满意的现实的替代品，当时南梁和北周倾向于把《周礼》作为强国模式。见斯科特·皮尔斯（Pearce），《形式与内容：6 世纪中国的复古改革》（"Form and Matter: Archaizing Reform in Sixth-Century China"）。

[3] 关于诗文的翻译和对它们存在的问题的评论，见宇文所安，《初唐的诗歌》（"The Poetry of the Early T'ang"），第 54—56 页。

[4] 史念海，《中国古都和文化》，第 451—453 页；查尔斯·本：《中国的黄金时代》（China's Golden Age），第 50 页；芮沃寿，《隋朝》（*The Sui Dynasty*），第 79—80 页。

[5] 至于宫城和皇城的详细材料，见熊存瑞，《隋唐长安》，第三和五章；托马斯·蒂洛（Thilo），《长安：中古的东亚大都市和世界性的城市（583—904）》（*Chang'an: Metropole Ostasiens und Weltstadt*），第一卷，第三和第四章。

[6] 王才强，《贵族与官僚之城》，第 53 页，注释 20。实际上，损坏皇城城墙会被判处三年监禁。9 世纪阿拉伯观光者描述了官员与百姓的严格区别，参见上书，第 1 页。

[7] 同上书，第 17—18 页；查尔斯·本，《中国的黄金时代》，第 48—50 页；史念海，《中国古都和文化》，第 454—458 页。

[8] 托马斯·蒂洛,《长安:中古的东亚大都市和世界性的城市(583—904)》,第一卷,第107—112页;熊存瑞,《隋唐长安》,第208—210页;王才强,《贵族与官僚之城》,第39—40页。

[9] 王才强,《贵族与官僚之城》,第23—25页;查尔斯·本,《中国的黄金时代》,第51页;史念海,《中国古都和文化》,第458—468页。

[10] 熊存瑞,《隋唐长安》,第211—214页;王才强,《贵族与官僚之城》,第25—27页;史念海,《中国古都和文化》,第468—480页。

[11] 查尔斯·本,《中国的黄金时代》,第51—52页;熊存瑞,《隋唐长安》,第217—233页,地图8.2;托马斯·蒂洛,《长安:中古的东亚大都市和世界性的城市(583—904)》,第二卷,第130—139、258—260页。

[12] 托马斯·蒂洛,《长安:中古的东亚大都市和世界性的城市(583—904)》,第一卷,第210—211页;第二卷,第73—75、80—84、86—88页。班茂森,《唐代中国的族群认同》,第175—176页。

[13] 查尔斯·本,《中国的黄金时代》,第52页。

[14] 熊存瑞,《隋唐长安》,第九章,地图9.1;托马斯·蒂洛,《长安:中古的东亚大都市和世界性的城市(583—904)》,第二卷,第305—363页;史念海,《中国古都和文化》,第480—490页;查尔斯·本,《中国的黄金时代》,第59—64页;孔丽维(Kohn),《中古道教的道观生活》(*Monastic Life in Medieval Daoism*),第66—67页。关于唐代成为道姑的公主,见查尔斯·本,《洞玄授度》(*The Cavern-Mystery Transmission*)。

[15] 宇文所安,《盛唐诗》(*The Great Age of Chinese Poetry*),第178页。

[16] 熊存瑞,《隋唐长安》,第六章;托马斯·蒂洛,《长安:中古的东亚大都市和世界性的城市(583—904)》,第二卷,第293—305页。关于唐代的仪式,参见魏侯玮,《玉帛之奠:唐朝合法化的仪式与象征》;麦大维,《官僚与宇宙论:唐代中国的仪式规范》("Bureaucrats and Cosmology: The ritual code of T'ang China")。

[17] 熊存瑞,《隋唐长安》,第七章;查尔斯·本,《中国的黄金时代》,第53—58页;王才强,《贵族与官僚之城》,第19—23页;托马斯·蒂洛,《长安:中古的东亚大都市和世界性的城市(583—904)》,第二卷,第260—280页。

[18] 虽然一些现代学者努力把这些巷道和后来的贸易协会或是行会等同起来,有证据表明它们只是简单地按行排列的店铺。关于这些排列整齐的店铺在早期帝国市场中的重要性,见陆威仪,《早期中华帝国:秦汉》,第三章。对其在隋唐地位的评估,见熊存瑞,《隋唐长安》,第174—179页;加藤繁(Katō):《论中国商人行会》("On the Hang or Association of Merchants in China")。

[19] 熊存瑞,《隋唐长安》,第166—168页。第168页有一个表格显示了市场存在的年份。

[20] 同上书,第183—192页;查尔斯·本,《中国的黄金时代》,第56—57页。

[21] 引自宾板桥,《唐朝的建立》,第14页。

[22] 王才强,《贵族与官僚之城》,第29—33页,熊存瑞,《隋炀帝》,第四章;史念海,《中国古都和文化》,第493—539页。关于市场的差别,参见史念海,《中国古都和文化》第507—509页。

[23] 23. 提供汉朝长安和洛阳的花街柳巷名字的相关文献,参见马瑞志(Mather),《诗人沈约》(*The Poet Shen Yüeh*),第81页。

[24] 《北里志》有两种翻译:李瑞德,《妓院的记载》("Records of the Gay Quarters");戴何都,《唐末的妓女》(*Courtisanes Chinoises à la fin des T'ang*)。后者注释更好、更精确。关于相关文献和这一群体的编年资料,见查尔斯·本,《中国的黄金时代》,第64—67页;罗吉伟,《被叙述的妇女》(*Articulated Ladies*),第七章;熊存瑞,《唐朝长安的歌妓》

（"Ji–Entertainers in Tang Chang'an"），第 152—160 页；李瑞德，《长安的妓院》，托马斯·蒂洛，《长安：中古的东亚大都市和世界性的城市（583—904）》，第七卷，第 67—71 页。

[25] 里德（Reed），《一部唐代杂记》（*A Tang Miscellany*），第 110 页。关于鱼玄机，参见伊维德、管佩达（Idema and Grant），《彤管：中国帝制时代妇女作品选》，（*The Red Brush*），第 189—195 页；高罗佩，《古代中国的性生活》（*Sexual Life in Ancient China*），第 172—175 页。

[26] 杜德桥（Dudbridge），《李娃的故事》（*The Tale of Li Wa*）；罗吉伟，《被叙述的妇女》，第 240—247 页；《李娃传记》（*Notes sur le Li–wa–tchouan*）。

[27] 引自罗吉伟，《被叙述的妇女》，第 271—273 页。关于唐代的诗歌配乐，参见罗吉伟，《创作另一个梦》（*Writing Another's Dream*），第二章。

[28] 罗吉伟，《被叙述的妇女》，第 243、263 页；莫欧礼，《唐代铨选之仪》，第七章。关于杏园，参见第 254、259、263—265 页。

[29] 引自罗吉伟，《被叙述的妇女》，第 274 页。

[30] 莫欧礼，《唐代铨选之仪》，第 252—254 页。

[31] 叶山，《浣纱集》，第 235 页。关于描写成功的考生的类似情景，比较诗歌参见第 162—163 页。

[32] 罗吉伟，《被叙述的妇女》，第 252—265、275—281 页。

[33] 李德瑞，《白居易选集译本》（*Translations from Po Chü–yi Collected Works*），第一卷，第 130 页。白居易描写妓院的一部延伸性的作品，参见上书第二卷，第 18—20 页。

[34] 熊存瑞，《唐朝长安的歌妓》，第 150—152 页。关于变文中的女性表演者，参见梅维恒，《唐代变文》（*T'ang Transformation Texts*），第 152—156 页。关于杂技演员，参见查尔斯·本，《中国的黄金时代》，第 159—160 页。

[35] 宇文所安，《盛唐诗》，第 130、301 页；孙宇，《李白：新译本》（*Li Po: A New Translation*），第 132、198、240—242、244、248、326 页；叶山，《浣纱集》，第 96、166—167 页；宇文所安，《晚唐》，第 241—243 页（一系列关于流行色情舞蹈的诗歌），第 264—266、269—270、272—277、290、293、310—311、313、321、528—529、551—552 页。关于逸事，参见宇文所安，《盛唐诗》，第 91—94 页。

[36] 托马斯·蒂洛，《长安：中古的东亚大都市和世界性的城市（583—904）》，第二卷，第 506—509 页。

[37] 古迪（Goody），《花卉的文化》（*The Culture of Flowers*），第 358—359 页。相关文集，参见史德（Shields），《〈花间集〉的文化背景与诗学实践》（*Crafting a Collection: The Cultural Contexts and Poetic Practice of the Huajian ji*），关于中国花卉的情爱象征，见班宗华（Barnhart），《桃花源：中国画中的花园与花》（*Peach Blossom Spring: Gardens and Flowers in Chinese Paintings*），第 84—85 页。

[38] 托马斯·蒂洛，《长安：中古的东亚大都市和世界性的城市（583—904）》，第二卷，第 551 页。

[39] 古迪，《花卉的文化》，第 368—369 页。关于牡丹热，参见薛爱华，《长安最后一年》（The Last Years of Ch'ang–an），第 152 页。关于牡丹绰号，见巴塞洛缪（Bartholomew），《三藩市亚洲艺术博物馆藏品之中国艺术中的植物双关意义》（"Botanical Puns in Chinese Art from the Collection of the Asian Art Museum of San Francisco"），第 23 — 24 页。

[40] 托马斯·蒂洛，《长安：中古的东亚大都市和世界性的城市（583—904）》，第一卷，第 254 页；第二卷，第 551—553 页。

[41] 古迪，《花卉的文化》，第 386 页注释 149。

[42] 托马斯·蒂洛,《长安：中古的东亚大都市和世界性的城市（583—904）》，第二卷，第258页；陈育诗（Chen),《中国传统散文中的形象和思想》（*Images and Ideas in Chinese Classical Prose*），第99页。

[43] 古迪,《花卉的文化》，第85—386页。

[44] 市场内外贸易的区别，参见熊存瑞,《隋唐长安》，第179—192页。

[45] 崔瑞德,《唐代的市场体系》（"The Tang Market System"），第230—232页；王才强,《贵族与官僚之城》，第71页。

[46] 王才强,《贵族与官僚之城》，第72页；查尔斯·本,《中国的黄金时代》，第48—49页。

[47] 崔瑞德,《唐代的市场体系》，第232—233页；王才强,《贵族与官僚之城》，第71—72页。

[48] 王才强,《贵族与官僚之城》，第72—83页；史念海,《唐代历史地理研究》，第234—249,31—318页。

[49] 赖肖尔,《圆仁日记》，第16—20、23页。杜牧、王建、李绅谈论江都的夜市和灯火，引自王才强,《贵族与官僚之城》，第82页。

[50] 史念海,《唐代历史地理研究》，第324—326页；王才强,《贵族与官僚之城》，第82页。

[51] 关于开封，参见王才强,《贵族与官僚之城》，第87—90页；史念海,《唐代历史地理研究》，第319—321页。关于成都和四川，参见史念海,《唐代历史地理研究》，第330—333页；严耕望,《唐五代时期的成都》。关于锦官城的诗歌，参见叶山,《浣纱集》，第195页。关于城市的其他诗歌，参见第227、228页。

[52] 崔瑞德,《唐代的财政管理》，第52、58、118、122—123页；崔瑞德,《晚唐的商人、贸易和政府》，第78—80页；崔瑞德,《唐代的市场体系》，第240—242页；沈丹森（Sen),《佛教、外交与贸易》（*Buddhism, Diplomacy, and Trade*），第153—154页。

[53] 侯锦郎（Hou),《中国宗教中的冥币和财库观念》（*Monnaies d'offrande et la notion de tr é sorerie dans la religion Chinoise*），第3—17页；杜德桥,《唐代的宗教体验与世俗社会》（*Religious Experience and Lay Society in T'ang China*），第54—55、94—97、99、101、106页。

[54] 伊懋可,《中国历史的模式》，第十一章。

[55] 同上书，第172—174页。

第5章　乡村社会

[1] 韩国磐:《隋唐五代史纲》，第158—161、167—169、291页；王仲荦:《隋唐五代史》，第252—254、270—272页；伊懋可:《中国历史的模式》，第61—63页。

[2] 韩国磐:《隋唐五代史纲》，第164—166页；王仲荦:《隋唐五代史》，第230、301页。

[3] 蒲立本:《安禄山叛乱的历史背景》，第29—32页。

[4] 韩国磐:《隋唐五代史纲》，第289—291页。

[5] 布目潮沨,《中国历史》,《隋唐帝国》第4章，第297—298页；薛爱华,《唐》（"Tang"），第89—90、92—93页；李约瑟、巴里·诺顿（Needham and Bray),《农业》（*Agriculture*），第461页。

[6] 谢和耐（Gernet),《中国5—10世纪的寺院经济》（*Buddhism in Chinese Society*），第142—150页；陈观胜,《佛教的中国化》（*The Chinese Transformation of Buddhism*），第151—156页。

[7] 布目潮沨,《中国的历史》，第298—299页；谢和耐,《中国5—10世纪的寺院经济》，第

145—146 页；韩国磐:《隋唐五代史纲》，第 159、164、304 页。

[8] 韩国磐,《隋唐五代史纲》，第 298 页。

[9] 王仲荦,《隋唐五代史》，第 307—310 页；伊懋可,《中国历史的模式》，第 80—82 页。

[10] 赖世和译,《圆仁日记》，第 202—203 页。

[11] 王仲荦,《隋唐五代史》，第 308 页。

[12] 同上书，第 312 页。

[13] 宇文所安:《盛唐诗》，第 31—32 页；宇文所安,《中国文学选集》，第 392—395 页。

[14] 李约瑟、巴里・诺顿,《农业》，第 245—251 页。

[15] 李伯重,《唐代江南农业的发展》，第 95 页。

[16] 伊懋可,《中国历史的模式》，第 119—120 页；李伯重,《唐代江南农业的发展》，第 95 页；李约瑟、巴里・诺顿,《农业》，第 289—298 页。

[17] 李伯重,《唐代江南农业的发展》，第 50—51、90—93 页。

[18] 李约瑟、巴里・诺顿,《农业》，第 171、180—185 页；伊懋可,《中国历史的模式》，第 118—119 页；李伯重,《唐代江南农业的发展》，第 88—95 页。

[19] 李约瑟、巴里・诺顿,《农业》，第 111、499 页。

[20] 伊懋可,《中国历史的模式》，第 119 页；李约瑟、巴里・诺顿,《农业》，第 223—229、234—236 页。

[21] 李伯重,《唐代江南农业的发展》，第 89 页。

[22] 伊懋可,《中国历史的模式》，第 121—123 页；李伯重,《唐代江南农业的发展》，第 95—97 页；李约瑟、巴里・诺顿,《农业》，第 426、465、491—495 页。

[23] 伊懋可:《中国历史的模式》，第 122—123 页。

[24] 李约瑟、巴里・诺顿,《农业》，第 109—111 页。

[25] 同上书，第 110—111、113—121 页；伊懋可,《中国历史的模式》，第 125 页。

[26] 李约瑟、巴里・诺顿,《农业》，第 123—126 页；李伯重,《唐代江南农业的发展》，第 75、85 页。

[27] 李伯重,《唐代江南农业的发展》，第 73—86 页。

[28] 李约瑟、王铃（Needham and Wang）,《中国科学技术史》，第四卷,《物理学与物理技术》，第二部分，“机械工程”（*Science and Civilisation in China*，vol.4，*Physics and Physical Technology*，pt.2: *Mechanical Engineering*），第 330—362 页；伊懋可,《中国历史的模式》，第 126—127 页。

[29] 伊懋可,《中国历史的模式》，第 113—116 页。

[30] 李伯重,《唐代江南农业的发展》。

[31] 伊懋可,《中国历史的模式》，第 128—129 页。

[32] 同上书，第 131—133。

[33] 同上书，第 134 页，征引段落在该页。

[34] 同上书，第 139—144 页。

[35] 崔瑞德,《唐代的市场体系》，第 233—234 页；崔瑞德,《晚唐的商人，贸易与政府》（“Merchant, Trade and Government in Late T’ang”），第 77 页。

[36] 崔瑞德,《唐代的市场体系》，第 234—237 页。

[37] 同上书，第 235—236 页。关于市场中心的等级，见该书第一章注释 1 提到的施坚雅的文章。

[38] 崔瑞德,《唐代的市场体系》，第 238—239 页。

[39] 同上书，第 240—241 页。

[40] 李约瑟、黄兴宗（Needham and Huang），《中国科学技术史》，第六卷，《生物和生物技术》，第五部分，“发酵和食品科学”（*Science and Civilisation in China*, vol.6, *Biology and Biological Technology*, pt.5: *Fermentations and Food Science*），第503—519页，李约瑟、巴里·诺顿，《农业》，第428—429页；柯嘉豪，《佛教对中国物质文化的影响》，第262—265页；李约瑟、唐立（Needham and Daniels），《农业—工业：甘蔗技术》（*Agro-Industries:Sugarance Technology*），第477—478页。

[41] 柯嘉豪，《佛教对中国物质文化的影响》（*The Impact of Buddhism on Chinese Material Culture*），第262—275页；李约瑟、黄兴宗，《发酵和食品科学》，第515页。

[42] 柯嘉豪，《佛教对中国物质文化的影响》，第265—266页；李约瑟、黄兴宗，《发酵和食品科学》，第515—517页。

[43] 柯嘉豪，《佛教对中国物质文化的影响》，第265页；王铃，《茶与中国文化》（*Tea and Chinese Culture*），第21—22页；李约瑟、巴里·诺顿，《农业》，第17—20页。有关大量商人专门从事茶叶贸易，参见杜德桥，《唐代中国的宗教经历和世俗社会》（*Religious Experience and Lay Society in T'ang China*），第88页。

[44] 李约瑟、黄兴宗，《发酵和食品科学》，第519—523、555—557页。

[45] 李约瑟、巴里·诺顿，《农业》，第426、601—602页；苏薛塔·玛祖达尔（Mazumdar），《中国的糖与社会》（*Sugar and Society in China*），第一章。中国蔗糖制造技术和历史的完整过程，参见李约瑟、唐立，《农业—工业：甘蔗技术》。

[46] 苏薛塔·玛祖达尔，《中国的糖与社会》，第20—28、123—126、193—194页。柯嘉豪，《佛教对中国物质文化的影响》，第249—262页。

第6章　外部世界

[1] 魏侯玮，《唐朝的建立：高祖》（“The Founding of the T'ang Dynasty : Kao-tsu”），第150—152页；巴菲尔德（Barfield），《危险的边疆》（*The Perilous Frontier*），第139—140、141—142页；潘一红（Pan），《天子与天可汗》（*Son of the Heaven and Heavenly Qaghan*），第180—181、181—182页。

[2] 潘一红，《天子与天可汗》，第133—138、166、171—176页。

[3] 巴菲尔德《危险的边疆》的第132—138页叙述了第一个突厥帝国的构造，并探索了困扰它的一系列冲突。

[4] 潘一红，《天子与天可汗》，第167—I70、172—173、I76页；巴菲尔德，《危险的边疆》，第185—186页。

[5] 葛德威，《中世纪中国的战争》，第186—188页。

[6] 同上书，第175—176页；巴菲尔德，《危险的边疆》，第141页。

[7] 巴菲尔德，《危险的边疆》，第139—144页；潘一红，《天子与可汗》，第181页。

[8] 引文见潘一红，《天子与天可汗》，第182页；蒲立本，《安禄山叛乱和晚唐藩镇割据的起源》，第37—38页。

[9] 潘一红，《天子与天可汗》，第180—I81、287—296页。

[10] 同上书，第197—202页。

[11] 同上书，第190—197页；巴菲尔德，《危险的边疆》，第145—146页；葛德威，《中世纪中国的战争》，第195页。

[12] 巴菲尔德,《危险的边疆》, 第 145—146 页。

[13] 葛德威,《中世纪中国的战争》, 第 205—207 页; 巴菲尔德,《危险的边疆》, 第 147—150 页; 潘一红,《天子与天可汗》, 第八章。

[14] 王振平(Wang),《来自神仙岛的使者》(*Ambassadors from the Islands of Immortals*), 第二章; 何肯(Holcombe),《东亚的起源》(*The Genesis of East Asia*), 第 53—60 页。

[15] 潘一红,《天子与天可汗》, 第六章; 何肯,《东亚的起源》, 第七章。

[16] 最为详细的描述见王振平,《来自神仙岛的使者》, 第二章; 也见何肯,《东亚的起源》, 第 79—83 页, 第八章。

[17] 何肯,《东亚的起源》, 第八章, 特别是第 156—164 页。

[18] 查尔斯·巴克斯,《南诏国与唐代的西南边疆》, 第三章, 第 78—81 页。

[19] 何肯,《东亚的起源》, 第 94—108 页。

[20] 同上书, 第 60—77 页。

[21] 同上书, 第 38—52 页。

[22] 潘一红,《天子与天可汗》, 第六章和第八章。

[23] 白桂思,《吐蕃在中亚》(*The Tibetan Empire in Central Asia*), 第二章; 潘一红,《天子与天可汗》, 第七章; 沈丹森,《佛教、外交与贸易》, 第 16—34 页。有关玄奘对其中亚和北印度游历见闻录《大唐西域记》, 可参考李荣熙(音译)的译本。

[24] 白桂思,《吐蕃在中亚》, 第 143—156 页; 潘一红,《天子与天可汗》, 第九章和第十章; 查尔斯·巴克斯,《南诏国与唐代的西南边疆》, 第 77—81 页。

[25] 迈克尔·德罗姆普(Drompp)的《唐朝与回鹘帝国的崩溃》(*Tang China and the Collapse of the Uighur Empire*)提供了回纥崩溃原因及中华反应的细致研究。

[26] 白桂思,《吐蕃在中亚》, 第 155—158、163—172 页; 潘一红,《天子与天可汗》, 第 337—344 页; 查尔斯·巴克斯,《南诏国与唐代的西南边疆》, 第 98—100 页。

[27] 查尔斯·巴克斯,《南诏国与唐代的西南边疆》, 第六章。

[28] 白桂思,《吐蕃在中亚》, 第三章和第五章, 第 87—90、93—97、147—148、152、157—163 页。

[29] 迈克尔·德罗姆普,《唐朝与回鹘帝国的崩溃》, 第七章; 沈丹森,《佛教、外交与贸易》, 第二章和第三章。

[30] 薛爱华,《唐代的外来文明》(*The Golden Peaches of Samarkand*), 第 13—14 页; 沈丹森,《佛教、外交与贸易》, 第 212—213 页。

[31] 沈丹森《佛教、外交与贸易》的第四章和第五章叙述了唐朝衰落后中印贸易的重构。

[32] 刘欣如(Liu),《古代印度和中国:公元 1—600 年的贸易和宗教交流》(*Ancient India and Ancient China: Trade and Religious Exchanges, AD 1-600*); 沈丹森,《佛教、外交与贸易》, 第 37—44、102—110、160—165、169—176、185—192、203—211、237—240 页。

[33] 沈丹森,《佛教、外交与贸易》, 第 165—167 章。有关波斯人不言而喻的财富, 可见班茂森,《唐代中国的族群认同》, 第 20 页。

[34] 薛爱华,《唐代的外来文明》, 第 11—17 页。

[35] 李约瑟、王铃、陆学善(Needham, Wang, and Lu),《中国科学技术史》, 第四卷,《物理与物理技术, 民间工程学与水手》(*Science and Civilisation in China*, vol.4, *Physics and Physical Technology*, pt. 3: *Civil Engineering and Nautics*), 第 458—460 页; 胡拉尼·乔治(Hourani),《古代与中世纪早期阿拉伯在印度洋的远航》(*Arab Seafaring in the Indian Ocean in Ancient*

and Early Medieval Times)，第 88—95 页。

[36] 沈丹森，《佛教、外交与贸易》，第 182—185 页。

[37] 郝若贝，《对外贸易、货币政策和中国的"重商主义"》（"Foreign Trade, Monetary Policy and Chinese 'Mercantilism'"），第 453—488 页；柯胡（Clark），《社区、贸易和联络网：3—13 世纪的福建南部地区》（*Community, Trade, and Networks: Southern Fujian Province from the Third to the Thirteenth Century*），第五和第六章。

[38] 沃勒斯坦（Wallerstein），《现代世界体系》（*The Modern World-System*），第 15—17 页。详细的理论见于 1974 年到 1988 年间出版的三卷。这种模式在沃勒斯坦《世界资本主义体系的兴起和未来的衰亡》（*The Rise and Future Demise of the World Capitalist System*）一书中也有阐述。第 5—6 页阐述了引用的定义。也见贡德·弗兰克（Frank），《白银资本：重视经济全球化中的东方》（*ReOrient: Global Economy in the Asian Age*）；弗兰克、吉利斯（Frank and Gillis），《世界体系 5000 年》（"The 5000-Year World System"）；阿什哈德·塞缪尔（Adshead），《唐代中国东方在世界历史中的兴起》（*T'ang China: The Rise of the East in World History*）；阿什哈德·塞缪尔，《世界历史中的中国》（*China in World History*），第二至第三章。最有用的论述是阿布 - 卢格霍特（Abu-Lughod），《欧洲霸权之前》（*Before European Hegemony*）。在第十章中对中国进行了详细的讨论，这时期的世界体系及其衰落则在第二章进行了综合。一篇关注中国的优秀概要书是沈丹森的《佛教、外交与贸易》，第 197—202 页。

[39] 芮沃寿、崔瑞德，《序言》（"Introduction"），第 1 页。有关外国人在中国唐朝或者更准确地说在唐人思想中地位的最详细考察是班茂森的《唐代中国的族群认同》。

[40] 薛爱华，《唐代的外来文明》，第 25—28 页。

[41] 同上书。对外国人的看法在第 22—25 页有概略叙述。

[42] 引自班茂森，《唐代中国的族群认同》，第 86—87 页。关于综合机构及其关于中国和外部世界的观念，见麦大维，《唐代的国家与学者》，第 203—205 页。

[43] 薛爱华，《唐代的外来文明》，第 11—13 页。

[44] 何肯，《东亚的起源》，第 87—89、153—154、158—159 页；薛爱华，《唐代的外来文明》，第 14—16 页。

[45] 薛爱华，《唐代的外来文明》，第 17—19 页；史念海，《唐代历史地理研究》，第 234—249 页。

[46] 查尔斯·本，《中国的黄金时代》，第 53—56 页；薛爱华，《唐代的外来文明》，第 20 页；潘一红，《天子与天可汗》，第 296—301 页。

[47] 薛爱华，《唐代的外来文明》，第 50—57 页；宇文所安，《中国文学选集》，第 455—456 页；班茂森，《唐代中国的族群认同》，第 20—21 页。关于中国唐代的舞蹈类型，见查尔斯·本，《中国的黄金时代》，第 167—169 页。

[48] 作为中外关系的一个方面，有关密宗及其局限性的介绍，见沈丹森，《佛教、外交与贸易》，第三章。有关外国朝圣者规模及规律的最好证明是赖世和翻译的《圆仁日记》。有关来自印度的朝圣者见沈丹森，《佛教、外交与贸易》，第 79—86 页。

[49] 有关佛教在唐代作为一种外来信仰的最透彻的讨论，见班茂森，《唐代中国的族群认同》，第三章。

[50] 引自上书，第 59—60 页。

[51] 引自上书，第 65—66 页。

[52] 贝剑铭（Benn），《为佛祖焚身》（*A Burning for the Buddha*）。

[53] 班茂森,《唐代中国的族群认同》，第 72—75 页；陈观胜,《佛教在中国》，第 231—232 页；柯嘉豪,《高僧》，第二章。关于遥远国度与神奇力量的联系，见玛丽·赫尔姆斯（Helms），《尤利西斯的航行》（*Ulysses' Sail*）和《工艺与国王的艺术》（*Craft and the Kingly Art*）。

第 7 章　宗族关系

[1] 伊佩霞,《妇女，婚姻和家庭》（"Women, Marriage, and the Family"），第 207—210、216—221 页。

[2] 芮沃寿,《隋朝》，第 59、64—65、67、71—73、80—81、157—158 页；熊存瑞,《隋炀帝》，第 22、164 页；董杰文,《致父权家长们的寓言》(*Fables for the Patriarchs*)，第 69、97—98 页。

[3] 芮沃寿,《隋朝》，第 158、163 页；熊存瑞,《隋炀帝》，第 18—19、23、26、255 页。

[4] 董杰文,《致父权家长们的寓言》，第 59 页。

[5] 吉索,《武则天、唐中宗和唐睿宗的统治》，第 326—328 页。

[6] 罗吉伟,《被叙述的妇女》第五章，特别是第 180—200 页。

[7] 董杰文,《致父权家长们的寓言》，第二章"公主们的命运"（"Fate of the Imperial Daughters"）。太和公主的全部历史在迈克尔·德罗姆普《唐朝与回鹘帝国的崩溃》的记述和描述中被重构，相关内容在索引词条中的第 362 页。

[8] 董杰文,《致父权家长们的寓言》，第 46—50 页。

[9] 颜之推,《颜氏家训》，第 20 页。

[10] 伊佩霞,《6—13 世纪婚姻中财产方面的转变》（"Shifts in Marriage Finance from the Sixth to the Thirteenth Century"），第 98—102 页。

[11] 白居易,《长恨歌》，见王国斌（Wang）编,《中国思想与文化中的妇女形象》（"Images of Women in Chinese Thought and Culture"），第 424 页。

[12] 伊佩霞,《6—13 世纪婚姻中财产方面的转变》，第 112—123 页；董杰文,《致父权家长们的寓言》，第 14、22、20 页。

[13] 一个有用的考察是克雷斯基·派翠克（Karetzky）,《唐代宫廷艺术》（*Court Art of the Tang*）。见例证 11—14、26—28、39、43、45—46、70—71、81、85、90、93、96—98、107；董杰文,《致父权家长们的寓言》，封面，第 20—21、27、74、85、128、142 页。

[14] 宋若莘、宋若昭,《女论语》，见王国斌编,《中国思想与文化中的妇女形象》，第 327—340 页。该段落引自第 333 页。班昭作品的译文，见王国斌编,《中国思想与文化中的妇女形象》，第 177—188 页。关于《女孝经》的部分翻译，见伊佩霞,《郑氏的〈女孝经〉》（730），也见董杰文（Tung）,《致父权家长们的寓言》，第 91—94 页。

[15] 宇文所安,《中国"中古"的终结》(*The End of the Chinese "Middle Ages"*)，第 130—138 页。

[16] 伊佩霞,《中国宋代的妾》（"Concubines in Sung China"）；伊佩霞,《内闱》（*The Inner Quarters*），第十二章。

[17] 梅维恒,《敦煌通俗叙事文学作品》（*Tun- huang Popular Narratives*），第 96、97 页。

[18] 董杰文,《致父权家长们的寓言》，第 94—97、229 页注释 22。

[19] 关于对仪式的批评，见伊佩霞,《中国宋代的妾》，第 40—44 页。唐代妾的法律地位，见《中国宋代的妾》，第 44—46 页。关于与妾相关的所有法律条文的译文，见列举在姜士彬翻译的《唐律》第二卷《特别条款》（*Specific Articles*）第 584 页的词条。

[20] 伊佩霞,《中国宋代的妾》，第 52—61 页。

[21] 同上书，第 45、60—61 页。

[22] 董杰文《致父权家长们的寓言》第三章、第四章中对这些女性一起进行了考察。

[23] 芮沃寿，《隋朝》，第 157 页。

[24] 有关中国文学中的泼妇，见吴燕娜（Wu），《中国的悍妇》（*The Chinese Virago*），与唐代相关的，见第 30、33、41、43、57—59、61、70—79、82—86、89—91 页；也见董杰文，《致父权家长们的寓言》，第 10、48、93—99、105、108、143、144、215 页；查尔斯·本，《中国的黄金时代》，第 248 页。

[25] 均引自董杰文，《致父权家长们的寓言》，第 98 页。

[26] 伊佩霞，《宗族发展的早期阶段》，第 21 页，包括引用。有关唐代节日的概况，见查尔斯·本，《中国的黄金时代》，第 149—154 页。

[27] 姜士彬，《中古中国的寡头政治》，第 97 页。

[28] 太史文（Teiser），《幽灵的节日》（*The Ghost Festival*），第 48—56 页。关于故事的神话背景，见第 113—139 页。

[29] 太史文，《幽灵的节日》，第 87—91 页。全部译文见梅维恒，《敦煌通俗叙事文学作品》，第 87—121 页。

[30] 梅维恒，《敦煌通俗叙事文学作品》。梅维恒《唐变文》描述了其体裁、起源及公共演出情况。

[31] 这个故事中的母子关系，见太史文，《幽灵的节日》，第 130—134 页，第七章。关于后期的演变，见寇爱伦（Cole），《中国佛教中的母与子》（*Mothers and Sons in Chinese Buddhism*）；黎惠伦（Lai），《天上的父亲和地狱里的母亲：目连母亲在性别政治中的创造和转变》（"Father in Heaven, Mother in Hell: Gender Politics in the Creation and Transformation of Mulian's Mother"）。关于目连在当代道教仪式中的形象，见劳格文（Lagerwey），《中国社会和历史上的道教仪式》（*Taoist ritual in Chinese Society and History*），第十三章"地狱里的攻击"（"The Attack on Hell"）。故事中的地狱访问仪式，见埃亨·艾米丽（Ahern），《中国乡村的死亡崇拜》（*The Cult of the Dead in a Chinese Village*），第 228—244 页。有关仪式的表演，见姜士彬编，《戏曲仪式与戏曲式的仪式：中国通俗文化中的"目连救母"》（*Ritual Opera, Operatic Ritual: "Mu-lien Rescues his Mother" in Chinese Popular Culture*）；姜士彬，《目连宝卷》（"Mu-lien in Pao-chuan"）。

[32] 梅维恒，《敦煌通俗叙事文学作品》，第 93 页。其他有关传统祖先祭祀无效的段落在第 95—96、97、109、110、111（给予祖先的祭品有杀牲之罪）、116 页。第 102 页的一段甚至坚持认为由于没有僧侣集体干预，佛教在鬼节之外挽救父母的作用有限。

[33] 唐代葬仪及有关来生的想法，见查尔斯·本，《中国的黄金时代》，第十二章。

[34] 太史文，《十王经》（*The Scripture on the Ten Kings*），第十六章；杜德桥，《唐代的宗教体验与世俗社会》，第 51—52、69 页。

[35] 太史文，《炼狱的成长》（"The Growth of purgatory"），第 115、117—118、121—122、128—132 页。第 125—128 页列举了从宋朝到元朝的证据。

[36] 侯锦郎，《中国宗教中的冥币和财库观念》，第 5—6、130 页。也见包筠雅（Brokaw），《功过格明清社会的道德秩序》（*The Ledgers of Merit and Demerit*）。

[37] 杜德桥，《唐代的宗教体验与世俗社会》，第 104—116、154—160 页；高罗佩，《古代中国的性生活》，第 208—210 页。

[38] 杜德桥，《唐代的宗教体验与世俗社会》，第 161—173 页。第 165—166 页的注释列举了后来时期的主要习俗研究。也见查尔斯·本，《中国的黄金时代》，第 244 页。第 243—248 页描述了唐代中国的婚姻。

[39] 除了先前的注释，见杜德桥《刘毅传及其同类故事》（"The Tale of Liu Yi and Its Analogues"）中关于这两类故事之间的联系。通过侍奉神或者与狐仙发生性关系而致富的类似方法，见

《柳毅传及其同类故事》，第 65 页；沈既济，《任氏传》，见宇文所安编，《中国文学选集》，第 523—524 页。

[40] 崔瑞德，《隋朝》，第 100—104 页；伊佩霞，《早期中华帝国的贵族家庭：博陵崔氏个案研究》（*The Aristocratic Families of Early Imperial China*），第 81—83 页。

[41] 伊佩霞，《早期中华帝国的贵族家庭：博陵崔氏个案研究》，第 55—81 页；陈弱水，《柳宗元与唐代思想变迁（773—819）》，第 33—40 页；丘慧芬，《重建帝国》，第一章，特别是第 20 页。

[42] 姜士彬，《一个大族的末年：晚唐宋初的赵郡李氏》（"The Last Years of a Great Clan"），第 18—20、32—40、47、98—100 页。

[43] 伊佩霞，《早期中华帝国的贵族家庭：博陵崔氏个案研究》，第 85—88 页。

[44] 崔瑞德，《唐代统治阶层的组成》，第 50—51 页。

[45] 同上书，第 61—62、69—76 页。

[46] 同上书，第 62—63 页；池田，《唐代贵族的衰落》，第 36—38 页。

[47] 崔瑞德，《唐代统治阶层的组成》，第 63—67 页；池田，《唐代贵族的衰落》，第 40—42 页。

[48] 关于家谱中种族的作用，见班茂森，《唐代中国的族群认同》，第 150—156 页。

[49] 陆威仪，《空间的构建》，第 296—300 页。

[50] 池田，《唐代贵族的衰落》，第 44—49 页。

[51] 同上书，第 102 页；姜士彬，《中古中国的寡头政治》，第 134、136、138、139、140 页。

[52] 有关唐代教育，见麦大维，《唐代的国家与学者》，第一章。关于首都教育的优势，见第 35—43 页。

[53] 莫欧礼《唐代铨选之仪》第三章详细说明了这个问题，并追溯了唐朝后半期地方考试的初步发展。

[54] 关于"科举社会"的创立及构成的程序，见莫欧礼，《唐代铨选之仪》。

[55] 同上书，第 139—152、160 页。

[56] 同上书，第 13—18、153 页；麦大维，《唐代的国家与学者》，第 39—40、206—210、213—217、229—232、241—244 页。

[57] 关于文学创作在唐朝精英中扮演之关键角色，见麦大维，《唐代的国家与学者》，第六章。有关"南方"模式在唐朝廷的扩展，并且整个扩散到社会以及朝廷里文学称颂的重要性，见第 212—217、223—227 页。

[58] 莫欧礼，《唐代铨选之仪》，第 22—23 页。

[59] 姜士彬，《一个大族的末年：晚唐宋初的赵郡李氏》，第 96—101 页。将地方基础与在朝廷任官相结合的关键作用，使得精英们能够在王朝崩溃后生存下来，有关这个问题可见陆威仪，《早期中国的写作和权威》（*Writing and Authority*）的"结论"（"Conclusion"）。

第 8 章　宗　教

[1] 山田利明（Yamada），《灵宝派》（"The Lingbao School"），第 230—238 页；孔丽维，《北天师》（"The Northern Celestial Masters"），第 297 页。

[2] 柯克兰（Kirkland），《道教》（*Taoism*）；贺碧来（Robinet），《道教：一个宗教的成长》（*Taoism:Growth of a Religion*），第 194—211 页。

[3] 关于道教与唐朝建立的联系，见柏夷（Bokenkamp），《周而复始：道教的天启的历史观和唐

朝的建立》；柯克兰，《道教》，第152—153页；孔丽维、柯克兰，《唐代道教（618—907）》["Daoism in the Tang（618—907）"]，第340—342页；常志静（Reiter），《初唐时期道士的愿望和准则》（*The Aspirations and Standards of Taoist Priests in the Early T'ang Period*），第一部分。

[4] 孔丽维、柯克兰，《唐代道教（618—907）》，第341—342页；柯克兰，《唐代道教的各个方面》（"Dimensions of T'ang Taoism"），第86—88页；柯克兰，《道教》，第153—154页；孔丽维，《道教之神》（*God of the Dao*），第22—23、311—328页。

[5] 蒂莫西·巴瑞特（Barrett），《唐代道教》（*Taoist under the T'ang*），第29—45页；孔丽维、柯克兰，《唐代道教（618—907）》，第342—345页；陈观胜，《佛教的中国化》，第95—102页。

[6] 柯克兰，《道教》，第158—159页；孔丽维、柯克兰，《唐代道教（618—907）》，第342—343页；柯克兰，《奇术的故事：唐代有关奇人叶法善的记述》（"Tales of Thaumaturgy: T'ang Accounts of the Wonder-Worker Yeh Fa-shan"）。

[7] 有关玄宗的道教政策，见查尔斯·本，《唐玄宗统治时期作为思想体系的道教》（"Taoism as Ideology in the Reign of Emperor Hs ü an-tsung"）；查尔斯·本，《唐玄宗时期道教思想体系中的宗教方面》（"Religious Aspects of Emperor Hs ü an-tsung's Taoist Ideology"）。也见孔丽维、柯克兰，《唐代道教（618—907）》，第345—348、369—370页；柯克兰，《道教》，第156—158页。有关司马承祯的思想，见孔丽维，《七步得道：司马承祯的"坐忘论"》（*Seven Steps to the Tao:Sima Chengzhen's "Zuowang Lun"*）。有关盛唐的道士，见柯克兰，《盛唐的道士》（"Taoists of the High T'ang"）。有关金录斋的仪式，见查尔斯·本，《出家和斋的仪式》（"Ordinations and Zhai Rituals"），第310—311、320—321页。

[8] 孔丽维、柯克兰，《唐代道教（618—907）》，第349页；陈垣等编，《道家金石录》，第186—192页。关于青羊宫和老子与尹喜传说的关系，见孔丽维，《道教之神》，第255—289页。

[9] 中国唐代道教诗歌是薛爱华许多作品的主题，见《时间之海上蜃景：曹唐的游仙诗》（*Mirages on the Sea of Time: The Taoist Poetry of Ts'ao T'ang*）；《道诗：关于道教女仙的神圣之爱的诗篇》（"The Capeline Cantos: Verses on the Divine Loves of Taoist Priestesses"）；《吴筠的步虚词》（"Wu Yun's 'Cantos on Pacing the Void"）；《吴筠的仙游诗》（"Wu Yun's Stanzas on 'Saunters in Sylphdom'"）；《唐代的茅山》（*Mao Shan in Tang Times*）。

[10] 孔丽维、柯克兰，《唐代道教（618—907）》，第348—351、373—375页。有关道教奇迹的集子，见傅飞岚（Verellen），《道教灵验记》（"Evidential Miracles in Support of Taoism"）。关于道教奇迹在地方社会扮演的越来越重要的角色，见杜德桥，《唐代的宗教体验与世俗社会》，第72—75页。

[11] 傅飞岚，《杜光庭（850—933）：中世纪晚期中国道教寺院》（*Du Guangting (850-933): Taoiste de cour à la fin de la Chine médiévale*）。英文著作方面，见贝尔（Bell），《杜光庭》（"Du Kuang-t'ing"）；蒂莫西·巴瑞特，《唐代的道教》，第94—98页；孔丽维，《道教经院哲学》（"Taoist Scholasticism"）；柯素芝（Cahill），《道教妇女团体的神迹》（*Divine Traces of the Daoist Sisterhood*），第12—14页。

[12] 柯素芝，《道教妇女团体的神迹》，第12—20页。有关唐代圣徒传记的评述可见第103—193页，也可见戴思博、孔丽维（Despeux and Kohn），《道教中的女性》（*Women in Daoism*），第118—133页；贝桂菊（Baptandier），《临水夫人，一个中国女性崇拜》（The Lady of Linshui）。

[13] 戴思博，《道教中的女性》（"Women in Daoism"），第388—390页。有关两位公主出家为道

姑，可见查尔斯·本，《洞玄授度》（*The Cavern-Mystery Transmission*）。献给公主的诗，参见柯素芝，《出世与神情》（*Transcendence and Divine Passion*），第 216—218 页。有关公主的放纵生活，参见董杰文，《致父权家长们的寓言》，第二章。在白居易的诗歌中有关杨贵妃作为死后的女仙的内容，参见柯睿（Paul Kroll）译，《长恨歌》（"The Song of Lasting Regret"），王国斌（Wang）编，《中国思想文化中的妇女形象》（*Images of Women in Chinese Thought and Culture*），第 428 页。

[14] 王国斌翻译的例子，见《中国思想文化中的妇女形象》，第 308—315 页。

[15] 柯克兰，《道教》，第 139—143 页；柯素芝，《道教妇女团体的神迹》，第 119—126、186—193 页；戴思博，《道教中的女性》，第 387—388、390—391 页；鲍菊隐（Boltz），《道教文献概观》，第 38—41、47、69—70、71—73、81—83、96—97、118—119 页；鲍菊隐，《不仅靠官印：与神灵争斗中的新武器》（"Not by the Seal of Office Alone"），第 269—286 页。

[16] 柯素芝，《出世与神情》，第 218—233 页。

[17] 同上书，第 223—230 页。

[18] 同上书，第 230—234 页。

[19] 关于文学中充满情欲色彩的女神形象，可见罗吉伟，《被叙述的妇女》，第二章。关于道教诗歌中的妓女和歌女的内容，参见柯素芝，《出世与神情》，第 234—238 页。

[20] 关于唐代佛教主要派别的内容，参见陈观胜，《佛教在中国》，第十一和十二章。有关唐代教派在宋代的新发展，参见佛尔，《正统性的意欲》（*The Will to Orthodoxy*），"序言"；佛尔（Faure），《早期禅宗的一行三昧概念》（"The Concept of One - Practice Samadhi in Early Ch'an"），第 118—125 页；高泽民（Getz），《天台净土宗社会与净土宗祖师的创造》（"T'ien-t'ai Pure Land Societies and the Creation of the Pure Land Patriarchate"）；詹美罗（Gimello），《道与文化》（"Marga and Culture"）；彼得·格里高利（Gregory），《密宗及佛教的中国化》（*Tsung-mi and the Sinification of Buddhism*）；马克瑞（McRae），《北宗禅与早期禅宗的形成》（*The Northern School and the Formation of Early Ch'an Buddhism*），序言和第四章；马克瑞，《参禅》（*Seeing Through Zen*），第一章。

[21] 陈观胜，《佛教在中国》，第 275—278 页；陈观胜，《佛教中国化》，第 105—112 页；赖世和，《圆仁大唐游记》，第 168—170 页。关于唐帝国的态度和政策，参见温士敦，《唐代佛教》。

[22] 查尔斯·奥泽克（Orzech），《政治和超然的智慧，中国佛教形成过程中的人间君主的经文》（*Politics and Transcendent Wisdom : The Scripture for Humane Kings in the Creation of Chinese Buddhism*），第 77—78、142—143、191—203 页；温士敦，《唐代佛教》，第 78 页。

[23] 赖世和，《圆仁大唐游记》，第六章；杜德桥，《唐代中国的宗教经历和世俗社会》，第 77，81—84 页；伯恩鲍姆（Birnbaum），《对文殊秘密的研究》（*Studies on the Mystery of Manjusri*）。

[24] 杜德桥，《唐代中国的宗教经历和世俗社会》，第 76—79 页。

[25] 陈观胜，《佛教中国化》，第 171—177 页。

[26] 谢和耐，《中国 5—10 世纪的寺院经济》。对此更简洁的说明，可参见陈观胜《佛教中国化》，第四章。

[27] 陈观胜，《佛教在中国》，第 278—285 页。关于尼姑庵的遗迹崇拜和最近的考古发现，参见沈丹森，《佛教、外交与贸易》，第 64—74 页。

[28] 梅维恒，《唐变文》；梅维恒，《绘画与表演：中国看图讲故事和它的印度起源》（*Painting and Performance: Chinese Picture Recitation and Its Indian Genesis*）；梅维恒译，

《敦煌通俗叙事文学作品》；陈观胜，《佛教在中国》第 285—289 页。

[29] 谢和耐，《中国 5—10 世纪的寺院经济》，第 217—228、259—277 页；陈观胜《佛教中国化》第 281—303 页；陈观胜，《佛教在中国》，第 290—296 页。

[30] 柯嘉豪，《高僧》，第二章；杜德桥，《唐代中国的宗教经历和世俗社会》，第 102 页。

[31] 关于无穷尽的珍宝，参见谢和耐，《中国 5—10 世纪的寺院经济》，第 210—217 页。关于三阶宗，参见杰米·哈伯德（Hubbard），《绝迷深误，至善佛性》（*Absolute Delusion, Perfect Buddhahood*）。关于对教派的压制，参见陆威仪，《对三阶宗的镇压》（"Suppression of the Three Stages Sect"）。

[32] 关于中国在佛教世界中的位置，参见沈丹森，《佛教、外交与贸易》，第 6—12 页；班茂森，《唐代中国的族群认同》，第 75—76 页。关于法显，参见陈观胜，《佛教在中国》，第 89—93 页。关于《水经注》的评论，参见卢西亚诺·伯戴克（Petech），《〈水经注〉记载中的北部印度》（*Northern India According to the Shui-ching-chu*），第 20 页。关于法显著作的段落，参见理亚各（Legge）译，《佛都记录》（*Record of Buddhistic Kingdoms*），第 42—43 页。

[33] 埃克·马尔科姆（Eckel），《观佛》（*To See the Buddha*），第 51—65 页；约翰·斯特朗（Strong），《阿育王的传说》（*The Legend of King Aśoka*），第 8 页。关于佛陀的金刚座是持续不变的宇宙中心，参见玄奘，《大唐西域记》，第 244—245 页。玄奘关于中国在世界上的地位，参见富安敦（Forte），《慧智》（"Hui-chih"），第 125 页；李约瑟，《中国科学技术史》，第一卷，第 209—210 页。李约瑟注意到，玄奘通过列举中国在天文学和宇宙论方面的成就，来为中华文明辩护。关于道玄的论据，参见沈丹森，《佛教、外交与贸易》，第 9 页。

[34] 许理和（Zuecher），《佛教征服中国》（*Buddhist Conquest of China*），第 277—280 页。关于阿育王的传说和遗迹，参见约翰·斯特朗，《阿育王的传说》，第 109—119 页；约翰·斯特朗，《佛祖的舍利》（*Relics of the Buddha*），第五章。

[35] 关于隋文帝的佛教政策，参见崔瑞德，《隋朝》，第 126—138 页；陈金华（Chen），《僧侣与君主、亲属关系与王权》（*Monks and Monarchs, Kinship and Kingship*）。关于隋文帝修浮图的运动和衍生的国际影响，参见崔瑞德，《隋朝》，第 134—138 页；陈金华，《僧侣与君主、亲属关系与王权》，第二章；沈丹森，《佛教、外交与贸易》，第 62—64 页。

[36] 沈丹森，《佛教、外交与贸易》，第 79—86 页；卡特里·玛丽，《五台山诗集》（"The Poetry of Mt. Wutai"）。

[37] 沈丹森，《佛教、外交与贸易》，第 86—101 页。

[38] 有关女皇发动的文字和建筑方面的运动由富安敦描写，《7 世纪末中国的政治宣传与意识形态》（*Political Propaganda and Ideology in China at the End of the Seventh Century*）；富安敦，《明堂和佛教的乌托邦》（*The Mingtang and Buddhist Utopias*）；富安敦，《弥勒教者怀义（695 年卒）与道教》["The Maitreyist Huaiyi（d.695）and Taoism"]。

[39] 沈丹森，《佛教、外交与贸易》，第三章。

[40] 三个阶段的模式，配以不同的数据，由崔瑞德《中国历史上的佛教》第二至第四章中提供。最近更简洁明了的陈述，可参见罗伯特·巴斯韦尔（Buswell），《中韩两国禅意识形态的形成》（*The Formation of Ch'an Ideology in China and Korea*），第 15—16 页；彼得·格里高利，《密宗及佛教的中国化》，第 3—5、110—111 页；彼得·格里高利，《〈原人论〉探讨》（*Inquiry into the Origin of Humanity*），第 25—28 页。相关批评性文章，见薛爱华，《理解并接受中国佛教》（*Coming to Terms with Chinese Buddhism*），第 4—25 页；詹美罗，《佛教中国化琐谈》（"Random Reflections on the 'Sinicization' of Buddhism"）。这种模式被批评为把诸如"印度佛教"和"中国文化"之类的概念具象化（看作具体物体），混淆了宗派辩论和

知识发展的区别，把晚唐的门派划分用到了唐初。它把后来的中国和日本的佛教徒之间论战时的说辞当成了实际发生的事实。于是，5 世纪和 6 世纪的译者认为他们前辈的著作是对佛教教义的歪曲，但反过来他们被唐代的佛教徒攻击为只专注于佛经的文本，这些唐代的佛教徒只是在事后被宋代作家和日本的宗派论战者们置于构建的“法脉”中。

[41] 温士敦，《唐代佛教形成过程中的皇家捐助》（“Imperial Patronage in the Formation of T'ang Buddhism”），第 272—273 页。关于伪经，可参见罗伯特 · 巴斯韦尔，《中韩两国禅意识形态的形成》，第一章；罗伯特 · 巴斯韦尔编，《中国佛教疑伪经》（*Chinese Buddhist Apocrypha*）。

[42] 关于中国的教理分类和华严宗的出现，参见彼得 · 格里高利，《密宗及佛教的中国化》，第三至第四章，特别是第 104—115 页；彼得 · 格里高利，《〈原人论〉探讨》，第 4—8 页。关于天台宗的地位，参见大卫 · 查普尔（Chappell）编，《天台宗》（*T'ien-t'ai Buddhism*），特别是第 21—42 页；陈金华，《标记和评论历史》（*Marking and Remaking History*），第 14—18、127—132、154 页。关于按经文给各种修炼方法排序，参见大卫 · 查普尔，《从诤到双修》（“From Dispute to Dual Cultivation”），第 184—194 页。

[43] 彼得 · 格里高利，《密宗及佛教的中国化》，第 5—12 页。关于华严宗第三代祖师的哲学实践，参见陈金华，《哲学家、医生、政治家：法藏的多重生活》（*Philosopher, Practitioner, Politician: The Many Lives of Fazang*）。关于后来华严宗实践与教义的联系，参见詹美罗，《李通玄与华严宗的实践活动》（“Li T'ung-hsuean and the Practical Dimensions of Hua-yen”）。关于华严宗的教义，参见曲克（Cook），《华严宗》（*Hua-yen Buddhism*）。

[44] 贾晋华（Jia），《禅宗的洪州宗》（*The Hongzhou School of Chan Buddhism*），第 2 页。

[45] 佛尔，《当下的修辞》（*Rhetoric of Immediacy*），第 2 页；佛尔，《正统性的意欲》，第 9 页；贾晋华，《禅宗的洪州宗》，第 9 页；陈金华，《中国坐禅传统的另一种观点》（“An Alternative View of the Meditation Tradition in China”），第 345—367、384—385 页。

[46] 关于尚有争议的禅宗的形成，除了先前对经典的注释和彼得 · 格里高利的《密宗及佛教的中国化》，参见马克瑞，《中国禅宗的牛头禅》（“The Ox-head School of Chinese Ch'an Buddhism”）；马克瑞，《神会和早期禅宗顿悟的教义》（“Shen-hui and the Teaching of Sudden Enlightenment in Early Ch'an Buddhism”）；韦闻笛（Adamek），《授度的神秘性》（*The Mystique of Transmission*）；菲利普 · 扬波利斯基（Yampolsky）译，《六祖坛经》（*The Platform Sutra of the Sixth Patriarch*）；鲍畏廉（Powell）译，《东山的记录》（*The Record of Tung-shan*）。

[47] 佛尔，《当下的修辞》，第一章。短语引自第 18 页。

[48] 魏侯玮，《玉帛之奠：唐朝合法化的仪式与象征》。也见麦大维，《官僚与宇宙论：唐代中国的仪式规范》；麦大维，《国家与学者》，第四章。

[49] 魏侯玮，《玉帛之奠：唐朝合法化的仪式与象征》，第四章。

[50] 同上书，第五章。

[51] 同上书，第九章。

[52] 同上书，第二章。唯一有文献记载的帝国葬仪的重构，见麦大维，《唐代宗的丧礼》（“The Death Rites of Tang Taizong”）。关于坟墓，见艾克菲尔德（Eckfeld），《唐代中国的皇陵》（*Imperial Tombs in Tang China*）。关于汉代对于祭拜重要性的争论，见陆威仪：《汉武帝的封禅祭礼》（“The Feng and Shan Sacrifices of Emperor Wu of the Han”）。

[53] 魏侯玮，《玉帛之奠：唐朝合法化的仪式与象征》，第 135—141 页。

[54] 同上书，第二章。有关唐宫廷与历法的关系，见薛爱华，《步虚：唐代奔赴星辰之路》（*Pac-*

ing the Void)。

[55] 圆仁,《圆仁日记》, 180—182 页。

[56] 姜士彬,《唐宋中国的城隍神崇拜》("The City God Cult of T'ang and Sung China"), 第 365—388、402—409、425—433 页;陆威仪,《帝国之间的中国》, 第 219—220 页。

[57] 韩森,《墙壁上的神灵:一个印度影响中国的世俗宗教的例子》("Gods on Walls: A Case of Indian Influence Chinese Lay Religions?")。

[58] 姜士彬,《唐宋中国的城隍神崇拜》;杜德桥,《唐代中国的宗教经历和世俗社会》, 第 70、99、136 页。

[59] 姜士彬,《武则天时期的骈文及其起源》("The Wu Tzu-hsu Pien-wen and Its Sources"), 第二部分, 第 480—487 页。

[60] 韩瑞亚(Huntington),《异类:狐仙与明清小说》(*Alien Kind*), 第 130—131 页。有关狐仙崇拜的唐代记述, 见韩瑞亚,《异类:狐仙与明清小说》, 第 91、94、98—99、104、125 页。关于狐仙信奉, 也见杜德桥,《唐代中国的宗教经历和世俗社会》, 第 55 页第 12—13 行、133—135、146、160 页第 17 行、226—231 页。参见康笑菲(Kang):《说狐》(*The Cult of the Fox*)。

[61] 韩瑞亚,《异类:狐仙与明清小说》, 第 135—136、144—145 页;高罗佩,《旁门左道》(*The Sinister Way*), 第六至七章;陶西格(Taussig),《南美洲的魔鬼和商品拜物教》(*The Devil and Commodity Fetishism in South America*)。有关将狐狸看作胡人, 见康笑菲,《狐与胡》["The Fox (hu) and Barbarian (hu)"];布劳斯(Blauth),《关于狐仙的中国古代历史》(*Altchinesische Geschichte über Fuchsd monen*)(来自《太平广记》中狐狸故事的翻译和注释);班茂森,《唐代中国的族群认同》, 第 28、33、74 页。

[62] 陈弱水,《柳宗元与唐代思想变迁(773—819)》, 第 21—24 页。

[63] 麦大维,《国家与学者》(*State and Scholars*), 第 67—69、79 页。

[64] 同上书, 第 72—73 页。

[65] 梅约翰(Makeham),《"述"者与"作"者:〈论语〉的注释研究》(*Transmitters and Creators: Chinese Commentators and Com-mentaries on the Analects*), 第二至第三章。

[66] 麦大维,《国家与学者》, 第 73—79 页;北方和南方的再次和解, 见第 71、72、76 页;巴瑞特《李翱》(*Li Ao*), 第 15—16 页。

[67] 蒲立本(Pulleyblank),《中国历史学批评:刘知几和司马光》(*Chinese Historical Criticism:Liu Chih-chi and Ssu-ma Kuang*), 第 142—149 页;麦大维,《国家与学者》, 第 90—91 页。

[68] 陈弱水,《柳宗元与唐代思想变迁(773—819)》, 第 59—60 页。

[69] 蒲立本,《唐代知识分子生活中的新儒学》("Neo-Confucianism in T'ang Intellectual Life"), 第 88—91 页;陈弱水,《柳宗元与唐代思想变迁(773—819)》, 第 28—30 页;麦大维,《国家与学者》, 第 101—103 页。

[70] 陈弱水,《柳宗元与唐代思想变迁(773—819)》, 第 59—61、134—144 页。有关柳宗元的政治思想核心, 见第 89—97 页。

[71] 刘师舜(Liu)译,《中国古典散文》(*Classical Chinese Prose*), 第 30—33 页。

[72] 引自陈弱水,《柳宗元与唐代思想变迁(773—819)》, 第 143 页。

[73] 将以孔子为代表的早期贤者的"古"作为政治和精神理想的准绳, 见陈弱水,《柳宗元与唐代思想变迁(773—819)》, 第 84—89 页;蔡涵墨,《韩愈和唐代对统一的追求》(*Han Yü and the T'ang Search for Unity*), 第 217—218 页。

[74] 蔡涵墨,《韩愈和唐代对统一的追求》, 第 174—187 页。

[75] 关于印刷术及其对中华帝国晚期的影响，见包筠雅、周启荣（Brokaw and Chow）编，《中华帝国晚期的印刷和书籍文化》（*Printing and Book Culture in Late Imperial China*）；包筠雅，《文化贸易》（*Commerce in Culture*）；周启荣，《出版、文化与权力》（*Publishing,Culture,and Power*）；贾晋珠（Chia），《营利刻书》（*Printing for Profit*）；蔡九迪、刘禾（Zeitlin and Liu）编，《书写与物性在中国》（*Writing and Materiality in China*），第二部分；贾晋珠，《麻沙本：从宋代到明代建阳的商业出版》（"Mashaben: Commercial Publishing in Jianyang from the Song to the Ming"）；魏爱莲（Widmer），《美人与书》（*The Beauty and the Book*），第八章；周绍明（McDermott），《书籍的社会史》（*A Social History of the Chinese Book*）。周绍明在论著结尾的"参考文献注释"中，对中文、日文和西文文章给出了全面的论述。印刷兴起的宗教背景在蒂莫西·巴瑞特的《印刷术的兴起和传播：来自宗教因素的新解释》（"The Rise and Spread of Printing: A New Account of Religious Factors"）一文中进行了非常系统的阐释。蒂莫西·巴瑞特，《发现印刷术的妇女》（*The Woman Who Discovered Printing*）。

[76] 有关手抄本的范围和种类，见戴仁（Dr è ge），《手抄本时代的中国图书馆》（*Les Bibliotheques en Chine au temps des manuscrits*）。关于印刷代替手抄的不完善性，见周绍明，《书籍的社会史》。关于不断发展的木版雕刻技术，见周绍明，《书籍的社会史》，第一章。

[77] 李约瑟、王铃，《中国科学技术史》，第五卷，《化学和化学技术》，第一部分"纸与印刷术"（*Science and Civilisation in China*, vol.5, *Chemistry and Chemical Technology*, pt.1: *Paper and Printing*），第146—150页；周绍明，《书籍的社会史》，第9—12页。已经过时但依然有用的关于中国印刷的研究包括卡特（Carter）的《中国印刷术的发明》（*The Invention of Printing in China*）和伯希和（Pelliot）的《中国印刷的开端》（*Les Débuts de l'imprimerie en Chine*）。

[78] 蒂莫西·巴瑞特，《发现印刷术的妇女》。

[79] 李约瑟、钱存训（Needham and Tsien），《纸张和印刷术》（*Paper and Printing*），第151—153页。

[80] 蒂莫西·巴瑞特：《印刷术的兴起和传播：来自宗教因素的新解释》；伊懋可，《中国历史的模式》，第181页；托马斯·蒂洛，《长安》，第二卷，第256—257页。

[81] 李约瑟、钱存训，《纸张和印刷术》，第154—159页；妹尾达彦（Seo），《长安东市的印刷业》（"The Printing Industry in Chang'an's Eastern Market"）。

[82] 沈丹森，《佛教、外交与贸易》，第110—132页。

第9章 写 作

[1] 宇文所安，《初唐诗》（*The Poetry of the Early T'ang*）；《盛唐诗》；《韩愈和孟郊的诗》（*The Poetry of Meng Chiao and Han Yü*）；《晚唐诗》（*The LateT'ang*）。有关唐代的诗人，见丁香·瓦尔纳（Warner），《翱翔的凤凰中的野鹿：王绩的反抗诗歌》（*A Wild Deer Amid Soaring Phoenixes: The Opposition Poetics of Wang Ji*）；杨景清（Yang），《王维诗的禅释》（*The Chan Interpretations of Wang Wei's Poetry*）；托尼·巴斯顿、威廉·巴斯顿（Barnstone and Barnstone），《遗落山中的笑：王维诗选》（*Laughing Lost in the Mountains: Poem of Wang Wei*），"导言"；方葆珍（Varsano），《探寻谪仙人：李白的诗歌及其批判的接受》（*Tracking the Banished Immortal:The Poetry of LiBo and Its Critical Reception*）；费尔南德·斯多塞（Stočes），《以天为被，以地为枕：李白的人生和作品》（*La ciel pour couverture,La terre pour oreiller: La vie etl'oeuvre de Li Po*）；周杉（Chou），《再议杜甫》（*Reconsidering Tu Fu*）；戴维斯（Davis），《杜甫》（*Tu Fu*）；麦大伟（McCraw），《杜甫来自南

方之哀悼》(*Du Fu's Laments from the South*)；洪业(Hung),《杜甫》(*Tu Fu*)；杜国清(Tu),《李贺》(*Li Ho*)；罗吉伟,《书写他人的梦：温庭筠的诗歌》；刘若愚(Liu),《李商隐的诗》(*The Poetry of Li Shang-yin*)；叶山,《浣纱集》。

[2] 宇文所安,《初唐诗》，第 50 页。

[3] 同上书，第 7—12、33、46—49、234—255、257 页。

[4] 同上书，第 52—59 页。陈威(Jack Chen)即将出版一本有关太宗诗歌的专著。有关文宗皇帝(827—840 年在位)对诗歌的激情，亦见宇文所安,《晚唐诗》，第 24—29 页。

[5] 宇文所安,《初唐诗》，第 274—280 页。

[6] 丁香·瓦尔纳,《翱翔的凤凰中的野鹿：王绩的反抗诗歌》。

[7] 宇文所安,《初唐诗》，第 7—8、10—11 章；宇文所安,《盛唐诗》，第 23—26、76、82、88—89、110—112、114—118、136、144、148、155、216、294、308 页。

[8] 宇文所安,《初唐诗》，第 20—23 章。

[9] 宇文所安,《盛唐诗》，第 55 页。

[10] 有关"都城诗"，见宇文所安,《盛唐诗》，第 12—14、4—5、19—26、52—70、226—227、253—280 页。关于作为社会话语的诗歌与作为艺术的诗歌之间的冲突，也见宇文所安,《初唐诗》，第 379、399—400 页。

[11] 宇文所安,《盛唐诗》，第 130 页。

[12] 宇文所安,《初唐诗》，第 55—59、67—68、103—122、361—362、404—405 页；《盛唐诗》，第 47、69、130、172—173、186、195—196、203、212、281—282、296、299 页；《晚唐诗》，第 6、23、27—28、31、33、34、41—42、44 页。

[13] 林顺夫(Lin),《词作为一种独立文学类别的形成》("The Formation of a Distinct Generic Identity for Tz'u")，第 6—19 页；罗吉伟,《书写他人的梦》，第 2 章；孙康宜(Chang),《晚唐迄北宋词体演进与词人风格》(*The Evolution of Chinese Tz'u Poetry*)，第 5—15 页；魏玛莎(Wagner),《莲舟：词在唐代民间文化中的起源》(*The Lotus Boat: The Origins of Chinese Religious*)，第二至第三章；沙敦如(Schaab-Hanke),《7—10 世纪中国戏剧的发展》(*Die Entwick-lung des h fischen Theaters in China zwischen dem 7. und 10. Jahrhundert*)。

[14] 安娜·希尔兹,《〈花间集〉的文化背景与诗学实践》(*Crafting a Collection*)，第一章；孙康宜,《晚唐迄北宋词体演进与词人风格》，第 15—32 页；魏玛莎,《莲舟：词在唐代民间文化中的起源》，第五章。关于温庭筠，亦见罗吉伟,《书写他人的梦》，第三章；宇文所安,《晚唐诗》，第 534—539、560—565 页。

[15] 宇文所安,《中国"中世纪"的终结》(End of the Chinese "Middle Ages")，第 83—89 页。

[16] 杨晓山(Yang),《私人领域的变形：唐宋诗歌中的园林与玩好》(*Metamorphosis of the Private Sphere: Gardens and Objects in Tang-Song Poetry*)，第一至第四章，尤其是第一章。关于柳宗元，见宇文所安,《中国"中世纪"的终结》，第 24—33、57—64 页。关于空间的诗句题词，见宇文所安,《追忆》(*Remembrances*)，第 1 章。有关中华帝国后期庭园作为抒情场所，见萧驰(Xiao),《作为抒情诗领地的中国庭园》(*The Chinese Garden as Lyric Enclave*)。

[17] 宇文所安,《初唐诗》，第 15—16 页。

[18] 陈幼石(Chen),《中国古典散文中的意象和观念：对四位大家的研究》(*Images and Ideas in Classical Chinese Prose: Studies of Four Masters*)，第 1—6 页。翻译见包弼德,《斯文：唐宋思想的转型》("This Culture of Ours")，第 90—91 页；第 84—92 页以及第 102—104 页考察了关于繁简的讨论。

[19] 宇文所安,《初唐诗》，第二至第四章，第六章。

[20] 同上书，第十二至第十三章，尤其是第 153—155、165—167、170—171、184—187、200、207、213—215、218—219、227、236、270、301 页。引用的这首诗在 175 页。

[21] 宇文所安，《初唐诗》，第 344—347、383—384、394—395、409—423 页。

[22] 宇文所安，《盛唐诗》，第 96—97 页。曹氏父子、刘桢作为诗人的模范，可见林文月（Lin），《风骨的衰落和复兴》[“The Decline and Revival of *Feng-ku*（Wind and Bone）”]。

[23] 方葆珍，《探寻谪仙人》，第 3 章。

[24] 宇文所安，《盛唐诗》，第 225—246 页。

[25] 宇文所安，《盛唐诗》，第 4 首（这首诗在第 46 页）；杨景清，《王维诗的禅释》，第 1 章。

[26] 宇文所安，《盛唐诗》，第 254—256 页。

[27] 引自麦大伟，《杜甫来自南方之哀悼》（*Du Fu's Laments from the South*），第 9 页。也见周杉，《再议杜甫》，第 33—34 页；宇文所安，《盛唐诗》，第 15、183—185 页；宇文所安，《晚唐诗》，第 16 页。

[28] 宇文所安，《晚唐诗》，第 201 页。

[29] 同上书，第 287—295 页。

[30] 同上书，第 11—15、166、170、303—316 页；宇文所安，《晚唐诗》，第 2—8、102—104 页。

[31] 宇文所安，《盛唐诗》，第 115—118、203、207—209 页；宇文所安，《晚唐诗》，第 98—99 页。

[32] 宇文所安，《晚唐诗》，第 123—124 页。

[33] 田晓菲（Tian），《尘几录：陶渊明与手抄本文化研究》（*Tao Yuanming and Manuscript Culture*）。

[34] 宇文所安，《盛唐诗》，第 109—110 页。

[35] 同上书，第 8 章。

[36] 方葆珍，《探寻谪仙人》，第 1—2 章。

[37] 宇文所安，《晚唐诗》，第 56—61、88—89 页。

[38] 同上书，第 131—132 页。

[39] 宇文所安，《韩愈和孟郊的诗歌》，第 9 章。文中所引诗行在第 157、158、163 页。韩愈叙述了上天是如何派遣李白和杜甫来到人间，遭受苦难，从而写出优美的诗篇，见宇文所安，《晚唐诗》，第 161 页。

[40] 宇文所安，《晚唐诗》，第 58、90、93、121、123、160、162、186、542、493—494 页。

[41] 同上书，第 9、90—99、119—126 页。

[42] 宇文所安，《中国“中古”的终结》，第 107—129 页。关于李商隐的故事，见宇文所安，《晚唐诗》，第 159—163 页。关于李贺，也见吴伏生，《衰落诗学》（*The Poetics of Decadence*），第三章。

[43] 宇文所安，《晚唐诗》，第 9、29、34、38—39、43—44、53—55、77—80（有关李绅的讨论）、91、156—159 页。

[44] 同上书，第 155、238—239 页；魏玛莎，《莲舟：词在唐代民间文化中的起源》，第 120—121 页。关于《唐摭言》，见莫欧礼，《唐代诠选之仪》，第二章。

[45] 宇文所安，《晚唐诗》，第 50—55 页。

[46] 宇文所安，《中国“中世纪”的终结》，第 24—33 页；杨晓山，《私人领域的变形：唐宋诗歌中的园林与玩好》，第一章；田晓菲，《尘几录：陶渊明与手抄本文化研究》，第一章。

[47] 鲁晓鹏（Lu），《从历史性到虚构性：中国叙事诗学》（*From Historicity to Fictionality: The Chinese Poetics of Narrative*），第 114—125 页；顾明栋（Gu），《中国小说理论：一个非西方的叙事系统》（*Chinese Theories of Fiction*），第 67—82 章；倪豪士（Nienhauser），

《虚构文学初探：中国9世纪末期的古典传统和社会》（"Some Preliminary Remarks on Fiction, the Classical Tradition and Society in Late Ninth-Century China"）。

[48] 柯彼得（Kao），《关于中国小说源流的问题》（"Aspects of Derivation in Chinese Narrative"），也见常汉莲（Chang），《杨林系列故事》（"The Yang Lin Story Series"）。

[49] 关于唐代梦境的故事，见鲁晓鹏，《从历史性到虚构性：中国叙事诗学》，第116—117、120—127页。有关唐代梦境的诗，见宇文所安，《初唐诗》，第197—199页；《盛唐诗》，第122—126页；方葆珍，《探寻谪仙人》，第107—108页。有关"梦境叙事"，见康达维（Knechtges），《欧洲和中国唐朝的梦游故事》（"Dream Adventure Stories in Europe and T'ang China"）。

[50] 韩瑞亚，《异类：狐与明清小说》，第225—228页；列维（Levi），《中国式建筑》（*La Chine Romanesque*），第261—275页。

[51] 关于"漫游仙窟"，见罗吉伟，《被叙述的妇女》，第204—216、313—354页。《莺莺传》中包含的体裁，见余宝琳编（Yu），《语词与共在之道》（*Ways With Words*），第182—201页；宇文所安，《中国"中世纪"的终结》，第161—162、163、165—169页。

[52] 宇文所安，《中国"中世纪"的终结》，第149—173页。

[53] 引自鲁晓鹏，《从历史性到虚构性》，第51—52页。

[54] 宇文所安，《中国"中世纪"的终结》，第130—134页；谢耀龙（Hsieh），《早期中国小说中的爱情与女性》（*Love and Women in Early Chinese Fiction*）。

[55] 关于唐传奇的情感，见包弼德，《读〈莺莺传〉的视角》（"Perspectives on Reading of Yingying Zhuan"），见余宝琳编，《语词与共在之道》，第198—201页。

[56] 陈幼石，《中国古典散文中的意向和观念》，第1—6页；包弼德，《斯文：唐宋思想的转型》，第84—92、102—104页；麦大维，《历史与文学理论》（"Historical and literary Theory"），第333—341页。

[57] 邓百安（De Blasi），《平衡中的变革：中唐文学文化的保卫》（*Reform in the Balance: The Defense of Literary Culture in mid-Tang China*）。也见邓百安，《追求完整：权德舆和唐朝文人主流的演变》（"Striving for Completeness：Quan Deyu and the evolution of the Tang Intellectual Mainstream"）；包弼德，《斯文：唐宋思想的转型》，第108—125、131页。

[58] 包弼德，《斯文：唐宋思想的转型》，第3章；麦大维，《国家和学者》，第213—217页。

[59] 包弼德，《斯文：唐宋思想的转型》，第110—118页；邓百安，《平衡中的变革：中唐文学文化的保卫》，第24—30、34—39页；麦大维，《国家和学者》，第241—244页。

[60] 邓百安，《平衡中的变革》，第30—31、45—61页；包弼德，《斯文：唐宋思想的转型》，第118—121页。

[61] 邓百安，《平衡中的变革》，第28—30、65—78页；丘慧芬，《重建帝国——陆贽的儒家实用主义与中唐之厄》，第8章。

[62] 查尔斯·哈特曼（Hartman），《韩愈和唐代对统一的追求》（*Han Yü and the T'ang Search for Unity*），第212—218、224—225、239—241、257—273页；包弼德，《斯文：唐宋思想的转型》，第132—133页。对于韩愈的另一种观点，见麦大维，《韩愈：另一种形象》（"Han Yü: An Alternative Picture"），特别是第650—657页。

[63] 相关的翻译，见陈幼石，《中国古典散文中的意象和观念》，第8—10页；查尔斯·哈特曼，《韩愈和唐代对统一的追求》，第242—244页。

[64] 查尔斯·哈特曼，《韩愈和唐代对统一的追求》，第248—252页。引文出现第248、254页。

[65] 宇文所安，《韩愈和孟郊的诗歌》，第36—54页。

[66] 有关韩愈思想中的"古"和"圣人之道"，见包弼德，《斯文：唐宋思想的转型》，第125—131页；引文出现于第125页。有关柳宗元的写作中的"古"，见陈弱水，《柳宗元与中国唐代思想变迁（773—819）》，第4章。关于不断学习以培养有道德和文学修养的人，并由此确认写作和

自我修养的重要性，特别关注柳宗元，见邓百安，《平衡中的变革》，第117—137页。

[67] 陈幼石，《中国古典散文中的意象和观念》，第17—18页。

[68] 查尔斯·哈特曼，《韩愈和唐代对统一的追求》，第254—257页；包弼德，《斯文：唐宋思想的转型》，第133—138页；陈幼石，《中国古典散文中的意象和观念》，第二章；邓百安，《平衡中的变革》，第120—126页。

[69] 韩愈，《伯夷颂》，译自刘师舜，《中国古典散文：唐宋八大家》，第39—41；引文在第39页。

[70] 宇文所安，《中国"中世纪"的终结》，第一章；引文在第14页。

[71] 这种对统治者的去中心论在柳宗元《非国语》中体现得更为深远，他坚持认为官员的道德责任意识应该优先于对统治者的效忠。见邓百安，《平衡中的变革：中唐文学文化的保卫》，第117、137—144页；查尔斯·哈特曼，《韩愈和唐代对统一的追求》，第145—160页，特别是第147、150—152页；包弼德，《斯文：唐宋思想的转型》，第128—131页。

[72] 陈弱水，《柳宗元与中国唐代思想变迁（773—819）》，第5章；宇文所安，《中国"中古"的终结》，第48—53页；邓百安，《平衡中的变革》，第86—88页；拉蒙特（Lamont），《9世纪早期一场关于天的争论：柳宗元的天说和刘禹锡的天论》。

[73] 查尔斯·哈特曼，《韩愈和唐代对统一的追求》，第160—166页；韩愈，《师说》，见刘师舜，《中国古典散文：唐宋八大家》，第35—37页；陈弱水，《柳宗元与中国唐代思想变迁（773—819）》，第54、145—148页。

[74] 包弼德，《斯文：唐宋思想的转型》，第126—131、137—140、162—185页；查尔斯·哈特曼，《韩愈和唐代对统一的追求》，第84—93页；麦大维，《韩愈：另一种形象》，第645—650页；陈幼石，《中国古典散文中的意象和观念》，第15—16、19—22、46、57、69页；巴瑞特，《李翱：释子、道士还是新儒家》，尤其是第四章；爱默尔西（Emmerich），《李翱》（*Li Ao*），第281—310页。

结 语

[1] 叶山，《浣纱集》，第111—112页。关于背景，参见第16—17页。

[2] 同上书，第122页。

[3] 塔科特（Tackett），《中国中古精英的转型》（"The Transformation of Medieval Chinese Elites"），第二章。

[4] 同上书，第五章。关于铭文，参见第97—98页。

[5] 同上书，第33—41页，特别是第39页。相关铭文见第36页。

[6] 同上书，第四章。

[7] 同上书，第一和第三章（引语在第109页）；王赓武，《五代时期北方中国的权力结构》。

[8] 郝若贝，《750—1550年中国的人口、政治和社会变革》，第369页，图表1。也可参见斯波义信（Shiba），《长江下游的城市化和市场发展》（"Urbanization and the Development of Markets in the Lower Yangtze Valley"），第15—20页。

[9] 郝若贝，《750—1550年中国的人口、政治和社会变革》，第389—391页；塔科特，《中国中古精英的转型》，第83—85、162—167页。

参考文献

Abramson, Marc S. *Ethnic Identity in Tang China*. Philadelphia: University of Pennsylvania Press, 2008.

Abu-Lughod, Janet L. *Before European Hegemony: The World System A.D. 1250–1350*. Oxford: Oxford University Press, 1989.

Adamek, Wendi L. *The Mystique of Transmission: On an Early Chan History and Its Contents*. New York: Columbia University Press, 2007.

Adshead, S. A. M. *China in World History*. Basingstoke: MacMillan, 1988.

———. *T'ang China: The Rise of the East in World History*. Basingstoke: Palgrave MacMillan, 2004.

Ahern, Emily. *The Cult of the Dead in a Chinese Village*. Stanford: Stanford University Press, 1973.

Aoyama, Sadao. *Tō Sō jidai no kōtsū to chishi chizu no kenkyū*. Tokyo: Yoshikawa Kobunkō, 1963.

Backus, Charles. *The Nan-chao Kingdom and T'ang China's Southwestern Frontier*. Cambridge: Cambridge University Press, 1981.

Ban, Zhao. "Lessons for Women (*Nüjie*)." In *Images of Women in Chinese Thought and Culture*. Ed. Robin R. Wang. Indianapolis: Hackett, 2003.

Baptandier, Brigitte. *The Lady of Linshui: A Chinese Female Cult*. Tr. Kristin Ingrid Fryklund. Stanford: Stanford University Press, 2008.

Barfield, Thomas J. *The Perilous Frontier: Nomadic Empires and China*. Cambridge: Basil Blackwell, 1989.

Barnhart, Richard M. *Peach Blossom Spring: Gardens and Flowers in Chinese Paintings*. New York: Metropolitan Museum of Art, 1983.

Barnstone, Tony, and Willis Barnstone. "Introduction." In *Laughing Lost in the Mountains: Poems of Wang Wei*. Hanover, N.H.: University Press of New England, 1991.

Barrett, Timothy. *Li Ao: Buddhist, Taoist, or Neo-Confucian?* Oxford: Oxford University Press, 1992.

———. "The Rise and Spread of Printing: A New Account of Religious Factors." Working Papers in the Study of Religions. London: School of Oriental and African Studies, University of London, 2001.
———. *Taoism under the T'ang*. London: Wellsweep Press, 1996.
———. *The Woman Who Discovered Printing*. New Haven: Yale University Press, 2008.
Bartholomew, T. T. "Botanical Puns in Chinese Art from the Collection of the Asian Art Museum of San Francisco." *Orientations* 16 (September, 1985): 18–24.
Beckwith, Christopher I. *The Tibetan Empire in Central Asia: A History of the Struggle for Great Power among Tibetans, Turks, Arabs, and Chinese during the Early Middle Ages*. Princeton: Princeton University Press, 1987.
Benn, Charles D. *The Cavern-Mystery Transmission: A Taoist Ordination Rite of A.D. 711*. Honolulu: University of Hawai'i Press, 1991.
———. *China's Golden Age: Everyday Life in the Tang Dynasty*. Oxford: Oxford University Press, 2002.
———. "Daoist Ordinations and *Zhai* Rituals in Medieval China." In *Daoism Handbook*. Ed. Livia Kohn. Leiden: E. J. Brill, 2000.
———. "Religious Aspects of Emperor Hsüan-tsung's Taoist Ideology." In *Buddhist and Taoist Practice in Medieval Chinese Society*. Ed. David W. Chappell. Honolulu: University of Hawai'i Press, 1987.
———. "Taoism as Ideology in the Reign of Emperor Hsüan-tsung." Ph.D. diss., University of Michigan, 1977.
Benn, James. A. *Burning for the Buddha: Self-Immolation in Chinese Buddhism*. Honolulu: University of Hawai'i, 2007.
Bielenstein, Hans. "The Chinese Colonization of Fukien until the End of the T'ang." In *Studia Serica Bernhard Karlgren Dedicata*. Ed. Soren Egerod. Copenhagen: Ejnar Munksgard, 1959.
Bingham, Woodridge. *The Founding of the T'ang Dynasty: The Fall of the Sui and Rise of the T'ang*. Baltimore: American Council of Learned Societies, 1941.
Birnbaum, Raoul. *Studies on the Mystery of Manjuśri*. Boulder: Society for the Study of Chinese Religions, Monograph 2, 1983.
Bischoff, F. A., tr. *La Forêt des Pinceaux: Étude sur l'Academie du Han-lin sous la Dynastie des T'ang et traduction du Han lin tche*. Paris: Presses Universitaires de France, 1963.
Blauth, Birthe. *Altchinesische Geschichte über Fuchsdämonen*. Frankfurt am Main: Peter Lang, 1996.
Bokenkamp, Stephen. "Time After Time: Taoist Apocalyptic History and the Founding of the T'ang Dynasty." *Asia Major,* Third Series 7 (1994): 59–88.
Bol, Peter. *"This Culture of Ours": Intellectual Transitions in T'ang and Sung China*. Stanford: Stanford University Press, 1992.
Boltz, Judith M. "Not by the Seal of Office Alone: New Weapons in Battles with

the Supernatural." In *Religion and Society in T'ang and Sung China*. Ed. Patricia Buckley Ebrey and Peter N. Gregory. Honolulu: University of Hawai'i Press, 1993.

———. *A Survey of Taoist Literature: Tenth to Seventeenth Centuries*. Berkeley: Institute of East Asian Studies, Center for Chinese Studies, University of California, 1987.

Brokaw, Cynthia. *Commerce in Culture: The Sibao Book Trade in the Qing and Republican Periods*. Cambridge: Harvard University Press, 2007.

———. *The Ledgers of Merit and Demerit: Social Change and Moral Order in Late Imperial China*. Princeton: Princeton University Press, 1991.

Brokaw, Cynthia, and Kai-wing Chow, eds. *Printing and Book Culture in Late Imperial China*. Berkeley: University of California Press, 2005.

Buchanan, Keith. *The Transformation of the Chinese Earth*. London: G. Bell and Sons, 1970.

Buswell, Robert E., Jr. *The Formation of Ch'an Ideology in China and Korea: The Vajrasamādhi-Sūtra, a Buddhist Apocryphon*. Princeton: Princeton University Press, 1989.

———, ed. *Chinese Buddhist Apocrypha*. Honolulu: University of Hawai'i Press, 1990.

Cahill, Suzanne E. *Divine Traces of the Daoist Sisterhood: "Records of the Assembled Transcendents of the Fortified Walled City" by Du Guangting (850–933)*. Magdalena, N.M.: Three Pines Press, 2006.

———. "Smell Good and Get a Job: How Daoist Women Saints Were Verified and Legitimatized during the Tang Dynasty (618–907)." In *Presence and Presentations: Women in the Chinese Literati Tradition*. Ed. Sherry J. Mou. London: MacMillan, 1999.

———. *Transcendence and Divine Passion: The Queen Mother of the West in Medieval China*. Stanford: Stanford University Press, 1993.

Cartelli, Mary Anne. "The Poetry of Mt. Wutai: Chinese Buddhist Verse from Dunhuang." Ph.D. diss., Columbia University, 1999.

Carter, Thomas. *The Invention of Printing in China and Its Spread Westward*. New York: Columbia University Press, 1925; 2nd ed. rev. by L. C. Goodrich. New York: Ronald Press, 1955.

Chang, Han-liang. "The *Yang Lin* Story Series." In *China and the West: Comparative Literature Studies*. Ed. William Tay, Ying-hsiung Chou, and Heh-hsiang Yuan. Hong Kong: The Chinese University Press, 1980.

Chang, Kang-i Sun. *The Evolution of Chinese Tz'u Poetry: From Late T'ang to Northern Sung*. Princeton: Princeton University Press, 1980.

Chappell, David. "From Dispute to Dual Cultivation: Pure Land Responses to Ch'an Critics." In *Traditions of Meditation in Chinese Buddhism*. Ed. Peter N. Gregory. Kuroda Institute Studies in East Asian Buddhism, No. 4. Honolulu: University of Hawai'i Press, 1986.

———, ed. *T'ien-t'ai Buddhism: An Outline of the Fourfold Teachings*. Tokyo: Daiichi Shobō, 1983.

Chen, Jinhua. "An Alternative View of the Meditation Tradition in China: Meditation in the Life and Works of Daoxuan (596–667)." *T'oung Pao* 88:4–5 (2002): 332–395.

———. *Making and Remaking History: A Study of Tiantai Sectarian Historiography*. Tokyo: International Institute for Buddhist Studies, International College for Advanced Buddhist Studies, 1999.

———. *Monks and Monarchs, Kinship and Kingship: Tanqian in Sui Buddhism and Politics*. Kyoto: Scuolo Italiana di Studi sull'Asia Orientale, 2002.

———. *Philosopher, Practitioner, Politician: The Many Lives of Fazang 643–712*. Leiden: E. J. Brill, 2007.

Chen, Jo-shui. "Empress Wu and Proto-Feminist Sentiments in T'ang China." In *Imperial Rulership and Cultural Change in Traditional China*. Ed. Frederick P. Brandauer and Chun-chieh Huang. Seattle: University of Washington Press, 1994.

———. *Liu Tsung-yüan and Intellectual Change in T'ang China, 773–819*. Cambridge: Cambridge University Press, 1992.

Ch'en, Kenneth K. S. *Buddhism in China: A Historical Survey*. Princeton: Princeton University Press, 1964.

———. *The Chinese Transformation of Buddhism*. Princeton: Princeton University Press, 1973.

———. "The Economic Background of the Hui-ch'ang Suppression of Buddhism." *Harvard Journal of Asiatic Studies* 19 (1956): 67–105.

Chen, Yinke. "Ji Tang dai zhi Li, Wu, Wei, Wang hunyin jituan." In *Chen Yinke Xiansheng lunwen ji*. Vol. 1. Taipei: San Ren Xing, 1974.

———. "Lun Sui mo Tang chu suowei 'Shandong haojie.'" In *Chen Yinke Xiansheng lunwen ji*. Vol. 1. Taipei: San Ren Xing, 1974.

———. "Lun Tang dai zhi fanjiang yu fubing." In *Chen Yinke Xiansheng lunwen ji*. Vol. 1. Taipei: San Ren Xing, 1974.

———. *Sui Tang zhidu yuan yuan lüelun gao*. In *Chen Yinke Xiansheng lunwen ji*. Vol. 1. Taipei: San Ren Xing, 1974.

———. *Tang dai zhengzhi shi shulun gao*. In *Chen Yinke Xiansheng lunwen ji*. Vol. 1. Taipei: San Ren Xing, 1974.

Chen, Yuan, Chen Zhizhao, and Zeng Qingying, eds. *Daojia jin shi lüe*. Beijing: Wenwu, 1988.

Chen, Yu-shih. *Images and Ideas in Chinese Classical Prose: Studies of Four Masters*. Stanford: Stanford University Press, 1988.

Chi, Ch'ao-ting. *Key Economic Areas in Chinese History as Revealed in the Development of Public Works for Water-Control*. London: George Allen and Unwin, 1936.

Chia, Lucille. "*Mashabeh:* Commercial Publishing in Jianyang from the Song to the Ming." In *The Song-Yuan-Ming Transition in Chinese History*. Ed. Paul

Jakov Smith and Richard von Glahn. Cambridge: Harvard University Press, 2003.

———. *Printing for Profit: The Commercial Publishers of Jianyang, Fujian (11th–17th Centuries).* Cambridge: Harvard University Press, 2002.

Chiu-Duke, Josephine. *To Rebuild the Empire: Lu Chih's Confucian Pragmatist Approach to the Mid-T'ang Predicament.* Albany: State University of New York Press, 2000.

Chou, Eva Shan. *Reconsidering Tu Fu: Literary Greatness and Cultural Context.* Cambridge: Cambridge University Press, 1995.

Chow, Kai-wing. *Publishing, Culture, and Power in Early Modern China.* Stanford: Stanford University Press, 2004.

Clark, Hugh R. *Community, Trade, and Networks: Southern Fujian from the Third to the Thirteenth Century.* Cambridge: Cambridge University Press, 1991.

Cole, Alan. *Mothers and Sons in Chinese Buddhism.* Stanford: Stanford University Press, 1998.

Cook, Francis H. *Hua-yen Buddhism: The Jewel Net of Indra.* University Park: Pennsylvania State University Press, 1977.

Crowell, William G. "Government Land Policies and Systems in Early Imperial China." Ph.D. diss., University of Washington, 1979.

Dalby, Michael. "Court Politics in Late T'ang Times." In *Cambridge History of China.* Vol. 3, *Sui and T'ang China, Part I.* Ed. Denis Twitchett and John K. Fairbank. Cambridge: Cambridge University Press, 1979.

Davidson, Ronald M. *Tibetan Renaissance: Tantric Buddhism in the Rebirth of Tibetan Culture.* New York: Columbia University Press, 2005.

Davis, A. R. *Tu Fu.* New York: Twayne, 1971.

DeBlasi, Anthony. *Reform in the Balance: The Defense of Literary Culture in Mid-Tang China.* Albany: State University of New York Press, 2002.

———. "Striving for Completeness: Quan Deyu and the Evolution of the Tang Intellectual Mainstream." *Harvard Journal of Asiatic Studies* 61:1 (2001): 5–36.

de Crespigny, Rafe. *Generals of the South: The Foundation and Early History of the Three Kingdoms State of Wu.* Canberra: Australian National University Press, 1990.

de la Vaissière, Étienne. *Sogdian Traders: A History.* Tr. James Ward. Leiden: E. J. Brill, 2005.

———, ed. *Les Sogdiens en Chine.* Paris: École Française d'Extrême Orient, 2005.

Despeux, Catherine. "Women in Daoism." In *Daoism Handbook.* Ed. Livia Kohn. Leiden: E. J. Brill, 2000.

Despeux, Catherine, and Livia Kohn. *Women in Daoism.* Magdalena, N.M.: Three Pines Press, 2003.

Des Rotours, Robert, tr. *Courtisanes Chinoises à la Fin des T'ang (entre circa*

789 et le 8 janvier 881): Pei-li tche (Anecdotes du quartier du Nord). Paris: Presses Universitaires de France, 1968.

———, tr. *Histoire de Ngan Lou-chan.* Paris: Presses Universitaires de France, 1962.

———, tr. *Traité des Examens, Traduit de la Nouvelle Histoire des T'ang (chap. XLIV, XLV).* Paris: E. Leroux, 1932.

———, tr. *Traité des Fonctionnaires et Traité de l'Armée, tr. de la Nouvelle Histoire des T'ang (chap. XLVI–L).* Leiden: E. J. Brill, 1947–48.

Dien, Albert E. "The Bestowal of Surnames under the Western Wei–Northern Chou: A Case of Counter-Acculturation." *T'oung Pao* 63 (1977): 137–177.

———. "The Role of the Military in the Western Wei/Northern Chou State." In *State and Society in Early Medieval China.* Ed. Albert E. Dien. Stanford: Stanford University Press, 1990.

Dien, Dora Shu-fang. *Empress Wu Zetian in Fiction and in History: Female Defiance in Confucian China.* New York: Nova Science Publishers, 2003.

Drège, Jean-Pierre. *Les Bibliothèques en Chine au temps des manuscrits (jusqu'au Xe siècle).* Paris: École Française d'Extrême-Orient, 1991.

Drompp, Michael R. *Tang China and the Collapse of the Uighur Empire.* Leiden: E. J. Brill, 2005.

Dudbridge, Glen. *Religious Experience and Lay Society in T'ang China: A Reading of Tai Fu's Kuang-i chi.* Cambridge: Cambridge University Press, 1995.

———. *The Tale of Li Wa: Study and Critical Edition of a Chinese Story from the Ninth Century.* London: Ithaca Press, 1983.

———. "The Tale of Liu Yi and Its Analogues." In *Paradoxes of Traditional Chinese Literature.* Ed. Eva Hung. Hong Kong: Chinese University of Hong Kong Press, 1994.

Ebrey, Patricia B. *The Aristocratic Families of Early Imperial China: A Case Study of the Po-ling Ts'ui Family.* Cambridge: Cambridge University Press, 1978.

———, tr. "The *Book of Filial Piety for Women* Attributed to a Woman Née Zheng (ca. 730)." In *Under Confucian Eyes: Writings on Gender in Chinese History.* Ed. Susan Mann and Yu-yin Cheng. Berkeley: University of California Press, 2001.

———. "Concubines in Sung China." Reprinted in *Women and the Family in Chinese History.* London: Routledge, 2003.

———. "The Early Stages in the Development of Descent Group Organization." In *Kinship Organization in Late Imperial China, 1000–1940.* Ed. Patricia Buckley Ebrey and James L. Watson. Berkeley: University of California Press, 1986.

———. *The Inner Quarters: Marriage and the Lives of Chinese Women in the Sung Period.* Berkeley: University of California Press, 1993.

———. "Shifts in Marriage Finance from the Sixth to the Thirteenth Century."

In *Marriage and Inequality in Chinese Society*. Ed. Rubie S. Watson and Patricia Buckley Ebrey. Berkeley: University of California Press, 1991.
———. "Women, Marriage, and the Family." In *Heritage of China: Contemporary Perspectives on Chinese Civilization*. Ed. Paul S. Ropp. Berkeley: University of California Press, 1990.
Eckel, Malcolm David. *To See the Buddha: A Philosopher's Quest for the Meaning of Emptiness*. Princeton: Princeton University Press, 1992.
Eckfeld, Tonia. *Imperial Tombs in Tang China, 618–907*. London: Routledge Curzon, 2005.
Elvin, Mark. "Introduction." In *Sediments of Time: Environment and Society in Chinese History*. Ed. Mark Elvin and Liu Ts'ui-jung. Cambridge: Cambridge University Press, 1998.
———. *The Pattern of the Chinese Past*. Stanford: Stanford University Press, 1973.
———. *The Retreat of the Elephants: An Environmental History of China*. New Haven: Yale University Press, 2004.
Emmerich, Reinhard. *Li Ao (ca. 772–ca. 841)*. Wiesbaden: Harrassowitz Verlag, 1987.
Ennin. *Ennin's Diary: The Record of a Pilgrimage to China in Search of the Law*. Tr. Edwin Reischauer. New York: Ronald Press, 1955.
Faure, Bernard. "One-Practice Samādhi in Early Ch'an." In *Traditions of Meditation in Chinese Buddhism*. Ed. Peter N. Gregory. Kuroda Institute Studies in East Asian Buddhism, No. 4. Honolulu: University of Hawai'i Press, 1986.
———. *The Rhetoric of Immediacy: A Cultural Critique of Chan/Zen Buddhism*. Stanford: Stanford University Press, 1991.
———. *The Will to Orthodoxy: A Critical Genealogy of Northern Chan Buddhism*. Stanford: Stanford University Press, 1997.
Finnane, Antonia. *Speaking of Yangzhou: A Chinese City, 1550–1850*. Cambridge: Harvard University Press, 2004.
Fitzgerald, C. P. *The Empress Wu*. London: Cresset Press, 1956.
Forte, Antonino. "Hui-chih (fr. 676–703 A.D.), a Brahmin Born in China." *Estratto da Annali dell'Istituto Universitario Orientale* 45 (1985): 106–134.
———. "The Maitreyist Huaiyi (d. 695) and Taoism." *Tang yanjiu* 4 (1998): 15–29.
———. *The Mingtang and Buddhist Utopias in the History of the Astronomical Clock: The Tower, Statue, and Armillary Sphere Constructed by Empress Wu*. Paris: École Française d'Extrême-Orient, 1988.
———. *Political Propaganda and Ideology in China at the End of the Seventh Century: Inquiry into the Nature, Authors and Function of the Tunhuang Document S.6502 Followed by an Annotated Translation*. Naples: Istituto Universitario Orientale, 1976.

Frank, Andre Gunder. *ReOrient: Global Economy in the Asian Age*. Berkeley: University of California Press, 1998.

Frank, Andre Gunder, and Barry K. Gillis. "The 5,000-Year World System." In *The World System: Five Hundred Years or Five Thousand?* London: Routledge, 1993.

Gentzler, Jennings M. "A Literary Biography of Liu Tsung-yüan, 733–819." Ph.D. diss., Columbia University, 1966.

Gernet, Jacques. *Buddhism in Chinese Society: An Economic History from the Fifth to the Tenth Centuries*. Tr. Franciscus Verellen. New York: Columbia University Press, 1995.

Getz, Daniel Aaron, Jr. "Siming Zhili and Tiantai Pure Land in the Song Dynasty." Ph.D. diss., Yale University, 1994.

———. "T'ien-t'ai Pure Land Societies and the Creation of the Pure Land Patriarchate." In *Buddhism in the Sung*. Ed. Peter N. Gregory and Daniel A. Getz, Jr. Kuroda Institute Studies in East Asian Buddhism, No. 13. Honolulu: University of Hawai'i Press, 1999.

Gimello, Robert M. "Chih-yen (602–668) and the Foundations of Hua-yen Buddhism." Ph.D. diss., Columbia University, 1976.

———. "Li T'ung-hsüan and the Practical Dimensions of Hua-yen." In *Studies in Ch'an and Hua-yen*. Ed. Robert M. Gimello and Peter N. Gregory. Kuroda Institute Studies in East Asian Buddhism, No. 1. Honolulu: University of Hawai'i Press, 1983.

———. "Mārga and Culture: Learning, Letters and Liberation in Northern Song Ch'an." In *Paths to Liberation: The Mārga and Its Transformations in Buddhist Thought*. Ed. Robert Buswell, Jr., and Robert Gimello. Kuroda Institute Studies in East Asian Buddhism, No. 7. Honolulu: University of Hawai'i Press, 1992.

———. "Random Reflections on the 'Sinicization' of Buddhism." *Society for the Study of Chinese Religions Bulletin* 5 (1978): 52–89.

Goody, Jack. *The Culture of Flowers*. Cambridge: Cambridge University Press, 1993.

Graff, David A. "Dou Jiande's Dilemma: Logistics, Strategy, and State Formation in Seventh-Century China." In *Warfare in Chinese History*. Ed. Hans van de Ven. Leiden: E. J. Brill, 2000.

———. *Medieval Chinese Warfare: 300–900*. London: Routledge, 2002.

———. "The Sword and the Brush: Military Specialisation and Career Patterns in Tang China, 618–907." *War and Society* 18:2 (October 2000): 9–21.

Gregory, Peter N. *Inquiry into the Origins of Humanity: An Annotated Translation of Tsung-mi's Yüan jen lun with a Modern Commentary*. Honolulu: University of Hawai'i Press, 1995.

———. *Tsung-mi and the Sinification of Buddhism*. Princeton: Princeton University Press, 1991.

Gregory, Peter N., and Daniel A. Getz, Jr., eds. *Buddhism in the Sung*. Kuroda

Institute Studies in East Asian Buddhism, No. 13. Honolulu: University of Hawai'i Press, 1999.

Gu, Jiguang. "An-Shi luan qian zhi Hebei dao." In *Yanjing Xuebao* 19 (1936): 197–209.

———. *Fubing zhidu kaoshi.* Shanghai: Shanghai Renmin Chubanshe, 1962.

Gu, Mingdong. *Chinese Theories of Fiction: A Non-Western Narrative System.* Albany: State University of New York Press, 2006.

Guisso Richard W. "Reigns of the Empress Wu, Chung-tsung and Jui-tsung (684–712)." In *Cambridge History of China.* Vol. 3, *Sui and T'ang China, Part I.* Ed. Denis Twitchett and John K. Fairbank. Cambridge: Cambridge University Press, 1979.

———. *Wu Tse-t'ien and the Politics of Legitimation in T'ang China.* Bellingham: Western Washington University Press, 1978.

Han, Guopan. *Sui Tang Wu dai shi gang.* Rev. ed. Beijing: Renmin Chubanshe, 1979.

Hansen, Valerie. "Gods on Walls: A Case of Indian Influence on Chinese Lay Religion?" In *Religion and Society in T'ang and Sung China.* Ed. Patricia Buckley Ebrey and Peter N. Gregory. Honolulu: University of Hawai'i Press, 1993.

———. *Negotiating Daily Life in Traditional China: How Ordinary People Used Contracts, 600–1400.* New Haven: Yale University Press, 1995.

Hartman, Charles. "*Alienloquium:* Liu Tsung-yüan's Other Voice." *Chinese Literature: Essays, Articles, Reviews* 4 (1982): 23–73.

———. *Han Yü and the T'ang Search for Unity.* Princeton: Princeton University Press, 1986.

Hartwell, Robert M. "Demographic, Political and Social Transformations of China, 750–1550." *Harvard Journal of Asiatic Studies* 42:2 (1982): 365–442.

———. "Financial Expertise, Examinations, and the Formulation of Economic Policy in Northern Sung China." *Journal of Asian Studies* 30:2 (1971): 281–314.

———. "Foreign Trade, Monetary Policy and Chinese 'Mercantilism.'" In *Collected Studies on Sung History Dedicated to James T. C. Liu in Celebration of his Seventieth Birthday.* Ed. Kinugawa Tsuyoshi, 453–488. Kyoto: Doshosha, 1989.

Helms, Mary W. *Craft and the Kingly Ideal: Art, Trade, and Power.* Austin: University of Texas Press, 1993.

———. *Ulysses' Sail: An Ethnographic Odyssey of Power, Knowledge, and Geographical Distance.* Princeton: Princeton University Press, 1988.

Herbert, P. A. *Examine the Honest, Appraise the Able: Contemporary Assessments of Civil Service Selection in Early Tang China.* Faculty of Asian Studies Monographs, n.s., 10. Canberra: Australia National University Press, 1988.

Hino Kaisaburō. "Tō dai no senran to sanpyō." In Hino, *Tōyō shigaku ronshū*. Vol. 1, *Tō dai hanchin no shihai taisei*. Tokyo: San'ichi Shobō, 1980.

Holcombe, Charles. *The Genesis of East Asia, 221 B.C.–A.D. 907*. Honolulu: University of Hawai'i Press, 2001.

Hou, Ching-lang. *Monnaies d'offrande et la notion de trésorerie dan la religion chinoise*. Paris: Mémoires de l'Institut des Hautes Études Chinoises, 1975.

Hourani, F. George. *Arab Seafaring in the Indian Ocean in Ancient and Early Medieval Times*. Revised and expanded by John Carswell. Princeton: Princeton University Press, 1995.

Hsieh, Daniel. *Love and Women in Early Chinese Fiction*. Hong Kong: The Chinese University Press, 2008.

Hsu, Cho-yun. *Han Agriculture: The Formation of Early Chinese Agrarian Economy (206 B.C.–A.D. 220)*. Seattle: University of Washington Press, 1980.

Hubbard, Jamie. *Absolute Delusion, Perfect Buddhahood: The Rise and Fall of a Chinese Heresy*. Honolulu: University of Hawai'i Press, 2001.

Hung, William. *Tu Fu: China's Greatest Poet*. Cambridge: Harvard University Press, 1952.

Huntington, Rania. *Alien Kind: Foxes and Late Imperial Chinese Literature*. Cambridge: Harvard University Press, 2003.

Hymes, Robert P. *Statesmen and Gentlemen: The Elite of Fu-Chou, Chiang-Hsi, in Northern and Southern Sung*. Cambridge: Cambridge University Press, 1986.

Idema, Wilt, and Beata Grant. *The Red Brush: Writing Women of Imperial China*. Cambridge: Harvard University Asia Center, Harvard University Press, 2004.

Ikeda, On. "The Decline of the T'ang Aristocracy." Unpublished draft chapter for the unpublished Volume 3 of the *Cambridge History of China*.

———. "Sei Tō no Shuken'in." *Hokkaidō Daigaku Bungakubu Kiyō* 19:2 (1971): 45–98.

Inoue, Mitsusada. "The *Ritsuryō* System in Japan." *Acta Asiatica* 31 (1977): 83–112.

Jia, Jinhua. *The Hongzhou School of Chan Buddhism in Eighth- through Tenth-Century China*. Albany: State University of New York Press, 2006.

Johnson, David G. "The City-God Cults of T'ang and Sung China." *Harvard Journal of Asiatic Studies* 45:2 (1985): 363–457.

———. "The Last Years of a Great Clan: The Li Family of Chao chun in Late T'ang and Early Sung." *Harvard Journal of Asiatic Studies* 37:1 (June, 1977): 5–102.

———. *The Medieval Chinese Oligarchy*. Boulder: Westview, 1977.

———. "Mu-lien in Pao-chüan: The Performance Context and Religious Meaning of the *Yu-ming Pao-ch'uan*." In *Ritual and Scripture in Chinese Popular*

Religion: Five Studies. Ed. David Johnson. Berkeley: Publications of the Chinese Popular Culture Project, 1995.

———, ed. *Ritual Opera, Operatic Ritual: "Mu-lien Rescues his Mother" in Chinese Popular Culture*. Berkeley: Publications of the Chinese Popular Culture Project, 1989.

———. "The Wu Tzu-hsü *Pien-wen* and Its Sources, Parts I and II." *Harvard Journal of Asiatic Studies* 40:1–2 (1980): 93–156, 465–505.

Johnson, Wallace, tr. *The T'ang Code*. Vol. 1, *General Principles*. Princeton: Princeton University Press, 1979.

———, tr. *The T'ang Code*. Vol. 2, *Specific Articles*. Princeton: Princeton University Press, 1997.

Johnson, Wallace, and Denis Twitchett, "Criminal Procedure in T'ang China." *Asia Major*, third series, 6:2 (1993): 113–146.

Kang, Xiaofei. *The Cult of the Fox: Power, Gender, and Popular Religion in Late Imperial and Modern China*. New York: Columbia University Press, 2006.

———. "The Fox (*hu*) and the Barbarian (*hu*): Unraveling Representations of the Other in Late Tang Tales." *Journal of Chinese Religions* 27 (1999): 35–67.

Kao, Karl K. S. "Aspects of Derivation in Chinese Narrative." *Chinese Literature: Articles, Essays, Reviews* 7 (1985): 1–36.

Karetzky, Patricia Eichenbaum. *Court Art of the Tang*. Lanham, N.Y.: University Press of America, 1996.

Katō, Shigeshi. "On the Hang or Association of Merchants in China." *Memoirs of the Tōyō Bunko* 8 (1936): 45–83.

Kiang, Heng Chye. *Cities of Aristocrats and Bureaucrats*. Honolulu: University of Hawai'i Press, 1999.

Kieschnick, John. *The Eminent Monk: Buddhist Ideals in Medieval Chinese Hagiography*. Kuroda Institute Studies in East Asian Buddhism, No. 10. Honolulu: University of Hawai'i Press, 1997.

———. *The Impact of Buddhism on Chinese Material Culture*. Princeton: Princeton University Press, 2003.

Kirkland, Russell. "Dimensions of Tang Taoism: The State of the Field at the End of the Millennium." *T'ang Studies* 15–16 (1998): 79–123.

———. "Tales of Thaumaturgy: T'ang Accounts of the Wonder-Worker Yeh Fa-shan." *Monumenta Serica* 40 (1992): 47–86.

———. *Taoism: The Enduring Tradition*. New York: Routledge, 2004.

———. "Taoists of the High T'ang: An Inquiry into the Perceived Significance of Eminent Taoists in Medieval Chinese Society." Ph.D. diss., Indiana University, 1986.

Knechtges, David R. "Dream Adventure Stories in Europe and T'ang China." *Tamkang Review* 4 (1973): 101–119.

Kohn, Livia. *God of the Dao: Lord Lao in History and Myth*. Ann Arbor: Center for Chinese Studies, University of Michigan, 1998.
———. *Monastic Life in Medieval Daoism: A Cross-Cultural Perspective*. Honolulu: University of Hawai'i Press, 2003.
———. "The Northern Celestial Masters." In *Daoism Handbook*. Ed. Livia Kohn. Leiden: E. J. Brill, 2000.
———. *Seven Steps to the Tao: Sima Chengzhen's "Zuowang Lun."* Nettetal: Steyler Verlag, 1987.
Kohn, Livia, and Russell Kirkland. "Daoism in the Tang (618–907)." In *Daoism Handbook*. Ed. Livia Kohn. Leiden: E. J. Brill, 2000.
Kuhn, Dieter. *The Age of Confucian Rule: The Song Transformation of China*. Cambridge: Harvard University Press, 2009.
Lagerwey, John. *Taoist Ritual in Chinese Society and History*. New York: MacMillan, 1987.
Lai, Sufen Sophia. "Father in Heaven, Mother in Hell: Gender Politics in the Creation and Transformation of Mulian's Mother." In *Presence and Presentation: Women in the Chinese Literati Tradition*. Ed. Sherry J. Mou. London: MacMillan, 1999.
Lamont, H. G. "An Early Ninth Century Debate on Heaven: Liu Tsung-yüan's *T'ien shuo* and Liu Yü-hsi's *T'ien lun*, An Annotated Translation and Introduction." *Asia Major*, n.s., Part I, 18:2 (1973): 181–208; Part II, 19:1 (1974): 37–85.
Legge, James, tr. *A Record of Buddhistic Kingdoms: Being an Account of the Chinese Monk Fa-hien of his Travels in India and China (A.D. 399–414) in Search of the Buddhist Books of Discipline*. New York: Dover, 1965.
Levi, Jean. *La Chine Romanesque: Fictions d'Orient et d'Occident*. Paris: Seuil, 1995.
Levy, Howard S. *The Biography of An Lu-shan*. Berkeley: University of California Press, 1960.
———. "The Gay Quarters of Chang'an." *Oriens/West* 7 (1962): 93–105.
———. "Records of the Gay Quarters." *Oriens/West* 8 (1962): 121–128; 8:6 (1963): 115–122; 9:1 (1964): 103–110.
———, tr. *Translations from the Collected Works of Po Chü-yi*. 2 vols. New York: Paragon Book Reprint, 1971.
Lewis, Mark Edward. *China between Empires: The Northern and Southern Dynasties*. Cambridge: Harvard University Press, 2009.
———. *The Construction of Space in Early China*. Albany: State University of New York Press, 2006.
———. *The Early Chinese Empires: Qin and Han*. Cambridge: Harvard University Press, 2007.
———. "The *Feng* and *Shan* Sacrifices of Emperor Wu of the Han." In *State and

Court Ritual in China. Ed. Joseph P. McDermott. Cambridge: Cambridge University Press, 1999.

———. "The Suppression of the Three Stages Sect: Apocrypha as a Political Issue." In *Chinese Buddhist Apocrypha*. Ed. Robert E. Buswell, Jr. Honolulu: University of Hawai'i Press, 1990.

———. *Writing and Authority in Early China*. Albany: State University of New York Press, 1999.

Li, Bozhong. *Tang dai Jiangnan nongye de fazhan*. Beijing: Nongye Chubanshe, 1990.

Lin, Shuen-fu. "The Formation of a Distinct Generic Identity for *Tz'u*." In *Voices of the Song Lyric in China*. Ed. Pauline Yu. Berkeley: University of California Press, 1994.

Lin, Wen-yüeh. "The Decline and Revival of *Feng-ku* (Wind and Bone): On the Changing Poetic Styles from the Chien-an Era through the High T'ang Period." In *The Vitality of the Lyric Voice*. Ed. Shuen-fu Lin and Stephen Owen. Princeton: Princeton University Press, 1986.

Liu, James J. Y. *The Poetry of Li Shang-yin*. Chicago: University of Chicago Press, 1969.

Liu, Shi Shun, tr. *Chinese Classical Prose: The Eight Masters of the Tang-Sung Period*. Hong Kong: Renditions, The Chinese University Press, 1979.

Liu, Xinru. *Ancient India and Ancient China: Trade and Religious Exchanges, A.D. 1–600*. Delhi: Oxford University Press, 1988.

Lorge, Peter. *War, Politics and Society in Early Modern China, 900–1795*. London: Routledge, 2005.

Lu, Sheldon Hsiao-peng. *From Historicity to Fictionality: The Chinese Poetics of Narrative*. Stanford: Stanford University Press, 1994.

Mackerras, Colin. *The Uighur Empire According to the Tang Dynastic Histories*. Columbia: University of South Carolina Press, 1973.

———. "The Uighurs." In *The Cambridge History of Early Inner Asia*. Ed. Denis Sinor. Cambridge: Cambridge University Press, 1990.

Mair, Victor H. *Painting and Performance: Chinese Picture Recitation and Its Indian Genesis*. Honolulu: University of Hawai'i Press, 1988.

———. "Scroll Presentation in the T'ang Dynasty." *Harvard Journal of Asiatic Studies* 38:1 (1978): 35–60.

———. *T'ang Transformation Texts: A Study of the Buddhist Contribution in the Rise of Vernacular Fiction and Drama in China*. Cambridge: Harvard University Press, 1989.

———, tr. *Tun-huang Popular Narratives*. Cambridge: Cambridge University Press, 1983.

Makeham, John. *Transmitters and Creators: Chinese Commentators and Commentaries on the Analects*. Cambridge: Harvard University Press, 2004.

Marks, Robert B. *Tigers, Rice, Silk, and Silt: Environment and Economy in Late Imperial South China.* Cambridge: Cambridge University Press, 1998.

Marmé, Michael. *Suzhou: Where the Goods of All the Provinces Converge.* Stanford: Stanford University Press, 2005.

Mather, Richard B. *The Poet Shen Yüeh (441–513): The Reticent Marquis.* Princeton: Princeton University Press, 1988.

Mazumdar, Sucheta. *Sugar and Society in China: Peasants, Technology, and the World Market.* Cambridge: Harvard University Press, 1998.

McCraw, David R. *Du Fu's Laments from the South.* Honolulu: University of Hawai'i Press, 1992.

McDermott, Joseph P. *A Social History of the Chinese Book: Books and Literati Culture in Late Imperial China.* Hong Kong: Hong Kong University Press, 2006.

McKnight, Brian E. *The Quality of Mercy: Amnesties and Traditional Chinese Justice.* Honolulu: University of Hawai'i Press, 1981.

McMullen, David. "Bureaucrats and Cosmology: The Ritual Code of Tang China." In *Rituals of Royalty: Power and Ceremonial in Traditional Societies.* Ed. David Cannadine and Simon Price. Cambridge: Cambridge University Press, 1987.

———. "The Cult of Ch'i T'ai-kung and T'ang Attitudes to the Military." *T'ang Studies* 7 (1989): 59–103.

———. "Han Yü: An Alternative Picture." *Harvard Journal of Asiatic Studies* 49:2 (1989): 603–657.

———. "Historical and Literary Theory in the Mid-Eighth Century." In *Perspectives on the T'ang.* Ed. Arthur F. Wright and Denis Twitchett. New Haven: Yale University Press, 1973.

———. *State and Scholars in T'ang China.* Cambridge: Cambridge University Press, 1988.

———. "Views of the State in Du You and Liu Zongyuan." In *Foundations and Limits of State Power in China.* Ed. Stuart R. Schram. London: School of Oriental and African Studies, University of London, 1987.

McRae, John R. *The Northern School and the Formation of Early Ch'an Buddhism.* Kuroda Institute Studies in East Asian Buddhism, No. 3. Honolulu: University of Hawai'i Press, 1986.

———. "The Ox-head School of Chinese Ch'an Buddhism: From Early Ch'an to the Golden Age." In *Studies in Ch'an and Hua-yen.* Ed. Robert M. Gimello and Peter N. Gregory. Kuroda Institute Studies in East Asian Buddhism, No. 1. Honolulu: University of Hawai'i Press, 1983.

———. *Seeing Through Zen: Encounter, Transformation, and Genealogy in Chan Buddhism.* Berkeley: University of California Press, 2003.

———. "Shen-hui and the Teaching of Sudden Enlightenment in Early Ch'an

Buddhism." In *Sudden and Gradual: Approaches to Enlightenment in Chinese Thought*. Ed. Peter N. Gregory. Kuroda Institute Studies in East Asian Buddhism, No. 5. Honolulu: University of Hawai'i Press, 1987.

Meyer-Fong, Tobie. *Building Culture in Early Qing Yangzhou*. Stanford: Stanford University Press, 2003.

Miller, James. *Daoism: A Short Introduction*. Oxford: Oneworld, 2003.

Miyazaki, Ichisada. "Bukyoku kara denko e: Tō Sō no aida shakai henkaku no ichi men." In *Ajia shi ronkō,* vol. 2. Tokyo: Asahi Shinbun, 1978.

Moore, Oliver. "The Ceremony of Gratitude." In *State and Court Ritual in China*. Ed. Joseph P. McDermott. Cambridge: Cambridge University Press, 1999.

———. *Rituals of Recruitment in T'ang China: Reading an Annual Programme in the Collected Statements by Wang Dingbao (870–940)*. Leiden: E. J. Brill, 2004.

Needham, Joseph. *Science and Civilisation in China*. Vol. 1, *Introductory Orientations*. Cambridge: Cambridge University Press, 1965.

Needham, Joseph, and Francesca Bray. *Science and Civilisation in China*. Vol. 6, *Biology and Biological Technology*, Part 2, *Agriculture*. Cambridge: Cambridge University Press, 1984.

Needham, Joseph, Christian Daniels, and Nicholas K. Menzies. *Science and Civilisation in China*. Vol. 6, *Biology and Biological Technology*, Part 3, *Agro-Industries: Sugarcane Technology, Agro-Industries and Forestry*. Cambridge: Cambridge University Press, 1996.

Needham, Joseph, and H. T. Huang. *Science and Civilisation in China*. Vol. 6, *Biology and Biological Technology*, Part 5, *Fermentations and Food Science*. Cambridge: Cambridge University Press, 2000.

Needham, Joseph, and Tsien Tsuen-hsuin. *Science and Civilisation in China*. Vol. 5, *Chemistry and Chemical Technology*, Part 1, *Paper and Printing*. Cambridge: Cambridge University Press, 1985.

Needham, Joseph, and Wang Ling, *Science and Civilisation in China*. Vol. 4, *Physics and Physical Technology*, Part 2, *Mechanical Engineering*. Cambridge: Cambridge University Press, 1965.

Needham, Joseph, Wang Ling, and Lu Gwei-djen. *Science and Civilisation in China*. Vol. 4, *Physics and Physical Technology*, Part 3, *Civil Engineering and Nautics*. Cambridge: Cambridge University Press, 1971.

Nienhauser, William H., Jr. "Some Preliminary Remarks on Fiction, the Classical Tradition and Society in Late Ninth-Century China." In *Critical Essays on Chinese Fiction*. Ed. Winton L. Y. Yang and Curtis P. Adkins. Hong Kong: The Chinese University Press, 1980.

Nunome, Chōfu. *Chūgoku no rekishi*. Vol. 4, *Zui Tō teikoku*. Tokyo: Kodansha, 1974.

Orzech, Charles D. *Politics and Transcendent Wisdom: The Scripture for Humane Kings in the Creation of Chinese Buddhism.* University Park: Pennsylvania State University Press, 1998.

Owen, Stephen, ed. and tr. *An Anthology of Chinese Literature: Beginnings to 1911.* New York: W. W. Norton, 1996.

———. *The End of the Chinese "Middle Ages": Essays in Mid-Tang Literary Culture.* Stanford: Stanford University Press, 1996.

———. *The Great Age of Chinese Poetry: The High T'ang.* New Haven: Yale University Press, 1981.

———. *The Late Tang: Chinese Poetry of the Mid-Ninth Century (827–860).* Cambridge: Harvard University Press, 2006.

———. *The Poetry of the Early T'ang.* New Haven: Yale University Press, 1977.

———. *The Poetry of Meng Chiao and Han Yü.* New Haven: Yale University Press, 1975.

———. *Remembrances: The Experience of the Past in Chinese Literature.* Cambridge: Harvard University Press, 1986.

Pan, Yihong. *Son of Heaven and Heavenly Qaghan.* Bellingham: Western Washington University Press, 1997.

Pearce, Scott. "Form and Matter: Archaizing Reform in Sixth-Century China." In *Culture and Power in the Reconstitution of the Chinese Realm, 200–600.* Ed. Scott Pearce, Audrey Spiro, and Patricia Ebrey. Cambridge: Harvard University Press, 2001.

Pelliot, Paul. *Les Débuts de l'imprimerie en Chine.* Paris: Imprimerie National, 1953.

Petech, Luciano. *Northern India According to Shui-ching-chu.* Serie oriental Roma, 2. Rome: Istituto Italiano per il Medio ed Estremo Oriente, 1950.

Peterson, Charles A. "The Autonomy of the Northeastern Provinces in the Period Following the An Lu-shan Rebellion." Ph.D. diss., University of Washington, 1966.

———. "Court and Province in Mid- and Late T'ang." In *Cambridge History of China.* Vol. 3, *Sui and T'ang China, Part I.* Ed. Denis Twitchett and John K. Fairbank. Cambridge: Cambridge University Press, 1979.

———. "P'u-ku Huai-en and the T'ang Court: The Limits of Loyalty." *Monumenta Serica* 29 (1970–71): 423–455.

———. "Regional Defense against the Central Power: The Huai-hsi Campaign, 815–817." In *Chinese Ways in Warfare.* Ed. Frank A. Kierman, Jr., and John K. Fairbank. Cambridge: Harvard University Press, 1974.

———. "The Restoration Completed: Emperor Hsien-tsung and the Provinces." In *Perspectives on the T'ang.* Ed. Arthur F. Wright and Denis Twitchett. New Haven: Yale University Press, 1973.

Powell, William F., tr. *The Record of Tung-shan.* Honolulu: University of Hawai'i Press, 1986.

Pulleyblank, E. G. "The An Lu-shan Rebellion and the Origins of Chronic Militarism in Late T'ang China." In *Essays on T'ang Society: The Interplay of Social and Political and Economic Forces*. Ed. J. C. Perry and Bardwell L. Smith. Leiden: E. J. Brill, 1976.

———. *The Background of the Rebellion of An Lu-Shan*. London: Oxford University Press, 1955.

———. "Chinese Historical Criticism: Liu Chih-chi and Ssu-ma Kuang." In *Historians of China and Japan*. Ed. W. G. Beasley and E. G. Pulleyblank. London: Oxford University Press, 1961.

———. "Neo-Confucianism and Neo-Legalism in T'ang Intellectual Life, 755–805." In *The Confucian Persuasion*. Ed. Arthur F. Wright. Stanford: Stanford University Press, 1960.

Reed, Carrie E. *A Tang Miscellany: An Introduction to Youyang zazu*. New York: Peter Lang, 2003.

Reischauer, Edwin O. *Ennin's Diary*. New York: Ronald Press, 1955.

———. *Ennin's Travels in T'ang China*. New York: Ronald Press, 1955.

Reiter, Florian. *The Aspirations and Standards of Taoist Priests in the Early T'ang Period*. Wiesbaden: Harrassowitz, 1988.

Robinet, Isabelle. *Taoism: Growth of a Religion*. Tr. Phyllis Brooks. Stanford: Stanford University Press, 1997.

Rogers, Michael C. *The Chronicle of Fu Chien: A Case of Exemplar History*. Chinese Dynastic Histories Translation, 10. Berkeley: University of California, 1968.

Rouzer, Paul F. *Articulated Ladies: Gender and the Male Community in Early Chinese Texts*. Cambridge: Harvard University Press, 2001.

———. *Writing Another's Dream: The Poetry of Wen Tingyun*. Stanford: Stanford University Press, 1993.

Sage, Steven F. *Ancient Sichuan and the Unification of China*. Albany: State University of New York Press, 1992.

Schaab-Hanke, Dorothee. *Die Entwicklung des höfischen Theaters in China zwischen dem 7. und 10. Jahrhundert*. Hamburg: Hamburg Sinologische Schriften, 2001.

Schafer, Edward H. "The Capeline Cantos: Verses on the Divine Loves of Taoist Priestesses." *Asiatische Studien* 32 (1978): 5–65.

———. *The Empire of Min*. Rutland, Vt.: C. E. Tuttle, 1954.

———. *The Golden Peaches of Samarkand: A Study of T'ang Exotics*. Berkeley: University of California Press, 1963.

———. "The Last Years of Ch'ang-an." *Oriens Extremus* 10 (1963): 133–179.

———. *Mao Shan in T'ang Times*. Monograph No. 1. Boulder, Co.: Society for the Study of Chinese Religions, 1980.

———. *Mirages on the Sea of Time: The Taoist Poetry of Ts'ao T'ang*. Berkeley: University of California Press, 1985.

———. *Pacing the Void: T'ang Approaches to the Stars*. Berkeley: University of California Press, 1977.

———. "T'ang." In *Food in Chinese Culture: Anthropological and Historical Perspectives*. Ed. K. C. Chang. New Haven: Yale University Press, 1977.

———. *The Vermilion Bird: T'ang Images of the South*. Berkeley: University of California Press, 1967.

———. "Wu Yün's 'Cantos on Pacing the Void.'" *Harvard Journal of Asiatic Studies* 41 (1981): 377–415.

———. "Wu Yün's Stanzas on 'Saunters in Sylphdom.'" *Monumenta Serica* 33 (1981–83): 1–37.

Scharf, Robert H. *Coming to Terms with Chinese Buddhism: A Reading of the Treasure Store Treatise*. Kuroda Institute Studies in East Asian Buddhism, No. 14. Honolulu: University of Hawai'i Press, 2002.

Seidel, Anna. "The Image of the Perfect Ruler in Early Taoist Messianism." *History of Religions* 9 (1969): 216–247.

Sen, Tansen. *Buddhism, Diplomacy, and Trade: The Realignment of Sino-Indian Relations, 600–1400*. Honolulu: University of Hawai'i Press, 2003.

Seo, Tatsuhiko. "The Printing Industry in Chang'an's Eastern Market." *Memoirs of the Tōyō Bunko* (2004): 1–42.

Shi, Nianhai. *Huangtu gaoyuan lishi dili yanjiu*. Zhengzhou: Huang He Shuili Chubanshe, 2001.

———. *Tang dai lishi dili yanjiu*. Beijing: Zhongguo Shehui Kexue Chubanshe, 1998.

———. *Zhongguo gu du he wenhua*. Beijing: Zhonghua, 1996.

Shiba, Yoshinobu. "Urbanization and the Development of Markets in the Lower Yangtze Valley." In *Crisis and Prosperity in Sung China*. Ed. John Winthrop Haeger. Tucson: University of Arizona Press, 1975.

Shields, Anna M. *Crafting a Collection: The Cultural Contexts and Poetic Practice of the Huajian ji*. Cambridge: Harvard University Press, 2006.

Shiratori, Kurakichi. "Chinese Ideas Reflected in the Ta-ch'in Accounts." *Memoirs of the Research Department of the Toyo Bunko* 15 (1956): 25–72.

Skinner, G. William. "Cities and the Hierarchy of Local Systems." In *The City in Late Imperial China*. Ed. G. William Skinner. Stanford: Stanford University Press, 1977.

———. "Marketing and Social Structures in Rural China," 3 parts. *Journal of Asian Studies* 24:1 (1964): 3–44; 24:2 (1964): 195–228; 24:3 (1965): 363–399.

———. "Regional Urbanization in Nineteenth-Century China." In *The City in Late Imperial China*. Ed. G. William Skinner. Stanford: Stanford University Press, 1977.

Smith, Paul J. *Taxing Heaven's Storehouse: Horses, Bureaucrats, and the Destruction of the Sichuan Tea Industry, 1074–1224*. Cambridge: Harvard University Press, 1991.

Somers, Robert M. "The End of the T'ang." In *Cambridge History of China*. Vol. 3, *Sui and T'ang China, Part I*. Ed. Denis Twitchett and John K. Fairbank. Cambridge: Cambridge University Press, 1979.

———. "Time, Space and Structure in the Consolidation of the T'ang Dynasty." In *State and Society in Early Medieval China*. Ed. Albert E. Dien. Stanford: Stanford University Press, 1990.

Song, Ruoxin, and Song Ruozhao. "The Analects for Women (*Nü lunyü*)." In *Images of Women in Chinese Thought and Culture*. Ed. Robin R. Wang. Indianapolis: Hackett Publishing, 2003.

Stočes, Ferdinand. *La ciel pour couverture, la terre pour oreiller: La vie et l'oeuvre de Li Po*. Mas de Vert: Philippe Picquier, 2003.

Strickmann, Michel. "The *Consecration Sūtra:* A Buddhist Book of Spells." In *Chinese Buddhist Apocrypha*. Ed. Robert J. Buswell, Jr. Honolulu: University of Hawai'i Press, 1990.

Strong, John S. *The Legend of King Aśoka: A Study and Translation of the Aśokāvadāna*. Princeton: Princeton University Press, 1983.

———. *Relics of the Buddha*. Princeton: Princeton University Press, 2004.

Sun, Yu, tr. *Li Po: A New Translation*. Hong Kong: Commercial Press, 1982.

Tackett, Nicholas Oliver. "Great Clansmen, Bureaucrats, and Local Magnates: The Structure and Circulation of the Elite in Late-Tang China." *Asia Major*, third series, 21:2 (2008): 101–152.

———. "The Transformation of Medieval Chinese Elites (850–1000 C.E.)." Ph.D. diss., Columbia University, 2006.

Tai, Wang-chou. "Notes sur le Li-wa-tchouan." In *Mélanges Sinologiques*. Beijing: French Institute of Peking, 1951.

Taussig, Michael. *The Devil and Commodity Fetishism in South America*. Chapel Hill: University of North Carolina Press, 1980.

Teiser, Stephen F. *The Ghost Festival in Medieval China*. Princeton: Princeton University Press, 1988.

———. "The Growth of Purgatory." In *Religion and Society in T'ang and Sung China*. Ed. Patricia Buckley Ebrey and Peter N. Gregory. Honolulu: University of Hawai'i Press, 1993.

———. *The Scripture on the Ten Kings and the Making of Purgatory in Medieval Chinese Buddhism*. Kuroda Institute Studies in East Asian Buddhism, No. 9. Honolulu: University of Hawai'i Press, 1994.

Thilo, Thomas. *Chang'an: Metropole Ostasiens und Weltstadt des Mittelalters, 583–904*. 2 vols. Wiesbaden: Otto Harrassowitz, 1997–2006.

Tian, Xiaofei. *Tao Yuanming and Manuscript Culture: The Record of a Dusty Table*. Seattle: University of Washington Press, 2005.

Tietze, Klaus-Peter. *Ssuch'uan vom 7. bis 10. Jahrhundert: Untersuchungen zur Frühen Geschichte einer Chinesischen Provinz*. Wiesbaden: Franz Steiner Verlag, 1980.

Tregear, T. R. *A Geography of China*. Chicago: Aldine, 1965.

Tu, Kuo-ch'ing. *Li Ho*. Boston: Twayne, 1979.

Tuan, Yi-fu. *China*. Chicago: Aldine, 1969.

Tung, Jowen R. *Fables for the Patriarchs: Gender Politics in Tang Discourse*. London: Roman and Littlefield, 2000.

Twitchett, Denis. *The Birth of the Chinese Meritocracy: Bureaucrats and Examinations in T'ang China*. The China Society Occasional Papers, 18. London: The China Society, 1976.

———. "Chinese Biographical Writing." In *Historians of China and Japan*. Ed. W. G. Beasley and E. G. Pulleyblank. London: Oxford University Press, 1961.

———. "The Composition of the T'ang Ruling Class: New Evidence from Tunhuang." In *Perspectives on the T'ang*. Ed. Arthur F. Wright and Denis Twitchett. New Haven: Yale University Press, 1973.

———. *Financial Administration under the T'ang Dynasty*. Cambridge: Cambridge University Press, 1975.

———. "The Fragment of the T'ang Ordinances of the Department of Waterways Discovered at Tun-huang." *Asia Major*, n.s., 6:1 (1957): 23–79.

———. "Hsüan-tsung (reign 712–56)." In *Cambridge History of China*. Vol. 3, *Sui and T'ang China, Part I*. Ed. Denis Twitchett and John K. Fairbank. Cambridge: Cambridge University Press, 1979.

———. "The Implementation of Law in Early T'ang China." *Civiltà Veneziana Studi* 34 (1978): 57–84.

———. "Introduction." In *Cambridge History of China*. Vol. 3, *Sui and T'ang China, Part I*. Ed. Denis Twitchett and John K. Fairbank. Cambridge: Cambridge University Press, 1979.

———. "Kao-tsung (reign 649–83) and the Empress Wu: The Inheritor and the Usurper." In *Cambridge History of China*. Vol. 3, *Sui and T'ang China, Part I*. Ed. Denis Twitchett and John K. Fairbank. Cambridge: Cambridge University Press, 1979.

———. *Land Tenure and the Social Order in T'ang and Sung China*. Inaugural Lecture, School of Oriental and African Studies, University of London, 1961.

———. "Lands under State Cultivation during the T'ang Dynasty." *Journal of the Economic and Social History of the Orient* 2:2 (1959): 162–203; 2:3 (1959): 335–336.

———. "Lu Chih (754–805): Imperial Adviser and Court Official." In *Confucian Personalities*. Ed. Arthur F. Wright and Denis Twitchett. Stanford: Stanford University Press, 1962.

———. "Merchant, Trade, and Government in Late T'ang." *Asia Major*, n.s. 14:1 (1968): 63–95.

———. "The Monasteries and China's Economy in Medieval Times." *Bulletin of the School of Oriental and African Studies* 19:3 (1957): 526–549.

———. "Monastic Estates in T'ang China." *Asia Major*, n.s. 5 (1956): 123–145.
———. "A Note on the Tunhuang Fragments of the T'ang Regulations (*ko*)." *Bulletin of the School of Oriental and African Studies* 30:2 (1967): 369–381.
———. "Provincial Autonomy and Central Finance in Late T'ang." *Asia Major*, n.s. 11:2 (1965): 211–232.
———. "The Salt Commissioners after the Rebellion of An Lu-shan." *Asia Major*, n.s. 4 (1954): 60–89.
———. "Some Remarks on Irrigation under the T'ang." *T'oung Pao* 48:1–3 (1961): 175–194.
———. "The T'ang Market System." *Asia Major*, n.s. 12:2 (1966): 202–248.
———. "Varied Patterns of Provincial Autonomy in the T'ang Dynasty." In *Essays on T'ang Society*. Ed. John Curtis Perry and Bardwell L. Smith. Leiden: E. J. Brill, 1976.
Van Gulik, R. H. *Sexual Life in Ancient China*. Leiden: E. J. Brill, 1961; new ed., 2003.
Van Slyke, Lyman P. *Yangtze: Nature, History, and the River*. Reading, Mass.: Addison-Wesley, 1988.
Varsano, Paula M. *Tracking the Banished Immortal: The Poetry of Li Bo and Its Critical Reception*. Honolulu: University of Hawai'i Press, 2003.
Verellen, Franciscus. *Du Guangting (850–933): Taoiste de cour à la fin de la Chine médiévale*. Paris: Collège de France, Institut des Hautes Études Chinoises, 1989.
———. "Evidential Miracles in Support of Taoism: The Inversion of a Buddhist Apologetic Tradition." *T'oung Pao* 78 (1992): 217–263.
Von Glahn, Richard. *The Country of Streams and Grottoes: Expansion, Settlement, and the Civilizing of the Sichuan Frontier in Song Times*. Cambridge: Harvard University Press, 1987.
———. *The Sinister Way: The Divine and the Demonic in Chinese Religious Culture*. Berkeley: University of California Press, 2004.
Wagner, Marsha L. *The Lotus Boat: The Origins of Chinese Tz'u Poetry in T'ang Popular Culture*. New York: Columbia University Press, 1984.
Wallacker, Benjamin E. "The Poet as Jurist: Po Chü-I and a Case of Conjugal Homicide." *Harvard Journal of Asiatic Studies* 41:1 (1981): 507–526.
Wallerstein, Immanuel. *The Modern World-System I: Capitalist Agriculture and the Origins of the European World-Economy in the Sixteenth Century*. New York: Academic Press, 1974.
———. "The Rise and Future Demise of the World Capitalist System: Concepts for Comparative Analysis." Reprinted in *The Capitalist World-Economy: Essays by Immanuel Wallerstein*. Cambridge: Cambridge University Press, 1979.
Wang, Gungwu. "The Middle Yangtze in Tang Politics." In *Perspectives on the*

T'ang. Ed. Arthur F. Wright and Denis Twitchett. New Haven: Yale University Press, 1973.

———. *The Structure of Power in North China During the Five Dynasties*. Stanford: Stanford University Press, 1963.

Wang, Ling. *Tea and Chinese Culture*. San Francisco: Long River Press, 2005.

Wang, Robin R., ed. *Images of Women in Chinese Thought and Culture: Writing from the Pre-Qin Period through the Song Dynasty*. Indianapolis: Hackett, 2003.

Wang, Zhenping. *Ambassadors from the Islands of Immortals: China-Japan Relations in the Han-Tang Period*. Honolulu: University of Hawai'i Press, 2005.

Wang, Zhongluo. *Sui Tang Wu dai shi*. 2 vols. Shanghai: Renmin Chubanshe, 2003.

Warner, Ding Xiang. *A Wild Deer amid Soaring Phoenixes: The Opposition Poetics of Wang Ji*. Honolulu: University of Hawai'i Press, 2003.

Wechsler, Howard J. "The Confucian Teacher Wang T'ung (584?–617): One Thousand Years of Controversy." *T'oung pao* 63 (1977): 225–272.

———. "Factionalism in Early T'ang Government." In *Perspectives on the T'ang*. Ed. Arthur F. Wright and Denis Twitchett. New Haven: Yale University Press, 1973.

———. "The Founding of the T'ang Dynasty: Kao-tsu (reign 618–26)." In *Cambridge History of China*. Vol. 3, *Sui and T'ang China, Part I*. Ed. Denis Twitchett and John K. Fairbank. Cambridge: Cambridge University Press, 1979.

———. *Mirror to the Son of Heaven: Wei Cheng at the Court of T'ang T'ai-tsung*. New Haven: Yale University Press, 1974.

———. *Offerings of Jade and Silk: Ritual and Symbol in the Legitimation of the T'ang Dynasty*. New Haven: Yale University Press, 1985.

———. "T'ai-tsung (reign 626–649) the Consolidator." In *Cambridge History of China*. Vol. 3, *Sui and T'ang China, Part I*. Ed. Denis Twitchett and John K. Fairbank. Cambridge: Cambridge University Press, 1979.

Weinstein, Stanley. *Buddhism under the T'ang*. Cambridge: Cambridge University Press, 1987.

———. "Imperial Patronage in the Formation of T'ang Buddhism." In *Perspectives on the T'ang*. Ed. Arthur F. Wright and Denis Twitchett. New Haven: Yale University Press, 1973.

Widmer, Ellen. *The Beauty and the Book: Women and Fiction in Nineteenth-Century China*. Cambridge: Harvard University Press, 2006.

Wiens, Herold. *China's March into the Tropics*. Washington, D.C.: Office of Naval Research, U.S. Navy, 1952.

Will, Pierre-Étienne. "Clear Waters versus Muddy Waters: The Zheng-Bai Irrigation System of Shaanxi Province in the Late-Imperial Period." In *Sediments of Time: Environment and Society in Chinese History*. Ed. Mark Elvin and Liu Ts'ui-jung. Cambridge: Cambridge University Press, 1998.

Wittfogel, Karl. *Wirtschaft und Gesellschaft Chinas: Versuch der wissenschaftlichen Analyse einer grossen asiatischen Agrargesellschaft*. Leipzig: C. L. Hirschfield, 1931.

Worthy, Edmund H. "The Founding of Sung China, 950–1000: Integrative Changes in Military and Political Institutions." Ph.D. diss., Princeton University, 1976.

Wright, Arthur F. *Buddhism in Chinese History*. Stanford: Stanford University Press, 1959.

———. "The Sui Dynasty (581–617)." In *Cambridge History of China*. Vol. 3, *Sui and T'ang China, Part I*. Ed. Denis Twitchett and John K. Fairbank. Cambridge: Cambridge University Press, 1979.

———. *The Sui Dynasty: The Unification of China, A.D. 581–617*. New York: Alfred A. Knopf, 1978.

Wright, Arthur, and Dean Twitchett. "Introduction." In *Perspectives on the T'ang*. New Haven: Yale University Press, 1973.

Wu, Fusheng. *The Poetics of Decadence: Chinese Poetry of the Southern Dynasties and Late Tang Periods*. Albany: State University of New York Press, 1998.

Wu, Yenna. *The Chinese Virago: A Literary Theme*. Cambridge: Harvard University Press, 1995.

Xiao, Chi. *The Chinese Garden as Lyric Enclave: A Generic Study of the Story of the Stone*. Ann Arbor: Center for Chinese Studies, University of Michigan, 2001.

Xiong, Victor Cunrui. *Emperor Yang of the Sui Dynasty: His Life, Times, and Legacy*. Albany: State University of New York Press, 2006.

———. "*Ji*-Entertainers in Tang Chang'an." In *Presence and Presentation: Women in the Chinese Literati Tradition*. Ed. Sherry J. Mou. London: MacMillan, 1999.

———. "The Land-tenure System of Tang China: A Study of the Equal-field System and the Turfan Documents." *T'oung Pao* 85 (1999): 328–390.

———. *Sui-Tang Chang'an*. Ann Arbor: Center for Chinese Studies, University of Michigan, 2000.

Xu, Yinong. *The Chinese City in Space and Time: The Development of Urban Form in Suzhou*. Honolulu: University of Hawai'i Press, 2000.

Xuanzang. *The Great Tang Dynasty Record of the Western Regions*. Tr. Li Rongxi. Berkeley: Numata Center for Buddhist Translation and Research, 1996.

Yamada, Toshiaki. "The Lingbao School." In *Daoism Handbook*. Ed. Livia Kohn. Leiden: E. J. Brill, 2000.

Yampolsky, Philip B. *The Platform Sutra of the Sixth Patriarch*. New York: Columbia University Press, 1967.

Yan, Gengwang. *Tang dai jiaotong tong kao*. 6 vols. Taipei: Academia Sinica, 1985–2003.

———. *Tang shi yanjiu cong gao*. Hong Kong: Xinya Yanjiusuo Chubanshe, 1969.

———. "Tang Wudai shiqi de Chengdu." In *Yang Gengwang shi xue lunwen xuanji*. Taipei: Academia Sinica, 1991.

Yan, Zhitui. *See* Yen, Chih-t'ui.

Yang, Chung-i. "Evolution of the Status of 'Dependents.'" In *Chinese Social History: Translations of Selected Studies*. Ed. E-tu Zen Sun and John De Francis. New York: Octagon Books, 1972.

Yang, Jingqing. *The Chan Interpretations of Wang Wei's Poetry*. Hong Kong: The Chinese University Press, 2007.

Yang, Lien-sheng. "Female Rulers in Imperial China." *Harvard Journal of Asiatic Studies* 23 (1960–61): 47–61.

———. "Notes on the Economic History of the Chin Dynasty." *Harvard Journal of Asiatic Studies* 9 (1945–47): 107–185. Reprinted in *Studies in Chinese Institutional History*. Cambridge: Harvard University Press, 1961.

Yang, Xiaoshan. *Metamorphosis of the Private Sphere: Gardens and Objects in Tang-Song Poetry*. Cambridge: Harvard University Press, 2003.

Yates, Robin. *Washing Silk: The Life and Selected Poetry of Wei Chuang (834?–910)*. Cambridge: Harvard University Press, 1988.

Yen, Chih-t'ui. *Family Instructions for the Yen Clan*. Tr. Teng Ssu-yü. Leiden: E. J. Brill, 1968.

Yu, Pauline. "Song Lyrics and the Canon: A Look at Anthologies of Tz'u." In *Voices of the Song Lyric in China*. Ed. Pauline Yu. Berkeley: University of California Press, 1994.

Yu, Pauline, Peter Bol, Stephen Owen, and Willard Peterson, eds. *Ways With Words: Writings about Reading Texts from Early China*. Berkeley: University of California Press, 2000.

Zeitlin, Judith, and Lydia Liu, eds. *Writing and Materiality in China: Essays in Honour of Patrick Hanan*. Cambridge: Harvard University Press, 2003.

Zürcher, Erik. *The Buddhist Conquest of China*. 2 vols. Leiden: E. J. Brill, 1959.

索 引

（以下页码为英文原版页码，即本书边码）

A

B

C

D

E

F

G

H

I

J

K

L

M

N

O

P

Q

R

S

T

U

V

W

X

Y

Z